1986年参加在中山大学召开的社会学学会年会(左三为作者)

山东大学社会学系1986级首届社会学专业本科毕业生合影(第二排左八为作者)

1987 年山东大学社会学首届硕士研究生论文答辩会(前排左三为作者)

1987 年夏在呼和浩特讲授社会保障理论和实践专题

1987 年 9 月山东大学社会学系在桓台主办首届全国
高校社会学理论研讨论(前排左七为作者)

1987 年 10 月山东大学社会学系参与发起的在山东邹平主办的
梁漱溟“乡村建设运动”学术讨论会(前排左九为作者)

1987 年 10 月，参加在山东邹平召开的梁漱溟“乡村建设运动”学术讨论会[前排左起第二人是山东大学党委书记陈之安，第三人为作者，后排左起第四人是副教务长祝明(社会学系第二任系主任)]

1995 年秋徐经泽教授参加第六届亚洲社会学大会(前排左一作者)

# 无法忘却的思考

徐经泽 著

山东大学出版社

**图书在版编目(CIP)数据**

无法忘却的思考/徐经泽著. —济南:山东大学出版社,2016.1

ISBN 978-7-5607-5492-5

Ⅰ. ①无… Ⅱ. ①徐… Ⅲ. ①社会科学—文集 Ⅳ. ①C53

中国版本图书馆 CIP 数据核字(2016)第 012545 号

责任策划:米克荣
责任编辑:刘森文
封面设计:张 荔

---

出版发行:山东大学出版社
社 址 山东省济南市山大南路 20 号
邮 编 250100
电 话 市场部(0531)88364466
经 销:山东省新华书店
印 刷:济南景升印业有限公司
规 格:720 毫米×1000 毫米 1/16
13.75 印张 2 插页 250 千字
版 次:2016 年 1 月第 1 版
印 次:2016 年 1 月第 1 次印刷
定 价:28.00 元

---

# 目 录

## 第一辑 我与哲学



## 第二辑 我与社会学

## 第三辑 我与马克思主义



## 第四辑 我与山东大学



## 第五辑 我的主要著作



## 第六辑 暮年兴趣

# 附　录

# 第一辑　我与哲学

# 论认识论中的主体和客体的含义

## ——兼与吴建国、崔绪治二同志商榷

## 一

主体和客体这一对概念，在不同的学科领域内，反映着不同的对象，因而具有不同的含义。在哲学的认识论中，主体是指认识者，客体是指被认识者或认识对象。

认识者与认识对象之间的作用和被作用、反映和被反映的关系，表现为由实践、感性和理性等认识环节构成的认识的行为和现象。这种行为和现象是认识论研究的对象。哲学上所谓的认识论，就是人们对这种行为和现象以及它们发展的规律进行认识所形成的概念、观点、理论和知识的体系。认识者和认识对象是认识行为和现象的发生者；反映认识者和认识对象的主体和客体，则是认识论的最基础的概念。因此，研究主体和客体，搞清楚它们的真实含义，是研究认识论问题的起点和最基本的工作。

起点正确与否，对研究认识论的其他问题是事关重要的，一个哲学家如果对主体和客体的含义作了不正确的理解，必将导致在认识论的其他问题上的谬误。这在哲学史上是屡见不鲜的，在当前实践是检验真理标准的讨论中，也是经常出现的现象。因此，在讨论有关认识论的问题时，用马克思主义的观点和方法，对主体和客体进行科学的分析，探明它们的真实含义，分辨出在这个问题上的一些错误的见解，对于进一步深入地讨论认识论的诸问题，是一项很有必要、很有意义的工作。

吴建国、崔绪治二同志在《中国社会科学》1980 年第 6 期上发表的《坚持实践观上的唯物主义一元论》(以下简称《坚持》)一文中，对主体和客体的含义提出了他们的见解，并且在他们的见解的基础上，建立了《坚持》从多方面论述的那种排除任何精神因素的实践观。我认为吴、崔二同志在《坚持》中关于主体和客体的见解是值得商榷的。

## 二

吴、崔二同志在《坚持》中，虽然没有专门论述什么是主体，什么是客体，但在许多段落里，对这两个概念的含义都直接地或间接地表明了看法。

《坚持》在批判唯心主义的实践观时说："现代资产阶级实用主义哲学则把实践归结为主观的经验，从根本上抹杀了哲学基本问题即主体和客体、精神和物质的关系问题。"不难看出，作者在这里是在引用恩格斯的关于全部哲学的最高问题，即"思维对存在、精神对自然界的关系问题"这一思想时，用主体代替了"思维"，客体代替了"存在"，作者进行这种代替，当然不是偶然的疏忽或简单的笔误，而是用以表明他们对主体和客体的含义的见解，认为主体等同于思维，客体等同于存在亦即等同于物质。

在"关于实践的特性的问题"一节中，《坚持》说："作为实践过程的主体的人是一种物质实体（精神的因素在这里已经作为主观的范畴被抽出来），手段和对象也是物质实体，结果也是物质的结果。"这段话中涉及的某些问题，如把精神因素从主体中抽象出来，以及抽走了精神因素的人，能不能充当主体等问题，我们打算在后面加以讨论，这并不妨碍我们能够明白无误地看出：吴、崔二同志在这里把主体说成是没有精神因素的"一种物质实体"。

《坚持》在前一段话里说主体是思维，在后一段话里说主体是没有精神因素的"一种物质实体"，显然是两种性质不同的事物。把两种性质不相同的事物都说成是主体，就难免使读者要产生这样的疑问：主体只有一个含义呢？还是有两个含义？按《坚持》一文对主体的这种自相矛盾的见解，无论作者回答主体的含义是一个或是两个，都难免使《坚持》陷入错误和混乱。

首先，我们假定作者认为在认识论中的主体这个概念只能有一个含义，即他们把主体看作既是思维又是"一种物质实体"。那么，这实际上是把思维与"一种物质实体"看成为同一个性质的东西了。但是，在哲学根本问题上，思维与"一种物质实体"是不能等同的。如果把思维与"一种物质实体"等同起来，混淆了思维与物质的界限，必然要导致唯心主义或庸俗唯物主义的错误。因为如果认为"一种物质实体"就是思维，这就要陷入唯心主义的错误；如果认为思维也是"一种物质实体"，那就要陷入庸俗唯物主义的错误。二者必居其一，第三种可能是没有的。

其次，我们再假定作者认为认识的主体有两种不同的含义：一种是思维，一种是物质实体。我们暂且不讨论这具有两种含义的主体概念是不是正确的，先将这一具有两种含义的主体概念适用于《坚持》一文的有关地方，看看会给《坚持》一文带来怎样的结果？

大家知道，实践总是主体的活动。按照《坚持》一文作者的主体等同于思维的见解，主体的实践也就是思维的实践，即精神的活动。作者既然从主体的含义方面肯定实践是精神的活动，为什么在论述实践的定义的时候，又得出结论说："实践不是某种精神活动，也不能包含某种精神活动，它只能是一种现实的、可感触的客观物质活动，不能把主观的精神、意识的因素纳入实践的范畴。"在谈到实践的要素的时候，作者也说："我们所理解的实践是作为客观的、感性的、物质活动的实践，是不包括精神、目的要素的实践。"这种既认为主体是思维，但又认为主体活动不是思维、精神活动的见解，不仅从理论上说是错误的，而且从形式逻辑上说也是违背了A是A、不能同时是非A的错误。

最后，按照作者前一个见解，主体就是精神；按照作者后一个见解，主体是抽走了精神因素的"一种物质实体"。然而，主体既然就是精神，又要从中抽出精神因素，那么这种主体还能剩下什么呢？又怎么会变成"一种物质实体"呢？

根据以上分析，我们至少可以得出结论说：吴、崔二同志关于主体的两种对立的见解，在一篇文章中是不能同时并用的，因为它们互相矛盾，不能自圆其说。

## 三

概念是人们对客观事物及其相互关系的概括的反映。这种反映如果是与被反映的客观对象相符合的，就是概念的正确含义或真实的含义，否则就是错误的或不真实的含义。要判断一个概念的含义是否正确地反映了客观对象，单纯从概念含义本身中是得不到解决的，必须通过实践的检验。对主体和客体的概念含义正确与否的了解也必须如此。

主体是认识者，客体是认识对象，就这个层次的意思来说，各种哲学派别的看法都是一致的，几乎没有什么分歧。但是，如果进到什么是认识者、什么是认识对象这一层次时，情况就复杂起来了，不同的哲学派别的见解，往往彼此对立，差别极大。在这里不仅存在着唯物主义和唯心主义的对立和差异，而且在唯物主义学派内部，也不都是观点相同、看法一致的。

主体作为认识者究竟是什么？主观唯心主义者认为，认识活动是他自己的灵魂、精神的活动，主体就是他自己的灵魂、精神；客观唯心主义者认为，人的认识活动并不是人本身的活动，而是存在于幽冥之中的神或"绝对精神"的活动，认识主体就是这种神或"绝对精神"。不论是主观唯心主义或客观唯心主义的主体观，都把人的有机实体排除在认识的主体之外。唯心主义关于主体的见解是十分荒谬的，因为自然科学、马克思主义哲学早已科学地证明了，世界上根本不存在可以脱离人的活的有机实体而独立存在的所谓人的灵魂、精神，也根本不存在什么神或"绝对精神"。它们不过是人们把思维在认识中的作用无限夸大，使之绝对化、神秘化的一种产物而已。

与唯心主义的主体观相反，唯物主义认为，人类的认识活动，就是人的有机实体通过各种认识器官作用于认识对象并对它进行反映的活动，因此，作为现实的认识的主体，必须是活的有机实体的人。列宁在《哲学笔记》中指出的“主体（＝人的生命）”，就是说的主体是活的有机实体的人。

唯物主义认为活的有机实体的人是认识的主体，无疑在基本上是符合主体的实际情况的。但是，还应该看到笼统地说人是认识的主体，还不是主体概念的科学定义，还可能从两个方面导致谬误。

第一种见解是把作为主体的人的有机的物质实体和精神因素分割开来，认为没有精神因素的人的有机实体也可以是主体。吴、崔二同志在《坚持》一文中，为了论证实践是不包括任何精神因素的物质活动，把主体说成是没有精神因素的“一种物质实体”，就是属于这样的见解。

没有精神因素的人是个什么样的人呢？首先，它可能是死人；其次，也可能是活人，但是，没有精神因素的活人是不能称为认识主体的。因为，作为认识主体的人，不仅要具有新陈代谢的有机体的活动能力，而且还必须具备一定的实践、感性和思维等认识能力。实践、感性和理性等认识环节构成人的认识活动，缺少其中任何一个环节都不成。例如，因为先天发育不全，后天疾病或其他原因丧失了这些认识能力的人，他们虽然是能够进行新陈代谢活动的活人，但在他们的认识机能恢复之前是不能成为真正的认识主体的。由此可见，把主体看成是没有精神因素的“一种物质实体”，与主体的真实情况是不相符合的，因而是一种错误的观点。

还需说明的是，一个具备了认识能力的活人，如果不进行实际的各种实践活动，还不是一个现实的认识主体。只有既具备了认识能力、又从事了社会的实践活动的人，才能对他周围的现实世界进行认识，并取得对现实世界的知识，从而才能成为一个现实的认识主体。可见，认识主体应该是具备认识能力并进行实践活动的人。

可能导致谬误的第二个方面是机械唯物论的观点。以费尔巴哈为代表的机械唯物主义把认识的主体看成是没有历史发展的、没有互相联系的孤立自在的个体，这也是不符合实际情况的。在批判费尔巴哈形而上学主体观时，马克思指出：新唯物主义的立脚点则是人类社会或社会化了的人类。按照马克思主义的观点，人类认识能力的形成，是一个从无到有、由低级到高级的历史发展过程；认识的主体不是孤立的个体，而是社会的集体与个体的历史的统一。个体的认识能力大小，是由该个体自身表现出来的；社会集体的认识能力大小也是由它的每个个体表现的。一方面，个体能不能成为认识的主体以及他的认识能力的发展程度，要受个体自身种种条件的制约；另一方面，又要受他所处的历史的社会的各种因素的制约。这是因为个体自身的诸因素的状况，不仅是他自身的产物，而且还是他所处的社会时代和生活环境的产物。从人性的观点看，这后一方面，无疑是更重要的起决定作用的因素。因此，一个现实的认识主体是在一定社会历史条件之下的具备一定认识能力并进行实践活动的人。

## 四

把思维与主体等同起来，并非吴、崔二同志特有的观点，而是流行已久很少被人怀疑其错误的观点。

人们从思维是认识的主要形式这一点出发，有时把思维与认识的主体等同起来，把思维说成是认识的主体。这是一个不正确的观点。因为这种见解即使是单纯从认识能力方面来说也是片面的，何况它极容易与唯心主义的观点混淆，陷入唯心主义的谬误。

思维是人的大脑的功能，是主体进行认识活动的方式，主体对外部事物的本质性的认识，主要是通过思维活动来实现的。思维的产物就是认识的成果，没有思维活动能力，不进行思维活动的人，是不能成为认识主体的。这说明了思维在构成主体中的重要地位。尽管思维在构成主体中是如此重要的因素，但是，也不能说思维就是主体。思维是不能代替主体的。因为主体进行认识活动，不是仅仅只有思维活动，除思维活动外，还有感觉器官的各种感觉活动，这些感觉活动虽然是比较低级的认识形式，但它们是思维活动的基础。没有感觉活动的能力，不进行感觉活动，主体是不能进行任何思维活动的。主体进行感觉、思维等认识活动的前提条件是主体进行的各种实践活动，实践作为认识环节，它是感性和理性认识的基础，是物质和精神互相转化的方式和桥梁，是检验感性和理性认识正确与否的标准。归根结底，没有实践活动，也谈不上有任何思维活动。而主体进行以上的一切认识活动，又必须依赖机体的一系列的生理活动。可见，作为现实的认识主体是一个具备着相互联系、相互依存的各种认识能力和实践能力的完整的有机的实体。思维只是这个机体的一个机能，是主体认识活动的一个环节。把思维等同于主体，就是把主体的一个机能代替了它的全部机能了，把它的一个环节代替了它的全部环节了。这是一个以偏概全、用局部代替整体的片面性的错误。

把思维说成是主体，还可能导致另一方面的谬误。“思维”一词有两种互相联系但又互相区别的含义：其一，是指主体的认识能力或大脑的机能；其二，是指思维活动的产物，如概念、观念、思想和理论等通常称为意识的东西。作为认识能力或大脑机能的思维，是不能脱离开大脑而独立存在的，思维的活动就是大脑这种特殊物质的活动，亦即主体的认识活动之一。作为思维的产物——概念、观念、思想和理论等意识之类的东西，一旦产生之后，既可以特定的信息形式储存于脑细胞的某种大分子之中，又可以通过复杂的输出系统和实践的道路，离开大脑而存在着。当然，它们脱离开大脑不是以什么超物质的东西存在着，而是以一定的物质的形式依附于一定的物质实体之上，如以语言文字的形式，书刻在简册金石上或依存于其他物体之中。脱离开大脑的这种思维的产物是不能发展思维活动的。一部伟大的作品是该作品的作者的思维的产物，这个作品本身是不能进行思维活动的。它的思想内容若要进一步发展变化，必须由原作者或另外的作者进行再思维活动而取得新的思维成果。把思维等同于主体，就有可能把思维的产物当作认识的主体。如果把思维产物当作了认识的主体，也就是承认思维活动可以离开人的大脑而存在。这种没有大脑的思维活动的主张，实际上也就是唯心主义的灵魂、精神可以脱离开人的有机躯体而存在的见解。

## 五

什么是客体？哪些东西是主体的认识对象呢？一切唯心主义，无论是主观唯心主义，还是客观唯心主义，归根结底都不承认物质世界的存在，因而都这样或那样地把物质排除在客体之外。主观唯心主义认为客体是主体的自己的感觉或人的灵魂、精神的活动；客观唯心主义则认为客体是神或"绝对精神"的某种表现。唯心主义对客体的见解同他们对主体的见解一样，都是与客观实际不相符合的谬见，因为世界上根本不存在可以脱离开物质实体而存在的所谓精神、灵魂、神或"绝对精神"。

吴、崔二同志在《坚持》中认为，客体就是存在，就是物质世界，这是关于客体的一种流行的观点。这种观点认为，认识是人对自然界的反映，主体所反映的"都是人头脑这种特殊的物质对于在人头脑之外的、客观的物质世界的反映"，"人所感知和知觉到的不是感觉和知觉，而是物质世界的事物和现象，这就是说，人的感觉所感知的是物质"。这种观点实际上认为客体就是客观的物质世界，意识现象和意识的东西不包括在客体之内。

认为客体只是客观物质世界，意识现象和事物不包括在客体之内，这对客体的真实含义的理解是不全面的。因为，客体就是认识对象，凡是能被主体认识的东西都属于认识对象，都是客体。客观物质世界是可以被主体认识的，属于客体，这对唯物主义来说是毋庸置疑的。但是，绝不能说客体只能是物质世界，意识现象和事物是不可认识、不包括在客体范畴之内的。人们之间进行的思想交流，天天读书、看报、看电影、看电视、观赏艺术作品，以及进行的其他一切文化生活，都是在认识思维活动及其产物。如果思维及其产物是不可认识之物，这些现象作何解释呢？辩证逻辑规律是思维活动本身的规律，如果思维活动不可以认识，那么人们是怎样获得这些思维活动规律的知识的呢？如果感觉、思维等认识现象是不可认识之物，不是认识对象，那么认识论由何而生呢？我们总不能设想认识论是没有任何研究对象的学问吧？由此可见，思维及其产物也都能为主体所认识，是认识对象，也属于客体的范畴，这同样也是无可置疑的事实。主体的认识对象，既包括自然界，也包括人类社会和人们的认识活动及其产物。

其实，作为一个现实的主体不但能认识自然界、人类社会、他人的认识活动及其产物，同时也可以认识自身的认识活动及其产物。主体对自身的认识属于主体自我认识问题，为了区别主体这种自我认识，客体的真实含义应该是主体以外的能为主体所认识的一切事物，这一切事物既包括自然界，也包括人类社会和人类认识活动及其产物。

认为感觉、思维等认识活动及其产物也是认识对象，与唯心主义所主张的人们只能认识自身的感觉、灵魂感应、神灵感应或“绝对精神”的自我认识有什么区别呢？这样看会不会陷入唯心主义的错误呢？

主体对人的感觉、思维及其产物的认识，并不是唯心主义所认为的什么灵魂、精神、神或“绝对精神”的超物质的关系和作用，而是主体对物质的一种运动形式的认识。感觉、思维的活动是主体的有机体的复杂的认识活动。恩格斯说：“我们的意识和思维，不论他看起来是多么超感觉的，总是物质的、肉体的器官即人脑的产物。”列宁在《唯物主义和经验批判主义》一书中十分肯定斯宾德的“世界图景就是物质运动和‘物质思维’的图景”的观点。恩格斯和列宁的这些话，说明感觉、思维活动是一种特殊的物质实体——人的大脑的一种运动形式。物质有多种运动形式：机械的、物理的、化学的、生物的、社会的以及思维的等形式。对感觉、思维这种运动形式的认识，犹如对其他物质运动形式的认识一样，都是主体对事物运动形式的认识，都是主体对客体的反映。至于感觉和思维的产物，无论它们以信息形式储存于大脑细胞的特定的大分子之中，或附存于大脑之外的一定物体之上，都不是超物质的东西，只不过是特定的物质结构对认识对象的反映而已。对感觉、思维的产物的认识，并不是什么超物质的关系和作用，也不过是主体对一定的物质形式（反映它物之物）的反映罢了。因此，主张感觉、思维及其产物是可以认识之物并不是唯心主义观点，而是真实地反映了客观事实。

唯心主义在认识问题上之所以表现为唯心主义，并不是因为他们认为人们可以认识人类的感觉、思维及其产物，而在于：第一，唯心主义不承认感觉、思维等认识能力是物质发展到特定的状态时，即发展到人的大脑有机实体的状态时的机能，把感觉、思维说成是超物质的灵魂、精神、神或“绝对精神”的超物质的作用。第二，唯心主义从根本上否认物质世界的存在，不承认物质世界是认识的客体，而主张人们只能认识自己的感觉，感觉是唯一的客体，或主张“绝对精神”是认识的唯一客体。第三，他们反对唯物主义认为的人们感觉、思维中的表象、知觉、概念、思想等是外部世界在主体中的反映，而认为它们是感觉器官先天所固有的，外部世界是这些固有之物的复合，所谓“感觉复合”（主观唯心主义），或认为外部世界是神的创造或“绝对精神”外化(客观唯心主义)。

搞清楚了主体和客体的真实含义,我们就能比较容易地认识实践的本质性的特征了,作为主体的一个认识环节,实践的基本特征应是主体对客体作用和被作用、反映和被反映的桥梁,是物质转化为精神、精神转化为物质的纽带,是主体对客体相互改造的方式。这是实践与其他认识环节,以及实践与其他事物区别之所在。因此,我们不能设想会有一种没有物质因素的实践,也不能设想会有一种没有精神因素的实践。吴、崔二同志那种排除任何精神因素的实践观是没有什么根据的。

(原载《东岳论丛》1981 年第 3 期)

# 关于真理问题

## 一、从认识论范畴看真理问题

下面是关于真理问题对话的同志对真理问题的讨论，其中有的同志如北师大高清海同志提出要把真理的范围扩大，比如说对这个概念的内容进行扩大。高清海同志关于真理内容的见解，我没有全面地看，不知道他说的用意何在，我现在谈谈我对真理这个概念、这个问题的认识。我认为真理问题或者说是概念是属于认识论的范畴，主要是讲认识主体与客体反映是属于什么状态、什么程度的问题，或者说在认识的主体的思想内所形成的对认识对象的结果，它与客体是不是一致，或者说深刻的程度如何？真理认识论范畴是谈这样的问题，如果离开这样的问题，把真理的含义扩大到这个范围以外就是另一个问题了，那很可能就不属于认识论范畴了。从认识论范畴，也就是从主体认识客体的关系来看真理，其含义应该有下面不同的内容：

第一层意思，真理认识正确与错误的问题。认识主体所形成的对客体的印象，思想上形成的印象与认识客体相符合、相一致，那么就称之为“真理”。认识结果和客体是一致的。如果认识结果和客体不符合、不一致，那么这种认识的结果是错误的。

第二层意思，讲真理的时候往往是主体与多种客体真假的问题，不过认识客体是多种多样的，不是单一的，要区别不同的客体。往往主体把某一个认识对象确定是真的，而这客体以外都叫作“假”，以假为真，那么“非假”这样的客体都是假。这是认识任务的问题。我们找到认识对象，主观上确定是真，搞清楚了，把真的找出来，真假区别清楚了，这一种也是真。因为真的就是真的，假的就是假的。如果真假区别不清楚，把假的说成真的，把真的说成假的，那就是错误。“真”不一定是真，客观上所谓的“真”不一定是真。认识结果要是真的，这才是真。认识结果把真当作了假，这种对真的认识也是非真的，是个错误。往往假也是如此。我们确定它是假的，认定了是假的，把它区别出来了，这种认识也是真的，假的就是假的。如果把假的当作是真的，那么这种认识也是错误的，也是非真。所以真假这两个概念不一定是真，这应该区别开来。

第三层意思，许多同一个客体，它的真相或假象的问题。我们认识的客体是非常复杂的，它的真相和假象是同时存在的，往往透过假象才能辨识，真实的那个样子不易辨识。所以我们要透过假象认识真相，这就接近真理了。

第四层意思，真理就是本质的认识。我们认识客体的存在是多层次的，既有表面现象，又有内在的本质。透过表象认识本质，越接近本质的认识就叫越接近真理的认识。真理指事物本质。表象是表面的真理，我们透过表象认识本质。这里没有完美正确与错误的问题，这是本质与表象区别的问题。

第五层意思，真理指的是全面的问题。因为客观的事物是多方面存在的，或者说是多种属性。认识越全面，我们就说越掌握了真理。掌握的属性越全面、越多，也就说越掌握了真理。当然仅仅是掌握了个别的属性、个别的方面，那不是真理。只是把个别的属性、个别的方面当作全体，就产生错误了，就不是真的了。以偏为偏，个别属性就是个别属性，这样的认识还是真理性认识。这层意义上的就是真的，这就是是非判断上的真的。判断是非，首先是判断标准的判断，是非往往都有标准。标准本身是不是真的？往往确定的标准就不是真的，不符合客观事实。所以判断的时候首先要解决标准是非的问题。

第六层意思，判断标准确定以后，你的判断符合不符合标准。符合标准的叫作“是”，不符合标准的叫作“非”。这种判断，是不一定是真，非也不一定非真，就看标准的本身情况。影响判断的情况有观念、传统标准、价值体系。在这个范围内讲真理就不应该这么简单，要深层次分析。

## 二、真理的客观性和客观真理的问题

真理最本质的东西就是在认识的主体中形成的对客体的印象，或者是它与被认识的客体的一致性。这样说来，真理就是主观范围的东西。怎么理解所谓客观真理的问题？关于客观真理或真理的客观性，是两种不同的含义的概念。真理的客观性是强调人们的认识来源于客观，主体把思想中形成的认识结果来源于主体以外的客观的存在。客观性主要是指这个意义。

客观真理不能理解成为在认识论范围以外的，某一不是主体的思想认识的成果的那种所谓真理。也可能有真理，那么真理就不是认识论的问题，那种客观真理从认识论意上就没有什么意义。存在的都是真理，都是客观存在的东西，没有正确与错误。永远处在发展运动中的世界，不存在正确与错误的问题，也不存在认识层次的问题。客观真理还可以这么理解，认识是不是真理，有一个客观的标准，检验这个客观标准就是实践。怎么知道和对象一致不一致，就是真理的客观性的问题。

还有一个问题，我在一篇文章中讲到主体或客体在认识论中的作用时，讲到了客体的认识对象也可能是主体自身，也就是说可能是认识中的思想的活动，我自己的思想或我自己的认识。那么这个思想作为认识对象来说，从真理的角度看，也就是我认识的客体，又是主体又是客体。我认识到我自己在想什么，我想得很准确，讲得很准确，我认识就是对的。这里的对象是作为个人的时候，这一点可以做研究。第二点认识是不是真的，也需要实践的检验，需要进一步讨论。

**三、相对真理和绝对真理的问题**

什么叫相对真理？就是主体的认识结果和客观事物的一致性只是相对的，不是完完全全一致的。从定义上说，所谓的认识都是在一定程度上的一致，那是相对的。或者说对客体的层次认识只是认识到一定层次，这个一定层次的认识也是相对真理。从认识方面来说也是如此，认识到的那个方面不是全面的，是一个方面或几个方面。掌握的属性只是一个属性或几个属性，没有全面掌握属性，仍然是相对真理。

绝对真理是指认识主体的认识结果和客观事物完完全全一致，或者说主体已经掌握了客体的所有方面、所有属性就叫绝对真理。

假定我们对相对真理和绝对真理的界定是正确的话，那么在我看来，所谓的绝对真理，本身也是相对的。不可能有绝对的真理。我的理由有两个方面：第一，从认识主体来看，主体的认识能力是相对的，认识能力是处在不断发展中的，认识环境（条件）本身，包括认识的工具、技术都是在不断发展中。第二，从客体来说，客体本身也是永远处在发展变化中，客体本身不是固定不变的。要掌握客体，必须把客体的全部变化都要掌握，这也是不可能的。因为客观世界处在永远发展变化之中，变化并没有完结，变化只能在这一阶段上全部掌握了，事物并不是到这个阶段截止了，它还是在继续发展。这就是周易六十四卦讲的原理，六十三卦到“既济”了，就是完成了，六十四卦又来了个“未济”，就是事情还在一个新的发展阶段。也就是马克思所承认的，世界一切事物都永远处在发展变化之中。永远处在发展变化之中这件事情是绝对真理。绝对真理本身的表述也是相对的。

谈到绝对真理和相对真理的时候，有的学者往往提出一个例证来说明绝对真理。比如说，拿破仑死于某年某月某日，或者某人死于某年某月某日是绝对真理。其实这也不是绝对的，时间本来就是相对的，时间永远在发展变化。某年某月某日，日还有小时，时还有分，分还有秒，秒还有微妙，现代科学已经证明了微秒之后还能细分，几分之一微秒或几千万分之一微秒……时间的量证是无穷无尽的。要说拿破仑死在哪个微秒？说不清楚。当然死的本身也很难说，拿破仑的死也是相对的。有的人说是以心脏停止跳动为死，但现代科学证明还没有死，大脑还没有死。当然生死的现象也是相对的，确定时间是在哪个小时也是相对的，无法确定是在哪个微秒里面死的。

绝对真理是处在相对真理之中。当然从想象中说可以把真理认识完结，实际上是不存在的。任何一个事物，从整体上讲世界是这样的，故人类社会人本身变化也永远处在发展变化之中，也没有完结，完结只是在某个阶段、某个形式的完结。这样新的形式又开始了。就是老子说的“总是从无到有，然后又从有到无”，这是不同的阶段、不同的形态，发展是无止境的。相对真理与绝对真理可以作这样的比较。

**四、怎样得到正确认识**

人的大脑为什么能够认识客体？怎样才能够得到正确的认识，能够得到真理的认识？第一个问题是属于思维科学，所谓生命科学的问题，我们在此不谈。第二个问题是关于人的正确思想从哪里来？怎样得到正确认识？那是真理研究的问题之一。这个问题我在《总统制——人的正确思想从哪里来?》那篇文章中已经作了科学的回答，同学们可以认真地看一看。还要看看《实践论》，因为《实践论》里面也涉及如何取得正确认识的问题。可以体会为认识是主体和客体之间的反映问题，主体反映客体的问题。主体和客体的反映实际上是主体和客体进行的一系列的信息交换的问题。人作为主体要正确认识客体，必须能够把客体发出的信息吸收到头脑来。这里面要吸收客体的信息，主体也必须发出信息，也就是信息交换，信息的互相作用。在此需要强调的是认识的主体和客体的关系。客体不是被动地由主体来反映，实际上是主体和客体相互影响、相互作用的复杂的过程。这告诉我们，要取得正确认识，第一步主体和客体一定要接触，这个接触不一定是直接地接触，必须能够进行互相学习交流，这是唯物主义解决的问题。如果是闭着眼睛，不进行信息交流就认识到某个客体，这是达不到的。

主体与客体的接触不一定是直接的，当然直接的是必要的，也可以是间接的，就可以通过工具。例如我们认识宇宙的变化，用我们的感觉器官不一定能直接看到遥远的星系的变化，可以通过望远镜，还可以通过其他的方式抓住这个信息，那么这个信息进入我们的大脑，在我们的大脑里加工分析，就可以得到认识。

（根据 1980 年作者录音资料整理）

# 第二辑　我与社会学

# 我的社会学研究轨迹

1951～1953 年，我在中国人民大学攻读的专业是马克思列宁主义基础，西方学者称为“马克思主义社会学”。这期间，我还自学了其他社会学派的一些经典著作，获得了社会学若干知识，这是我后来从事教学和研究的重要理论准备和知识基础。

20 世纪 50 年代初，我国全面进行了土地改革，我有机会结合土地改革研究中国农村发展问题，这对我后来对社会发展特别是我国农村社会发展研究感兴趣起了很大的作用。我的研究生毕业论文就是有关中国农业合作化道路问题，并认为合作化道路是我国农村走向现代化可选择的最好的道路。

土改之后，农村遵循建立计划经济体制的要求，由互助组而合作化直到人民公社制度建立。一阵疾风骤雨，天翻地覆，农业生产遭到全面破坏，城乡人民生活陷入危险的困境。这期间，我有机会先后在山东安丘、潍县，江苏东海、无锡和安徽巢县等地进行走访考察。在 1959～1976 年十余年间，我因参加中共山东省委组织的救灾、整改、“四清”、学大寨等活动，又先后在山东巨野、曲阜、崂山、菏泽等地驻点，对当时巨野县独山公社田庄管区、曲阜县时庄公社马庄大队、崂山县北宅公社兰家庄枣行两个大队以及菏泽安兴公社分别进行了一年的系统调查，总共收集百万余字的资料，对这些农村从互助组、合作化到人民公社发展过程的真实情况作了比较系统深入的记录，进行过认真的研究和痛苦的思考。对当时人民公社诸多弊端有所认识，特别是政社合一制度，以行政管理经济，经常发生违背经济规律和自然规律的官僚主义瞎指挥、“一平二调”、侵犯农村集体经济的所有权和生产经营的自主权等，已成为我国农业发展的严重障碍，认识尤为深刻。但对这些弊端来源于计划经济体制则无明确认识。虽然经历了将近 30 年的风风雨雨，我仍然坚信，合作化道路是引导中国农民走向现代化最好的选择。问题在于中国合作化模式和方式，不能由少数人从某种原则出发构思出来强加给农民，而应该由亿万农民在实践中创造出来。在党的改革开放政策引导下，安徽凤阳十几户农民首倡的包产到户发展到全国的联产承包责任制，直到今天还在实行的土地承包 30 年不变等基本方式，在这个基础上形成了各种协会、合作形式，极大地推进了农业乃至整个国民经济和社会的大发展。这一切显示了我国农村为了适应社会主义市场经济发展的需要，将以丰富多样的合作形式，以实现共同富裕为特征，沿着大生产、工业化和信息化的方向走向现代化。这个现代化将需经历几十年乃至上百年的过程。当前处于初级发展阶段。为了记录下这一阶段农村发展状况，我们于20世纪80年代末至90年代初，选择较有代表性的济南市历城区冷水沟村和淄博市桓台县东营村作了全面调查，出版了《现代化：乡村的选择——一个村级社区的综合研究》《东营村：走向现代化——一个农村社区的社会变迁研究》等著作，希望它们成为今人和后人在研究中国农村现代化时可以借鉴使用的资料。在《东营村：走向现代化——一个农村社区的社会变迁研究》一书的绪言中，我们回顾了先进国家从农业社会转变为工业社会的现代化历史，也回顾了我国从鸦片战争开始的现代化的艰难曲折的历程。此书指出：改革开放，成为我们绝处逢生的唯一途径。20世纪70年代末，以邓小平为代表的中国共产党人终于彻底抛弃了"以阶级斗争为纲"，明确提出了"以经济建设为中心"的路线，现代化建设全面展开；以工业化为先导的现代化首先要摆脱传统农业社会的束缚，所以，现代化要从农村开始。现代化要把大批交出土地的农民变成工人，而且，是谁取走了农民手中的土地，就要由谁把他们变成工人。在70年代末期的中国，国家控制着全部土地，但却无法把所有的农民都变成工人，所以这项历史使命只能由农民自己来完成，而这就需要首先把土地交给农民，把商品生产市场经济的体制引入农业。于是，家庭联产承包责任制产生了，继而一批农民变成乡镇企业的工人。随着这个过程的演进，国家控制土地的手段和以产品生产、计划经济为主要内容的人民公社也随之瓦解了。然而，家庭联产承包责任制只是在那个中断经济发展的扭曲时代结束之初，对千百年来延续不断的小农经济的续尾和农业现代化的序曲。在社会主义市场经济体系发育和完善过程中，它必然要遵循农业现代化的一般规律，即土地经营由分散趋于集中。与西方国家现代化有所不同的是：土地集中的主流方向将不是趋于个人，而是趋于农村社区，因为中国几十年来的计划经济为农村留下了两件宝贵的遗产，即农村社区组织的力量和农田水利基本建设的集体化。

现在，这个过程已经开始。

## 一、社会学中国化

20世纪70年代末80年代初，在拨乱反正中，社会学等专业开始在我国重建，斯时恰巧我被借调在教育部高教一司帮助工作，在副司长季啸风同志领导下，参与了在高等院校恢复社会学专业和教学工作，因此得以接触国内外社会学界并了解到社会学一些新的发展知识。1983年春，我回山东大学筹建社会学专业。20世纪

80 年代初，在山东大学乃至山东全省知道社会学这门学科的人为数已经很少了，从事这方面教学和研究的人员是零。筹备工作从这个意义上讲真正是从零开始。庆幸的是，当时已有费孝通先生在重建和恢复社会学研究工作中积累的经验可以遵循。在山东大学领导和省内学术界的大力支持下，山东大学从 1984 年下半年开始招收研究生，同时开办了社会学讲习班，培养了第一批师资。吾师山东社会科学院蒋捷史院长接受我的建议，在社科院成立了社会学研究所，集中了专职研究人员，还联合中共山东省委调研室、山东省人民政府调研室、中共山东省委党校等单位的学者成立了山东社会学学会。将社会学专职教学和研究人员与实际工作者结合起来，将教学理论研究与实践工作较好地结合起来。因而，社会学学科得以在山东迅速而顺利地重建起来。

1986 年下学期开始山东大学社会学系正式成立，并开始招收本科生。在我主持工作期间，除了严格遵守教育部的专业要求进行培养学生外，还特别强调教师要进行启发式教学，学生要积极主动思辨学习，重视社会学中国化和实际调查研究。社会学重建之初，为了使师生们重视社会学中国化，1986 年在广州（会议期间我与几位大学社会学系主任商量，第一次系主任联席会议以讨论社会学中国化为主要内容。1987 年夏会议在山东省桓台县召开。会议论文集《社会学中国化》得以出版，这是社会学重建后中国内地学者进行的第一次关于社会学中国化的讨论成果，收录其中的我与吴忠民撰写的《关于社会学中国化的研究》一文中提到：社会学中国化是社会学重建过程中一个重要课题。由于各国社会历史和文化背景不同，使得各国的社会学在体系和内容方面存在许多差别，因此社会学在相当程度上不可避免地要以区域流派的外貌出现。国外的任何一个学派都不可能在中国的土壤上原封不动地成长和发展。所以，社会学中国化势所必然。

社会学中国化问题，不仅涉及中国社会学的发展道路和学科命运问题，而且还涉及学科建设具体方针问题。摸清这个问题，有助于促进我国社会学工作者自觉地进行社会学研究。在汲取古今中外社会学遗产的前提下，研究和解决中国社会实际问题，为建设中国特色社会主义事业，为在中国实现现代化事业服务，从而牢固地确立社会学的学科地位，并逐步形成具有中国特色的社会学。

有中国特色的社会学，也就是中国化了的社会学，实际上就是一个区域性的具有中国文化色彩的中国社会学流派。它是根植于中国社会特殊土壤之中，坚持以中国优良的文化传统为主导，同时汲取国外社会学界先进的思想、理论和方法的社会学体系。因此，在那篇文章中以及在其他场合，我十分强调，社会学中国化必须立足于中国现实；社会学的理论研究和实际应用都必须以为中国现实服务为归宿。这不仅是社会现实的需要，而且还是社会学理论得以发展的条件，是中国社会学发展的全部基础和出发点。中国是一个农业大国，农村是它最广大的区域，农民占人口绝大多数。因此，社会学在中国必须首先把触角伸向广大的农村和农民。

**二、社会调查理论和方法**

我确信社会学研究必须建立在社会调查研究基础之上。结合我几十年进行调查的实践经验，对社会调查研究形成一些看法，在我主编的《社会调查理论和方法》(高等教育出版社 1964 年版)一书的序言中作了系统的阐述。社会学重建之初，针对社会学界对社会调查认识的分歧，我着重从社会调查的定义和特点、社会调查的主体和客体、社会调查理论和方法体系以及社会调查任务和功能四个方面作了分析和探讨。

关于社会调查的定义和特点问题。我认为社会调查是人的一种社会活动。由于这种活动是一个非常复杂的过程，跟人类其他活动一样，总是处在不断发展变化中。又由于人们认识这种活动时，总要受到内外部和主客观等多种因素的制约，因此人们对它的认识总是存在着差异。正是这些差异造成了社会调查的定义仁者见仁、智者见智、歧义纷陈、莫衷一是的局面。在绪论中我将当时社会学界分歧的定义分为四大类作了比较研究，取得了这样的认识：我们不能简单地也不应该只讨论一种类型的定义是否正确。因为社会调查这个概念作为一种反映社会行为的符号时，它的含义随着时间、地点和人物要求的不同而各异，并无一个固定的范围和标准，而没有统一量度标准是不能评判出是非的。每种定义若是持之有故、言之成理，对人们深入地研究社会调查行为都会有所贡献。

我对社会调查有以下两点认识：(1)社会调查是人们对现实的社会事实(社会现象及其规律)的认识过程。这种行为本身及其成果不能直接作用于社会事实，因为它不是实在地改造社会的实践行为，而是通过实践影响改造社会事实。因此，这种行为应属于认识范畴，而不应属于实践范畴。(2)不能把认识上的感性认识和理性认识两个阶段的关系简单地套用到社会调查活动的各个阶段之上。因为社会调查这种认识行为是在一定理论指导之下的认识行为，就其本性来说，它是一个统一的复杂的理论认识活动过程。这个统一过程的任何一个阶段，无论是制订计划阶段、收集资料阶段或分析研究资料阶段的活动都是理性认识活动，不存在一个纯感性认识活动的阶段。以搜集资料活动为例，表面看来搜集资料似乎只是简单的操作行为，是一种感性认识活动，其实即使是这种操作行为也是有目的、有计划地在一定理论指导之下进行的。只有经过这种理性活动，才有可能搜集到合乎设计要求的社会资料。社会调查所搜集的社会资料，就其性质来说是反映调查对象的多种信息组合，是属于现象性质的资料。现象性质的资料属于感性认识。但我们要把资料性质与取得这种资料的行为性质区分开来。现象的资料，并不是只有感性认识活动才能取得。从上面的分析中，我的结论是：社会调查中搜集资料活动实际上主要是一种理性活动。我将社会调查定义为:社会调查是人们在一定理论指导下,有目的、有计划地运用特定的方法和手段,搜集有关调查对象的信息资料,并作出描述、解释和对策等社会认识活动。

关于社会调查的主体和客体问题。我认为社会调查过程就是调查者对调查对象认识的过程。研究社会调查行为,主要目的是搞清楚调查者为什么要进行调查活动,怎么样才能正确地认识被调查者。调查者和被调查者都有它内部的结构,为了说明这种结构与调查者和被调查者相互作用,我运用了社会调查主体和社会调查客体两个概念。

社会调查的主体是指社会调查行为的发动者和执行者,是社会调查行为的主导部分和实际运作者。按照在社会调查活动中的不同的地位和作用,调查主体由调查委托者和受委托者两部分组成。具备运用社会调查的需求和愿望,能够提供实施社会调查活动的必要经费和条件并能找到适当的受委托者,即可成为社会调查的委托者。社会调查委托者的需求和愿望决定着社会调查的目的、性质和类型,他们提供的条件和选择的受委托者的状况,则决定着社会调查的规模和质量。社会调查委托者可能是个人,也可能是集体;可能是政府机关,也可能是企事业单位和社会团体等。除了调查委托者外又是受委托者,一般情况下委托者不从事直接调查工作。但是他们的素质和水平对一次社会调查活动的质量直接或间接地起着重要的作用。

社会调查受委托者必须掌握一定的社会调查的科学知识和技能,具有一定的组织能力和社交能力,具有可以从事调查活动的体力和职业道德。受委托者一旦接受了委托,就取得了调查权而成为委托主体的代表者,主持一个社会调查的全过程。受委托者如果是一个团体,其内部还有分工结构。社会调查活动主要是调查者对调查对象进行科学认识和研究的活动过程,调查者的素质、工作态度、知识水平、工作能力,决定着调查工作的质量和效果。

社会调查的客体通常称为"社会调查对象",是指社会调查的主体在调查过程中获取信息的对象和认识、研究的对象。它由两个既互相联系又相互区别的层次构成:社会调查的目的决定课题领域(社会现象及其规律)和负载课题领域信息的信息载体。就主体认识和把握客体来说是不尽相同的,因为,社会事实的本质和规律不能为主体直接把握。要认识它们,主体必须通过各种感受,运用感觉和各种思维形式作用于信息载体,获取有关信息,并对这些信息进行分析研究和思维加工,透过现象达到本质的认识。

在《社会调查理论和方法》一书的绪论中还对社会调查主体组织方式、社会调查主体类型、可能的社会调查客体和现实的调查客体、社会调查的信息载体和信息供体等问题作了分析,并提出了自己的见解,对社会调查实际工作具有参考价值。

在社会调查理论和方法体系的论述中,书中指出理论是客观事物在人们思维中概括的反映形式，方法是人为把握、控制客体而进行的实践活动和理论活动的方式。科学的方法是以科学理论为前提的。因此，我们可以将两者统一起来成为理论和方法体系。一定的理论和方法体系产生于一定的实践，反过来又为一定的实践服务，它的主要功能是揭示事物本质联系和规律性，帮助实践更深刻地认识事物和更有效地把握事物。社会调查是一种自觉地科学地认识社会现象及其规律的活动，其所以是科学的活动，就在于它是一定理论指导之下、按照一定的科学方法进行的活动。因此，进行社会调查活动必须首先选择科学理论和方法体系作为指导。只有在正确的理论和方法体系指导下，人们才可能更自觉地进行社会调查工作，才能使调查成为真正的科学研究活动，才能使社会调查成为有效地科学地认识社会的工具。

我在论述社会调查理论和方法体系的层次性和系统性时指出：社会调查理论和方法体系多种多样，人们运用不同的理论和方法体系指导社会调查活动，并不妨碍各种社会调查实际工作的有效开展，也不影响社会调查作为一种认识社会现象及其规律的科学立于科学之林。这一事实很可能向人们显示了一个真理：理论和方法的多样性，正是社会调查活动的生命力，是其他任何认识社会的活动所无法替代的特点之所在。因此，我们研究社会调查理论和方法体系时，不应该要求统一，定于一尊，而要承认其多元的合理性，即承认探索社会现象及其规律的真理，可以采取不同的道路和方法。在多元中求同存异，在差异中探索真谛，收到殊途同归的效果。马克思主义已被实践证明是一个严密的科学体系，我们进行社会调查以马克思主义为指导，并不排斥其他思想流派的理论和方法，应该有批判地取其精华、去其糟粕，吸取一切有用的科学研究成果，结合我国的实际情况，充实社会调查思想，为推动我国社会调查工作更加科学化服务。

### 三、合理发展论

改革开放与现代化建设的浪潮把社会发展问题推到了理论思想的热点上，实践的呼唤使发展理论受到越来越多的学者的关注。对发展理论的探索特别是中国发展问题的探索，已成为我国社会学界义不容辞的责任。因此，在山东大学社会学系成立之初，在我的主持下，成立了山东大学社会与经济发展研究中心，并与一批青年教师和研究生开展了理论研究和实际的探索，基于我国特殊的历史背景和现实环境，在批判吸收国外有关发展理论成果的基础上，针对目前在发展问题上存在的不合理观点，提出“合理发展论”的设想。这一发展思想包括以下要点：(1)合理发展理论认为：宇宙万事万物永无止境地处于发展变化之中。这是马克思主义也是中国传统文化世界观的精髓所在。社会主义从理论到实践也必须遵循这一规律。中国的发展也不例外。(2)合理发展是以人为本位的发展，即以逐步满足人的不断增长的需要为目标，以消除异化现象为最终归宿。(3)现代社会发展可从四个层次去分析。首先,现代化是近现代各个国家、各个民族、各个地区发展的共同目标。这个目标的具体内容,随着时间迁移、科学技术和生产以及人们各种知识的发展而不断发展着。当前在中国与大多数发展中国家仍然是以农业农村转向工业化为目标。其次,未来实现现代化,各个国家、民族和地区应依据各自的条件选择最正确的方向和道路,即选择适当的社会制度。具体情况不同:在一些国家和地区选取资本主义制度实现了现代化,在另一些国家和地区社会主义制度则是实现现代化最好的道路;或者是先选择了资本主义道路,后转为社会主义,再由社会主义转入资本主义,或者由资本主义转为社会主义;或者在一个国家同时选择两种制度,实行一国两制等。总之在实现现代化的过程中道路方向也会不断发生变化。我国从鸦片战争起,在殖民地半殖民地的制度下,一步步艰苦地向现代化爬行。1949年新中国成立后选择了社会主义道路,尽管经历了挫折,但总起来说是向现代化目标靠近。实践证明在今后现代化的进程中,社会主义制度自然是正确的道路,因此必须坚持。再次,正确的道路选定了,在什么情况下用什么方式、何种工具实现现代化,用市场模式还是计划模式实现现代化就成为一个决定性因素了。要善于随着时间、地点、条件的变化而变化。新中国成立后,在一定时间内选择了计划模式,进行了有效的发展。改革开放后,由计划模式转向市场模式,实现了腾飞。我们改变的是方式、方法而不是道路。我们当前没有必要改变道路,因为社会主义道路在当前条件下,结合市场经济模式方法,就叫"社会主义市场模式"。这是我国实现现代化最合适的道路和方法。最后,正确的道路和方法改变了,社会具体制度、结构以及人们思想、观点、行为模式也将随着发生变化,即适应现代化变化而变化。

合理发展是一种内生与开放相结合的发展,应该建立在对本国各种资源的充分开发和利用的基础上,充分尊重本国的民族路线,建立适合自己的发展模式;对外开放的速度、规模、内容、形式必须充分考虑到本国的需要和条件;合理发展是一种全面协调的发展,传统的发展思想只注重经济上的尤其是国民生产总值的数量上的增加,具有极大的片面性和局限性。经济发展是衡量一个国家社会发展水平的重要方面,但绝不能代表全部。经济发展远不是经济本身的事情,也不会自动带来社会其他方面的进步。对于发展中国家来说,落后是结构、组织、人口素质等方面的整体落后,因此社会各方面协调就显得更为重要;合理发展应是注重长远利益的有序发展,人和自然的和谐可持续发展是合理发展的一个重要方面;在我国,农村的发展远远不单是农业的问题,必须与工业及其他事业的综合发展相协调。

(根据2013年作者手写稿整理)

# 山东社会科学院社会学研究所和山东省社会学学会的筹备

1980年我被借调在教育部高教一司文科处工作，当时正值打倒“四人帮”后，各行各业进行拨乱反正之际。在高教一司文科处拨乱反正的重点工作是恢复重建被错误取消的各科专业设置和被破坏的各科教材。

根据中央领导同志在1979年关于恢复社会学等学科教学与研究的指示，教育部高教一司文科处在着手筹建高等学校社会学专业工作中，在思想认识、教师培训、教材建设等问题上遇到严重困难。于是一司领导决定请费孝通先生出面指导、主持这方面工作。从当时实际出发，费先生提出在大学建社会学专业进行教学和研究，必须做好三件事：第一，从各大学有关专业的教师中挑选一批有志于社会学教学研究的人员，办一个培训班，由他请过去认识的英、美、日和香港等国和地区的学者讲课，介绍当前社会学发展情况及学术内容，使学员取得最基本的社会学知识。第二，以受培训人员为主，成立编写社会学专业教材的团队。第三，在有了基本教材的条件下，再办一个从各大学七七届中挑选出的学生组成社会学培训班，为将来在各大学建社会学专业，招收本科生做准备。

因为我在大学学习期间多少学了一点社会学，一司领导要我参与费孝通先生主持的上述各项工作，我从中进一步学习了社会学知识和费先生以及当时社会学界同仁们在高校建社会学专业、在研究单位建社会学研究所、在全国建社会学学会的经验。这对于我之后在山东大学和山东省进行恢复重建社会学教学和研究工作起到了极其重要的作用。

1983年，我在山东社会科学院规划会上提出在社会科学院建社会学研究所的意见被采纳。1984年4月，山东社会社会科学院社会学研究所正式成立。

在筹建山东大学社会学专业的同时，我们也着手筹建山东省社会学学会。筹建过程：首先联络我所知道的当时省内理论界、党政部门和其他有志于社会学研究的同志，成立筹备组。1983年冬，在中共山东省委党校召开筹备组第一次会议，会务由时任党校副校长的吴玉黎同志负责操办，参加人员除吴玉黎同志外，还有中共山东省委调研室徐余、杨俊启等3人，省社科院法学所1人，山东大学社会学专业我、马广海、王青山3人。会议决定：①进一步联络省内同志。②尽快召开山东省社会学学会成立大会。③大会召开的各项准备工作由山东大学社会学专业负责。不久，山东社科院社会学所成立，会议准备改由该所负责办理。

山东省社会学学会第一次大会于1985年5月在济南召开，大会通过了学会章程、工作计划，选出了首届理事会和正副会长、秘书长。第一任会长徐经泽，副会长吴玉黎、季星如、周正三等，秘书长王训礼。

学会成立后早期的主要工作有：①先后主办了“如何建立具有中国特色的社会学”“改革中的社会问题和社会工作”“社会主义初级阶段理论与社会学”等学术讨论会。②与邹平县政协联合主持“梁漱溟先生在邹平等地进行的乡村建设等活动的调查”“梁漱溟先生学术思想研讨会”等活动。③举办了两期社会学讲习研讨会。④积极主持或参与社会调查研究，为政府有关部门提供了一些有价值的建议与方案。⑤进行了省内社会学优秀成果论著的评奖活动。此外，学会会员发表论文和调查报告400多篇，出版专著6部，有5部论著分别获得山东省社会科学优秀成果一、二、三等奖。

在我主持山东大学社会学系和山东省社会学学会工作期间，除积极参加由中国社会学学会组织和号召的各项活动外，还进行了以下学术活动：

1. 举办了第一次全国高校社会学系和其他社会学工作者会议，研讨社会学中国化问题，讨论的成果汇编成《社会学中国化》一书，在山东大学出版社出版后，为中外学者重视。

2. 与韩国汉城大学人类学系金光亿教授联合对历城县冷水沟村、桓台县东营村调查研究。出版了《现代化：乡村的选择——一个村级社区的综合研究》《东营村：走向现代化——一个农村社区的社会变迁研究》两部专著。

3. 与加拿大学者联合进行“山东省乡镇企业改制研究”的课题研究，出版了《山东省乡镇企业改制研究报告》等3部专著。

4. 先后与多国访华学者讨论、研究各种学术问题。

与联邦德国某学者讨论“民主与集中”都是管理社会的手段问题。与民主德国社会学访问团讨论中国“改革开放”政策和中国家庭结构问题。与美国旅行访问团谈中国实行的计划生育政策、交往礼仪和饮食文化等问题。与丹麦哥本哈根大学克莱门教授研讨中西方民主制度的异同，西方民主制为什么不适合中国国情，中国实现中国式的民主，在走自己的道路，把西方式的民主奉为万能是“民主幼稚病”等问题；克莱门教授是一位不带偏见的正直的学者，对研究的问题他都有真知灼见，我们取得许多共识。与新西兰某教授研讨社会统计及统计正确与否对社会经济建设和社会建设起关键作用等问题。与澳大利亚学者讨论阶级分析法不适合澳大利亚的问题，他说罪犯阶级在澳大利亚与工人阶级在中国一样受尊敬。与加拿大某博士谈基督教在中国传播必须要中国化问题。与英国在华读博士的研究生白露丝讨论中国保姆的作用、人道主义等问题，指出她反对我国西藏改革落后的民俗，要求保留少数民族落后的风俗习惯，供西方学者作标本进行学术研究，是不符合人道主义的。与日本学者讨论民俗社会学研究的目的和任务、中国民俗文化的联系等问题。与韩国留学生谈汉字对东方文化产生、发展和将来光大中华的作用等问题。

1991年，我应韩国汉城大学社会科学院之邀访韩，进行学术交流。在韩活动期间，所作的讲演主要是介绍有关当代中国改革开放的问题。在汉城大学社会科学院作了“中国改革开放政策与情况介绍”的报告；在韩国社会科学院民俗研究所作了“中国民俗学研究简况和山东大学民俗社会学研究的问题”的演讲；在庆州大学作了“中国农村改革问题”的报告；在韩国全国农民协会做了“中国农业合作社沿革和今后发展趋势”的报告；在全州参观韩国一处农村协作社时，座谈中韩两国土地改革的异同问题；访问三星集团本部，座谈有关中国高速发展问题；访问民俗村，与负责人座谈中韩两国文化交流的历史问题；访问汉城大学图书馆，座谈中韩历史友谊、建交后两国共同发展等问题；访问韩国博物馆，谈日本侵略中韩历史问题；参观数处农村塑料大棚生产，座谈在新技术的基础上今后农业生产方式大变革的问题。

在安东参访朱夫子纪念堂，与其负责人交谈对朱熹某些学说的认识，例如：什么是理学？朱夫子为什么被称为理学大宗师？为什么说朱子八卦图是数学二进制的最早表述？为什么说八卦是阴阳互动发展观的完整表述？用九称老阳，六称老阴，以及宋人陈抟阴阳鱼图所表述的是阴中含阳、阳中含阴的思想等问题。看来交谈者显然是研究朱夫子和八卦的专家，临别时互道“今天交谈受益匪浅”，对方送我一套《朱子格言》拓片，至今仍珍藏在我的书房中。

在汉城与韩国著名书法家金膺显先生讨论汉字（他建议称“东方文字”）问题，我们共同认为，汉字至少有以下几大特点：①从甲骨文起，历经篆、隶、楷等发展演变阶段，已应用了3000多年，活力不衰，将永远继续下去，人类其他任何一种文字都无法比拟。②汉字的基本架构十分合理，我们称“永”字八笔，就是用八种构件，无限多地组建出需要的形态，用以表象、表意、表音、表态，进行思想交流和储存信息。③汉字书法与东方画法基本一致，字即画，画即字，是人类艺术活动完美的表现。④与其他文字比较，单个汉字所表述和储存的信息最为丰富，且字在信息在，不受时间影响。金先生赠送给我部分他的书法作品，并说他已向时任韩国总统、他的好友金泳三上万言书，建议在韩国恢复汉字使用。

以上虽还未涉及我这次访韩交流的主题，但我认为是很有意义的文化和友谊交流，故记之。

（根据2012年作者录音资料整理）

# 写给山东大学社会学系成立20 年

社会学之所以能引入中国并能在中国生根发芽，是因为人们终于认识到社会学是一门科学，能解决问题。我们现在提出的科学发展观就是社会学解释的内容。社会学是一门科学，主要解决社会怎么发展的问题。发展要讲科学，不能违背科学搞发展。

社会学恢复走的这段路是基本正确的，基本健康的，但社会学的恢复并非一帆风顺。今后随着中国社会的发展，会越来越重视社会学研究。现在从中央重视起来了，请社会学家去讲什么是"和谐社会"，什么是"新农村"，这些观念都是社会学家提出来的。但是有些地方政府官员还不重视，他们还不知道什么是社会学，还得我们去做工作。

社会工作现在也开始受到重视，山东大学成立社会工作专业是很好的。我们现在正在城市化，城市化中社会工作中一个极重要的部分就是社会管理。因为这么多人如果没有人管理就乱了。所以我很同意注重发展社会工作。

至于理论研究，我认为一定要坚持。没有理论，社会学就没法研究。中国市场经济经过 20 多年的发展，取得了不错的成绩，但还需继续发展，再发展 20 年差不多成熟了，到那时，中国社会学也就成熟了。对社会学的发展必须要有这个信心。它是个学科，是一门科学。

现在社会学发展得应该说很快，至少是不慢，但离它真正起充分作用的时候还有一段时间。这倒不是人重视不重视的原因，是中国的社会还没有发展到那种程度。我认为这个学科将来很有前途，马克思主义代替不了它，中国传统的思想代替不了它。比如孔子学说，是值得研究的，把它现代化也可能起积极作用，但是代替不了社会学。

社会学毕竟是资本主义高度发展到一定程度时产生的科学，怎么能忽视它呢？过去我们很幼稚，认为资产阶级、资本主义的东西都不要，它创造这么一个世界你就不要这个世界吗？社会主义不是凭空产生的，需要借鉴一些先进的科学和思想。

回想起来，有一年全国高校社会学系系主任会议在南开召开，请我给学生作了一个报告，讲国家社会转型，从计划经济向市场经济转型，是小的转型而不是大的转型。我讲我们学社会学的人要主动地研究这种转型，研究社会发生的变化，要有预见性。别稀里糊涂地等问题出来以后再解决。我的中心思想就是这样。我说不管原来谁对，也不管谁讲的，不适应社会发展的就要被取消，要勇于这么解决问题。你必须研究现在的社会怎么样，然后提出问题、解决问题。听报告的研究生、大学生都很欢迎，鼓掌很热烈，我很高兴。我说你别以为社会学不起作用，我们要研究出好意见才能起作用。

社会是世界性的，也是整体性的，不是一个国家的问题，将来必然要一体化。无论从科学角度还是从经济角度、文化角度看，将来都是要一体化的，否则这个世界没有前途。一体化，不光是资源的一体化，还有智力的一体化，包括人才也是世界性的。社会学也是这样，要强调我们中国的特色，但同时也应注意到它的世界性。科学发展观也包括这个内容，一体化是趋势，这是客观规律。

山东大学社会学创建之初，很艰难，但是大家坚持了这样一个思想，就是我们需要社会学，社会学必须要搞，要为它创造条件，它就可以成长，它就符合规律。这是我的体会，我一直坚持和强调的，我想留给你们这么一种精神，即向科学的理论开放思想，强调社会调查，立足我们的实际，去发现现实问题和解决现实问题。山东大学社会学系 20 年的发展朝着这个方向，未来还要继续下去。

（根据 2006 年《迈向社会学殿堂》一书前言整理）

# 调解学刍议

社会学和法学界对调解在社会生活中的作用问题都曾予以注意，并做过初步研究，但以往的研究都缺乏应有的高度。本文试图论述调解的性质、作用及其发生、发展的规律，以引起学术界重视这一社会控制形式，共同建设具有中国特色的调解学。

## 一

什么是调解呢？这个问题在目前的社会学词典上是查不到答案的。要给调解下个科学的定义亦非易事，下面谈谈我们对调解的初步理解。

在原始社会里，调解氏族成员之间相互关系的行为规范通常是不成文的风俗习惯，这种风俗习惯是世代奉行的传统的观念，人与人之间的关系，正像恩格斯指出的那样："在氏族制度内部权利和义务之间还没有差别"，"一切都由当事人自己解决，在大多数情况下，历史的习俗就把一切都调整好了。"从这种意义上说，谐和人们之间相互关系的行为方式，就是调解。

随着社会生产力的发展，为了使社会有一个安定的秩序和环境，人们制定了一系列的道德规范和系统的法律条文，并随之产生了法律执行机构，如监狱、法庭、军队、政府等。然而，社会中的矛盾，包括国家之间，经济、政治组织之间的矛盾，能靠武力强制解决不是最好的办法，有些矛盾冲突也不是武力所能解决得了的，因此，历史上早已存在的解决矛盾冲突的另一种方法——调解，在新的社会关系条件下，被赋予新的作用，被继续运用了。用调解方法解决矛盾能使事态趋于缓和，使矛盾冲突得到比较圆满的解决。调解这种社会过程的特点是：冲突的双方或多方在争端进行到某一阶段时，由第三者出面施展其作用，做好各方工作，使矛盾诸方在同一争端中，各自作出适当的让步，最后达到问题的解决。因此，我们说，所谓调解，就是在矛盾冲突过程中，由第三者作为中介参与，通过说服的办法，促使各方自愿协商，排除争端、消除隔阂以达到问题解决及各方谐和的行为方式。它是社会控制机制的一部分。这个谐和行为的过程叫作“调解过程”。在这个行为过程中，所采取的系列方法，我们称为“调解手段”。参与的第三者称为“调解者”，矛盾冲突的各方称为“调解对象”或“被调解者”。

“调解”这个概念，在不同的国家、地区和不同的历史阶段可能被赋予不同的含义。但调解作为一种解决人类社会矛盾的行为方式，有其自身的、固有的特点。它的特点是：(1)被调解各方自愿。(2)有第三者参加，使之谐和。(3)除有调解书外，调解结果无法律效力。

调解的种类多种多样，其划分的原则也不尽一致，就整个人类社会来说，调解有国家之间、国家与集体之间、集体之间、集体与个人之间、个人之间的调解等。国际上的调解，就其性质来分，有政治争端的调解、经济争端的调解，文化争端的调解、刑事争端的调解、历史遗留问题争端的调解等。就我们国内来说，又可分为人民调解、民间调解、法院调解（或称“马锡五审判方式”，即调解与审判相结合）、行政调解、自行和解等。就国内调解的性质而言，可分为民事纠纷的调解、婚姻家庭纠纷的调解、轻微刑事案件的调解、经济纠纷的调解等。由于国际调解与国内调解二者的基础不同，即调解的根据不一致，国内调解的成功率大，而国际调解却很难得到圆满解决。

那么，什么是调解学呢？我们认为：所谓调解学就是从社会的整体出发，通过人们的社会关系和行为方式来研究调解这一谐和人际关系的社会控制形式，探讨其发生、发展的规律，从而使社会关系达到平衡、和谐，以保证社会良性运行的一门社会科学。

## 二

调解，这种协调社会关系的独特方式，不论是从微观上说，还是从宏观上说，都起着不可低估的作用。摩尔根指出：“人类的各种制度都源于蒙昧社会，发展于野蛮社会，而成熟于文明社会。”这就是说，现代社会中的主要制度，许多是从早期社会中所具有的少数思想胚胎进化而来的。这些制度，在人类蒙昧阶段以一种自发的方式产生出来，经过野蛮阶段社会风雨的磨炼、发酵、积淀，在进入文明社会后，以其较完备的形式逐渐自觉地起着稳定社会秩序的作用。调解同其他人类的思想胚胎一样，它作为一种组织制度而源存于人类最早的社会形态之中。在民族公社时期，调解氏族内部各种关系的调解制度，几乎包容了宗教、刑法、民法、习惯法、道德法及政权等各种当今社会组织制度的萌芽。

从我国古代大量的历史典籍中就可看出，调解作为一种调整社会关系的手段，已经被人们自觉地运用。如先秦时期就有调解的记载，《周礼注疏》卷十四中就有“调人”的“地官”设置。“调人，掌司万民之难而谐和之。”秦朝时，县、道以下的基层组织有乡，乡设有秩、啬夫和“三老”，即农老、工老、商老，掌管封建道德的“教化”，“职听讼”负有调解职责。汉朝时期，调解已被作为一项诉讼制度普遍应用到处理民事纠纷上。唐朝时，乡里讼事，则先由里正、村正、坊正调解。元时，乡里设社，社长负有调解职责。明朝的调解更具特色，每个里都定有乡约，每当会日，里长甲首与里老集合里民，讲谕法令约规，有的设有申明亭，里老对于婚户田土等一般纠纷，有权在申明亭劝导解决。《大明律》中规定：“各州县设立‘申明亭’，凡民间应有词状，里长准受于本亭训理。”吕权简《实政录乡甲约》中记载：“一人有过，四邻劝化。”《明史・食货者》记载：“里设老人，选年为众所服者，导民善，平乡里争讼。”清朝时期的保甲，虽主要是追查盗贼和编户收税，但也附带进行调解。康熙九年，复谕增条目十六款，其中就有“和乡党以息争讼”“讲法律以儆愚顽”“解仇忿以重生命”。

长期的统治实践，使统治者意识到，乡里调解比县府堂断有时更公平，因为“乡党耳目之下，必得其情，州县案牍之间，未必尽得其情，是在民所处，较在官断为更允余”。由于调解有利于减少诉讼和封建统治秩序的稳定，因而为历代封建统治者所重视，直到清末制定的《大清民事诉讼法典》中也有调解的规定。以上事实表明了调解已成为自觉社会控制的一种形式。调解不仅为国家政权运用为软控制的工具，而且还深深地渗透到社会的基层细胞之中。社会运用风俗、习惯、宗法、族规、道德伦理，调节着人们有碍于社会秩序的行为，成为社会自我调节机制的一部分。

调解，作为种社会控制形式，在现代社会中，无论是社会主义国家或是其他社会制度的国家，都起着或能够起到重要作用，特别在我国，调解的作用表现得尤为突出。我国(除台湾、香港等地外)经过 30 多年的社会主义革命和建设的发展，在剥削阶级消灭以后，社会上大量的对立、冲突表现为人民内部矛盾。人民内部矛盾，虽然是在根本利益一致的基础上产生的，但是，这种矛盾如果得不到及时、正确的处理解决，也可能激化。轻则破坏内部的安定团结，重则可能造成对社会主义制度的损害。为了解决人民内部矛盾和防止这种矛盾的激化，社会主义国家必须采取各种措施，并运用经济、政治、法律等各种手段，作为社会稳定、协调发展的保障。根据我国历史的和革命的经验，解决人民内部矛盾必须以说服、教育为主，只有这样，才能有利于社会主义的建立和社会生活的发展。人民调解，就是实现这原则的最经常的主要形式。因此，我国的人民调解制度，在社会主义制度下，无疑是一种较好地解决人民内部矛盾、加强安定团结的新型社会控制形式。作为人民内部矛盾的民间纠纷，不仅关系着当事人双方的切身利益，而且还涉及各自的家属、亲友和所在的村落、单位，如果得不到及时妥善解决，就会破坏人与人之间的关系，影响人民的内部团结，以致酿成危及人民生命财产安全的恶性事件，造成不必要的损失。人民调解，在消除纠纷、预防犯罪、宣传法律常识，通过调防结合对社会进行综合治理等方面，都具有特殊的作用。例如，1980 年，全国共调处各类民事纠纷 610

万件，相当于同期基层人民法院受理一审民事案件的10.8倍。根据22省、市、自治区1980年统计，由于对民间纠纷调解及时，避免了可能发生的非正常死亡大约有2.4万人，同时挽救了一批将要犯罪的人。在人民民主专政的社会主义国家里，人民是国家的主人，实行人民调解委员会调解人民内部矛盾的制度，使人民自己解决自己的问题，这实质上是人民群众当家做主的一种具体表现。

调解，无论在过去或现在，都以自己独特的方式来协调社会的冲突，协调人与人之间的关系。即使将来法律、国家等制度消亡之后，调解，作为协调和谐人与人之间、社会各方面之间关系的手段的功能，也还会存在和发展下去的，很可能最终要发展成为社会的主要控制形式。当前，在我国，人民调解已列入宪法，成为一种制度。调解网遍布全国从上到下、从城市到乡村，人民调解委员会都活跃在群众中间，为群众排患、释难、解纷乱。但令人遗憾的是，我国独创的调解方式以及长期积累下来的丰富的经验，过去很少有人系统地研究它，还没有把丰富的实践经验上升到理论。我国大量的调解工作者，还是凭自己的经验从事调解活动，因为缺少理论指导，往往事倍功半。随着我国调解工作的发展，客观形势要求我们必须用科学的方法进行调查研究，找出调解的规律，弄清其产生、发展的过程，并把研究成果用来指导实际调解工作，更好地为社会主义建设服务，为全人类服务。

## 三

在表述了调解的定义、分类及作用后，我们需要明确调解学的研究对象和任务。

1. 从调解的发展历史中，探讨调解的规律

任何一门科学的历史都是它的自我认识的必要组成部分。通过对历史的反思，我们看到，每段特定历史时期的社会意识及其法律制定，都同它以前的成果有着继承的关系。任何一种社会意识形态或法律制度，无论就其内容或形式来说，都有两个来源：在内容上，是对现实社会和经济状况的反映；在形式上，主要是继承过去遗留下来的方式、方法，同时又根据新的内容和条件对它们加以改造、补充和发展，并增添某些新的形式。因此，调解这一社会控制形式，随着人类社会的发展，即使国家、法律消失了，照样会起着调整、综合平衡人际关系的作用。调解这一贯彻人类始终的方式，有其发生、发展的过程，怎样才能找出其发展的内在规律，更好地运用它？这是调解学研究的任务之一。

2. 揭示调解的本质及其社会功能

现在，人们谈到调解，往往是指人民调解。这种人民调解是厂矿企业、街道办事处或农村的政权领导，并由专人从事的调解。而最初的调解却是指我国劳动人民自发地发展起来的解决民间纠纷的民间调解。人们“以和为贵”“以让为贤”，发

生纠纷后，由当地德高望重的主持公道的长者或族长进行说和、调解，使之谐和，而调解人则是“为人排患、释难、解纷乱而无取”。说的就是“大事化小，小事化了”，息事宁人，达到和睦相处。

如果说民间调解是处于自发的社会控制阶段的话，那么，官方调解就成为自觉的社会控制，成为整个社会机制的一部分。我们知道，社会要正确地运行和协调发展，就得有保障这种运行的手段和方法。我国的人民调解，正是这样一种保障社会良性运行和协调发展的有效控制形式。在现代社会中，人民调解以它那特有的形式、独到的方法，悄悄地分解着矛盾双方的隔阂，静静地消除妨碍人们交往的障碍，在采取浓厚的风俗人情的同时，又不失法律的威严，在集体与集体之间、集体与个人之间和个人与个人之间，构筑着相互理解和谅解的桥梁，经常使怒目而视、剑拔弩张的双方，在一番深刻的自我剖析之后，握手言和。这无论是从维护社会治安、稳定社会秩序，还是从增加了解、加强团结方面来说，都起着不可估量的作用。大量的事实说明，人民调解组织在解决民间纠纷、教育公民遵守法纪、维护人民团结、促进生产发展、预防犯罪和减少诉讼等方面有着巨大的作用。

3. 调解过程及调解程序的设计

调解，从受理纠纷到问题的解决，是一个比较复杂的过程。当纠纷发生后，当事人找上门来就得受理纠纷。对已发生的纠纷还要主动调解，若“不告不理”，必然会导致矛盾的激化。受理纠纷后，要及时地进行调查研究，弄清纠纷性质，是非曲直，抓住主要矛盾，集中力量解决。解决纠纷时，一定要以政策、法律和社会主义道德为准则，准确地把握当事人的心理，做好当事人的思想工作，决不能以想当然而草率行事。对属于人民内部矛盾的民间纠纷，要采取“团结——批评——团结”的方式去解决，努力促使当事人达成协议，使问题得到圆满解决。

调解纠纷有一个最大的特点，就是及时。怎样才能在短时间内把问题及时、准确地解决呢？这里就有一个调解程序的设计问题，这就是说，在调解过程中，从哪方面入手，经过哪些步骤，直接关系到调解的成功与否。

4. 调解过程中的社会心理分析

各门学科的相互联系和渗透，使我们在对某一学科进行研究时，不能单纯地局限于本学科的自身，必须采取联系的观点，借鉴与之相近或交叉学科的方法和史料，以促进和激发本学科研究的进行。同样，调解的研究，除自身的研究方法外，也还得借用其他社会科学中某些有益于自身的东西，来加强本学科的研究。例如，调解过程中被调解人的心理分析。在纠纷发生以后，双方当事人一般都怕把事态扩大，同时呢，又都不服气，都有一种压倒对方的念头，当当事人处在这两种不同的心理状态中飘忽不定时，一旦受到外界的影响（不管是好的，还是坏的），事态就会发生变化。调解人若能准确地把握当事人的心理活动，对症下药，晓之以理，动之以情，问题就会得到解决。若把握不准，并火上加油，当事人一旦失去理智，后果将不堪设想。因此，在调解过程中，有哪些种类的信息和调解者的哪些言词最能改变一个人的态度？当事人在哪些情况下最容易受到影响？怎样沟通调解者与被调解者之间的关系？这就是社会心理学研究和解决的课题。

5. 调解组织的设置

如前所述，古代虽然没有明文规定设置系统的调解组织，但由于社会发展的需要，在各个阶层，调解组织都以不同的形式出现并起着作用。因此，加强中国历史上调解组织的研究，对于了解“乡社自治”，家族、家庭的产生、演化都有很大的意义。在现代，调解受到政权的重视。国民党统治时期，曾多次颁布有关调解组织的原则及工作程序。中国工农红军在红色根据地也设置了调解组织，来为人民排纷解难。直到新中国成立，一套有力的、系统的调解组织和制度才真正地建立起来，并时时发挥着安定社会秩序、防治社会犯罪、解决人民内部矛盾、团结人民的作用。中华人民共和国司法部设调解司，省市、自治区司法厅设调解处，地、市县司法局设调解科，乡镇有司法助理，村、街道、企事业单位设调解委员会，并下设调解委员若干，其他还有许多德高望重的长者、退休干部等利用业余时间义务调解，起着补遗拾缺的作用。随着社会的发展、变化，怎样才能搞好调解工作及建立、健全调解组织，这也是调解亟待研究的课题。

6. 调解与政权的关系

调解与政权的作用，在大多数情况下是一致的，就是稳定社会秩序，但目的并不一定一致。政权的目的是稳定统治，而调解则是排纷、解难、息事宁人，谐和人们之间的关系，达到“和平”相处。在大多数情况下，二者是统一的。本质上，调解是一种自发的社会控制形式，带有群众自治的性质。例如，《人民调解工作通则》中这样规定：“调解委员会是群众性的调解组织。”一方面，人民调解委员会是群众性的组织，不是国家审判机关，它没有审判权，也不是国家行政机关，没有行政命令权；另一方面，人民调解委员会又不是一般的群众组织，而是负有调解任务的群众组织。也就是说，它是人民群众运用自己的力量，通过批评与自我批评的方法，调解纠纷，进行自我监督、自我约束的一种群众组织，是直接参与国家管理、协助政府机关工作的一种很好的组织形式。

调解与政权，都有自身发生发展的规律及其巨大的社会作用。怎样找出二者之间的联系与区别，对于建立一个安定的社会环境及社会制度的研究是非常必要的。

## 四

目前，在我国围绕调解建立一门独立学科——调解学的条件基本成熟：

第一，我国历史上，有关调解方面的史料比较丰富，有利于人们对调解历史的研究和探讨。

第二，在长期的调解过程中，特别是建立人民调解制度以来，从事这方面工作的干部、群众，积累了大量的资料，有着丰富的实践经验。

第三，调解，这种社会控制形式，随着社会的进步与发展，越来越显示出其巨大的社会功能，并受到各国行政、司法部门的重视。

第四，调解，作为一种解决人民内部矛盾、安定社会秩序、达到社会综合治理之目的的有效方式，已被列入国家宪法，并成为民事诉讼审理过程中的必经程序。

第五，各级司法部门、大专院校及许多社会科学工作者开始注意到这个问题，并进行了初步的调查研究。总的来说，已具备了一定的研究能力和力量。

综上所述，用科学的方法来研究调解，建立具有中国特色的调解学已成当务之急，我们今天提出这个问题，目的在于引起人们的注意，以期有更多的同志投身于此项工作，研究、探讨调解的问题，尽早、尽快地形成完整的调解理论，建立中国的调解学。

[原载《山东大学学报》(哲学社会科学版)1988 年第 2 期，有改动]

# 关于社会学中国化的初步研究

社会学的中国化，是重建中国社会学过程中的一个重要课题。笔者试从几个方面，对这一课题提出一点不成熟的看法，以求教于方家。

## 一

谈论社会学的中国化，首先要遇到这样一个问题：同样是科学，为什么不谈物理学、生物学、化学等学科的中国化，而偏偏要谈论社会学的中国化呢？如果我们将自然科学与社会科学加以比较的话，就会发现：是自然科学与社会科学的不同特征决定了这一问题的实际存在。生物、物理、化学等学科属于自然科学，社会学则属于社会科学。而自然科学与社会科学迥然相异，前者是以自然界为自己的研究对象，而后者则是以社会作为自己的研究对象。在自然界中，"全是不自觉的、盲目的动力，这些动力彼此发生作用，而一般规律就表现在这些动力的相互作用中。在所发生的任何事情中，无论在外表上看得出的无数表面的偶然性中，或者在可以证实这些偶然性内部的规律性的最终结果中，都没有任何事情是作为预期的自觉的目的发生的"。"在自然界中这些规律是不自觉地、以外部必然性的形式、在无穷无尽的表面的偶然性中为自己开辟道路的。"所以，自然界中的大多数同类事物的活动往往表现出一种重复出现的情形。这种情况决定了各个国家里的凡属于自然科学的学科如化学、物理、天文等，只要是处在同一研究水准之上，那么其学科体系都是一样的，而不会出现化学中国化、物理学中国化一类的问题。但是，在社会历史领域中，人们在进行社会活动时，"并不是按照共同的意志，根据一个共同的计划，甚至不是在某个特定的局限的社会内来创造历史。他们的意向是相互交错的，因此在所有这样的社会里，都是那种以偶然性为其补充和表现形式的必然性占统治地位"。这样一来，社会历史领域中的大部分活动便表现出了一种不重复性。既然是一种不重复性，那么，以社会为研究对象的社会科学学科就不可避免地表现出一种差异性和多样性。正是这种差异性和多样性，使得各个国家的社会科学之间出现许许多多这样或那样的差别，也就是说，社会科学的各个学科有可能存在着中国化、美国化一类的问题。

如果说，从总体上看社会科学学科有着中国化、美国化等的可能性的话，那么，与经济学、法学、哲学、历史学一类的学科相比，社会学的中国化问题不仅是一个可能的问题，而且还是一个现实存在的问题，这是因为：

第一，各个国家大量不同类型社会现象的存在，使得各个国家的社会学在体系与内容方面存在着许多差别。社会学的一项基本内容就是要对各种社会现象进行经验研究。由于经济发展水平、社会制度及历史因素的不同，各个国家往往具有许多不同的社会现象。比如，日本与美国的社会结构很不相同。按照中根千枝的解释，在日本，团体内部的凝聚力是很强的，人与人之间的关系相对说来是比较亲密的，一个团体往往就像一个大家族。所以，日本的终身雇佣制是比较普遍的，失业现象相对说来并不十分严重。但美国的情况就大不相同了。那里，失业是一种比较普遍的社会现象。苏联与法国的情况也很不相同。在苏联，比较重视集体的利益，由此而制定的一系列法律、法规无不表明这一情形。而在法国，则比较注重个人的利益。各国具体的社会现象如此之不同，就不能不使各个国家的社会学出现一些差异。社会学体系是基于各种社会现象经验研究而建立起来的。而在建立的过程中，既然社会现象不同，那么就肯定要站在不同的角度上去分析、综合社会现象。这样一来，就不能不使社会学理论在各个国家以不同的形态而出现。

第二，各个国家文化背景的巨大差别，不能不对各个国家的社会学理论发生重大影响。“社会学”一词中的“社会”二字，其含义是极为丰富的，由此也引起了人们对社会学这一概念的多样性理解。而从哪个角度去认识社会学，从什么角度去建立和发展社会学，这又与各个国家的文化背景有很大的关系。各个国家的学者往往是基于自己的思路、自己的概念体系、自己的方法论和自己的价值观念，去建立自己的社会学体系。在苏联，马克思列宁主义的理论是占统治地位的社会意识形态。这本来并不是一件坏事。但是，由于缺乏与外界的交流和夜郎自大，在很长的一段时间内，苏联学者往往是将西方社会学理论斥之为资产阶级学说而抛置一边，很少去发掘和汲取其中的合理成分。在这样的情形下，苏联学者也就很自然地去用历史唯物主义代替社会学。这样一来，苏联社会学理论的历史哲学的色彩也就未免太浓厚。与苏联相比，美国是一个非常讲究实际的国家。在美国，从总体上来说，功利主义与实用主义对于学术的影响是很大的。美国的社会学先是以结构功能主义学派占压倒优势，以寻求维持社会稳定的良方，这是一种带有明显实用色彩的流派。后来，结构功能主义学派有所衰弱，却又兴起了一个以解决当务之急社会问题为宗旨的“诊断学派”的社会学学派，这一学派的实用性与现实性比之结构功能主义流派来说似乎更为强烈。各个国家文化背景对社会学理论影响之大，于此可见一斑。

第三，社会学学科本身的相对不成熟性，也使得各个国家内社会学体系不尽一致。作为一门科学来说，不管其具体情形如何，理应拥有着基本的相似之处，理应具备大量得到公认的基本观点与理论。但是，社会学与其他的社会科学学科不一样。社会学从其产生到现在，只有一百多年的时间，无论是就其资料准备的情况而言，还是就其结论的验证而言，都有待于进一步的收集、积累、证明和发展，哲学、经济学、历史学等学科也都存在着同样的问题。但是，相对说来这些比较老的学科经过多年的发展，其基本框架、基本理论是比较成熟的。虽然，它们也需要进一步更新与发展，然而这种更新与发展毫无疑问是一个更高层次上的问题。从这种意义上讲，它们与社会学所遇到的同类问题又有了不小的差异。社会学的这种不成熟性，造成了它在许多原初问题上的不成熟的争论性。比如说，在社会学的研究对象问题上有着几十种看法(而这类问题在别的学科内相对说来已得到解决)。之所以会出现这么多的看法，主要是由于论者们在界定社会学时所遵循的原则相距甚远。在对象问题上尚有这么多的争议，其他方面存在着多少争论是可想而知了。争论是件好事，是每个学科所不可避免的事情，是通向成熟与完善的必由之路。但我们还应看到问题的另一个方面，相对低层次的争论必然会造成学派的相对多样性而不是相对单一性。进一步看，社会学的多种争论势必会造成各个国家社会学界之间的多种差异。每一个国家的社会学往往具有自己明显的特色，西方国家与苏联差别很大，而西方各个国家之间的社会学也有许多差异，如联邦德国的社会学与美国的社会学就迥然相异。可以这样说，在每个国家都不存在着“一般”的社会学，而只存在着特殊的社会学，“一般”的社会学模式目前看来尚不存在。当然，这里所说的各种“特殊”的社会学之间并非毫无共同之处，否则，各种“特殊”的社会学也就不成其为社会学了，而只是在与别的学科相比较的意义上而说的。

基于上述三个原因，我们可以认定，迄今为止，社会学在相当程度上不可避免地要以区域流派的外貌而出现。国外的任何一个学派都不可能在中国的土壤上原封不动地成长与发展。由此可见，就社会学而言，确实存在着一个中国化的问题。如果认为社会学可以照原样从西方国家或是苏联等国家引进的话，那就犯了一个极大的错误。

## 二

对于“社会学中国化”这个概念应如何理解呢？从前一部分对于社会学中国化的必要性的分析中，我们可以看到，社会学的中国化实际上就是要建立一个区域性的中国社会学流派，即植根于中国社会的特殊土壤之中，具有中国文化色彩的社会学体系。就区域性的中国社会学流派而言，它至少应当包括以下几个方面的内容：

首先，从理论形态上看，它应是一门体系化、规范化、首尾一致的科学。

社会学是一个完整的体系，它由三个部分组成，社会学基本理论、具体社会学（亦称“部门社会学”）、方法论。其中，社会学理论是基本部分，具体社会学是社会学理论在现实社会中的直接运用，而社会学方法论则是前两者的工具。这三个部分相辅相成，不可分割。社会学的发展，必然是这三个部分的同时发展。在社会学中国化的过程中应该同时注意这三个部分。不能以中国特色为借口而忽视其中的任何一个部分。就目前我国的社会学研究而言，似乎是大多数人重视具体社会学的研究，而对社会学理论本身的研究还不够重视。这不能不说是一个偏颇。因为，社会学理论水平的高低是影响具体社会问题研究水平高低的决定性因素。如果忽视了社会学理论的重要性，那么，具体社会学研究也就很难向纵深发展。

我们不但要注意到社会学的体系化，而且还应注意社会学的规范化。这种规范化特别表现在概念的准确性和各种概念之间的严密逻辑联系性上。概念的准确，是社会学规范化的一个最起码的要求，若做不到这一点，那么社会学的规范化将无从谈起，比如“社会结构”是一个很重要的概念。它包括两层含义：一是社会组成的方式和表现形式，二是社会的成分。有的学者在谈论社会结构时，往往只是指它的某些成分，如阶级、阶层，这就犯了以偏概全的错误，造成了概念的不准确，进而以此为基点进行一系列推理，便导致了整个体系的不规范性，使同一个体系之内充满矛盾。另外，各种概念之间应保持着一种连贯性，具有严密的逻辑联系。这种说法似显多余，但对于社会学中国化而言还是颇有意义的。在我们国家，长期以来，由于取消了社会学，实际上一直是用历史唯物主义代替着社会学的职能。这显然是一种失误。现在大多数学者已认识到了这种偏颇，因而主张将历史唯物主义与社会学区分开来，以使各司其职。但是，在具体操作的过程中，有时却难免又将大量的历史唯物主义概念混入社会学体系之中。当然，我们并不反对各种学科之间的相互渗透，但这种渗透必须是有机的结合，而不是简单的混合。像类似于“生产方式”“历史创造者”“社会存在”“社会意识”一类的历史唯物主义概念，如果不经过一番认真加工但直接混入社会学中，则难免与社会学中原有的一些概念产生不适现象，从而影响了社会学体系本身的逻辑一贯性与严密性。这种做法是应该尽量避免的。

其次，从时代性内容方面来看，社会学中国化应是把握住了时代的脉搏，汲取外国社会学界一切先进的东西。

尽管社会学的区域性特征比较明显，但是，这并不等于说，各国社会学之间毫无共同之处。社会学是一门科学，而作为科学来说，各国的社会学有共同之处，可以区分出水准的高低。既然如此，那么，在社会学中国化的过程中，就不能不尽力汲取国外社会学界一切先进的东西。这里，尤其要注意的是，切忌以中国社会的特殊性为借口，拒绝汲取大量的国外社会学界的先进东西，从而在实际上降低了社会学中国化的水准。

在一些社会学比较发达的国家里，往往都经历了一个社会学本国化的过程。而在社会学本国化的过程中，无不汲取了国外社会学界大量先进的东西。美国是一个比较典型的例子。19 世纪末美国才开始出现社会学。20 世纪初，美国社会学学者们开始将欧洲社会学进行“美国化”处理。数十年后，这一过程才基本结束。社会学美国化的结果是，美国社会学学者们在汲取欧洲社会学最新成果的基础上，充实了本国社会学的内容，使美国社会学以其独特的风格成为西方世界最有影响的区域性流派，而且与本国其他的一些历史较为长久的学科相比，无论是就其规模而言，还是就其影响而言，都毫不逊色。新中国成立前的中国社会学也算是比较发达的，孙本文、吴文藻等学者在致力于社会学中国化的过程中，也无不是汲取大量的国外社会学界的先进东西。比如，孙本文就曾借鉴了大量的美国行为派的观点与资料。这些情形说明，离开了借鉴与汲取外国社会学界先进的东西，社会学区域流派既不能生存，也不能发展。

最后，从民族性方面看，它应当是整套适于自己民族文化特性的体系，具有一些特定的内容和概念。

汲取国外社会学界的先进成果固然很重要，但如果没有及时地、恰如其分地将之与中国社会的一些特性结合起来，将是无本之木而根本无法生存。许多西方的社会学概念在所处的那个社会学体系中是能够存在的，但是如果把它孤立地移植于异国而失去本国的土壤，就不见得能够继续生存了。所以，我们在引进一些西方社会学的概念时，应当注意适当赋予它一些新的含义，而不能原样照搬，食洋不化。如果我们的社会学没有自己民族的特色，而老是跟着外国社会学转，那么，我们的社会学充其量也只能达到二等水准，永远是世界社会学界的二等公民。因此，务必要将民族的因素考虑进去。要想完好地做到这一点，具体说来，又必须注意这样三点：

其一，建立整套能够反映中国社会特性的概念。与别的国家相比，中国社会有着许许多多的特点。比如，中国社会的整合程度极高，民族凝聚力特强，家庭观念牢固，人口问题严重，目前又处在新旧文化大交替的时期，社会变迁色彩很强，传统的与现代的、东方的与西方的等各种矛盾交织在一起，社会的多种体制急待改变，等等。对于这些社会现象与社会问题，现有的一些西方社会学概念与理论无法给予准确的描述和解释，只有从中国的客观实际出发，以西方社会学的理论和概念为借鉴，进行新的综合与创造，建立起若干能够准确描述与分析中国社会的理论和概念。有鉴于此，故而有必要将含有民族性的文化概念，作为衡量社会学中国化程度深浅的一个尺度。

其二,确立社会学在中国社会生活中的重要地位。社会学有一个很明显的特点,即综合性强(社会学是从总体的角度去研究社会的)、现实性强(社会学很注重社会问题的研究,它起着指导现实社会发展的作用)。社会学的这两个特点决定了社会学在社会生活中的重要地位。因此,可以将社会学在中国社会生活中的影响程度,作为判别社会学是否具有中国色彩以及植根于中国社会的深浅程度的一个重要标志。这里,我们不妨作一个简单的验证。目前,我们国家的社会学对于其他学科来说,远未起到带头的作用,而且,在实际社会生活中所起的作用太小。据此,可以断定,中国社会学这一区域流派的民族性内容实在太弱。所以,只有使社会学在中国社会生活中的地位加重增大,方能使带有民族性内容的中国社会学区域流派真正建立起来。

其三,造成中国社会学区域流派在世界社会学界的重大影响。世界的社会学体系可以说是由各个国家的社会学区域流派组合而成。各个区域流派以其独特的内容与风格相互发生影响,而且随着各个社会中相同因素的增加,随着整个社会学体系的逐渐成熟,各个区域性流派相对说来将逐渐地趋同。在这个相互影响和趋同的过程中,每一个社会学区域流派都在或多或少地产生一定的影响。假如说,某个国家的社会学在这个过程中并没有产生多大的影响,那么,至少可以说明这个国家的社会学尚没形成自己特定的内容与风格。既然这个命题带有普遍性,那么,毫无疑问,它也可以成为衡量中国社会学区域流派有无自己特色内容与风格的标准。

## 三

对于"社会学中国化"这一命题,许多社会学学者有着自己的理解。大致看来,这些理解主要有两种:第一种观点认为,社会学中国化的含义是,将社会学的一般原理与中国社会的特殊性结合起来,即"一般与个别的结合"。第二种观点认为,社会学中国化意味着运用社会学原理来解决中国实际存在的社会问题,即"中国社会问题研究"。

不能说上述两种见解毫无可取之处。应当承认,这两种说法都是从各自不同的角度提出了自己的看法,颇具启发意义。不过,如果仔细推敲一下的话,就会发现,这两种理解不免有些缺陷,而且,由于这些缺陷的存在,使得"社会学中国化"这一命题或者失之模糊,或者失之偏颇。因此,从总体上来看,不能说这两种见解是正确的。

先来观察一下将社会学中国化等同于"一般与个别结合"论的失误。

所谓"一般",是指普遍原理,是放之四海而皆准的原则;而"个别"则是指具体的实际情况。普遍的原理只有与特殊的实际状况相结合,才会有生命力。认为社会学中国化就是一般与个别结合的观点有一个重要的立足前提是,将国外的社会学等同于普遍真理，而把中国社会的实际情况视为个别性的东西。认定把国外社会学的普遍原理与中国社会的特殊性结合在一起，便是社会学的中国化。

应当承认，大部分学科（科学意义上的学科）的基本理论都是带有普遍性的原理。比如，马克思主义哲学就是带有普遍性的原理。这种普遍性的原理与中国社会具体情况的结合便产生了中国化的马克思主义哲学即毛泽东思想。与一般情况有些差异，社会学至今还缺乏一整套被大家认可的基本理论。诚如前面所述，由于社会学的历史太短，许多资料没有收集齐全，所以社会学理论的许多观点有待于进一步论证；由于各个国家所面临的社会问题有很大的差别，因而基于这些社会问题之上的社会学理论不免有许多差异，由于各国文化背景的不同，难免造成各国社会学理论形态上的一些区别。这些情况说明，尽管各国社会学理论之间有许多相同之处，但要想建立起一个为各国社会学界所公认的社会学体系还需要一段时间。因此，就目前社会学理论而言，只存在着一些具体的也可以称之为特殊的区域性流派，如美国的结构功能主义理论、社会诊断派理论，苏联的历史唯物主义社会学，等等。这样看来，目前世界上并不存在着一个公认的、带有绝对普遍性的社会学理论。社会学原理作为一些片断部分而散见于各个区域性流派之中，既然如此，那么，社会学中国化这一命题也就不可能等同于一般与个别的结合了。

将社会学中国化视为中国社会问题研究的观点有一个很大的优点，即充分估计到了社会学的社会功能，但是，它忽视了社会学理论及社会学方法的重要意义，而将部分当成全体，犯了以偏概全的错误。

社会学体系是由社会学一般理论、具体社会学和社会学方法论三个有机部分所组成的。其中，社会学一般理论是整个社会学体系的灵魂与精髓，它对于整个社会学体系的发展起着一种指导与规定的作用。它的研究水平状况决定着整个社会学体系水准的高低，其具体形态的如何决定了各种社会学体系的不同模式。对于社会学体系来说，社会学方法论也是很重要的。社会学体系正是通过自己特有的方法论从现实社会中汲取养料，不断地完善与建设自身。在社会学中国化的过程中，如果忽视了社会学一般理论及社会学方法论的重要性，而只是注重中国具体社会问题的研究，那么，将导致这样两个错误：

第一，将造成整个中国社会学体系的肤浅化与庸俗化。将社会学中国化归于中国社会问题研究的做法势必将人口问题、青少年犯罪问题、婚姻问题、就业问题等作为社会学体系的全部内容，而且，很有可能进一步过渡到“泛社会学”，无论什么社会现象，无论这个社会现象影响之大小，皆冠以“某某社会学”，于是，社会学不再是以一个严密的、科学的面貌出现，而是被肤浅化和庸俗化了。固然，社会学的通俗教育要进行，但必须要有一个前提，即对社会进行了充分的研究和科学的分析。这与“泛社会学”的做法是截然不同的。

第二，具体社会问题研究的琐碎性和不科学性。任何一门科学，其本身都是按照一定的逻辑结构联系起来的，这种逻辑结构是由概念、判断、推理等组合而成的，是一种体系。用特定的理论研究社会现实问题，实际上是一个由抽象再回到具体的过程，同时也是一个解决实际问题的过程。但是，如果没有形成一定的理论便想去解决实际问题，那么完全是不可能的。把社会学中国化归为中国社会问题研究的做法就是犯了类似的错误。试想一下，如果抛掉了特定的社会学理论和社会学方法论，那么，对于中国社会问题的研究必然是支离破碎的，因而也很难说是科学的。

可见，将社会学中国化这一命题等同于“一般与个别的结合”或是等同于“中国社会问题研究”都是不很准确的。

## 四

社会学的中国化是一件非常复杂的事情，也是一项很艰苦的工作。如何促使这个过程的顺利进行，是研究社会学中国化时所不应回避的事情。我们认为，除了弄清其基本概念这个起码的步骤外，还需要特别注意下述几个方面的问题。

首先，有必要弄清马克思主义理论与社会学中国化的关系问题。

我们国家是一个社会主义国家，马克思主义是我们国家中占据主导地位的意识形态。一切社会科学的学科都受到这现实情况的影响，尤其是以社会总体研究为己任的社会学更是如此。

马克思主义哲学对于社会学的中国化无疑是具有重要的指导作用。历史唯物主义运用大量的哲学范畴从总体上去分析社会的结构、社会关系、社会变迁及社会动力等重大问题，得出了合乎科学的结论。就连许多西方的社会学家也并不否认这一点。历史唯物主义的基本观点对于社会学的中国化显然具有借鉴的作用，可以在大方向上起着引导的作用。从一定意义上讲，社会学中国化的过程，就是要将历史唯物主义的许多基本观点引入社会学之中，用社会学的概念与理论去创造性地发挥、发展历史唯物主义的过程。

当然，用马克思主义理论指导社会学中国化进程这种做法在我们国家社会学界大概不会有人不赞成。问题在于，在具体实施这种做法时，我们要注意这样两点：第一，切忌将马克思主义理论封建化，从而导致中国社会学的低等化。在长期的中国革命运动中，马克思主义理论被中国化了，并引导着中国革命走向了胜利。这是一件好事情。但是同时我们还要看到，许许多多的旧观念、旧思想仍然根深蒂固，这些，不可能不在实际生活中发生影响。就连许多伟大人物那里，也难免存在着一些封建主义的观念。这样一来，马克思主义在中国化的过程中，实际上也在某种程度上受到了中国封建文化的影响（尽管不占主导地位，但明显存在）。多年来，尤其是在"文化大革命"中,我们所阐述的"马克思主义理论"带有一些明显的封建主义文化因素。比如,不是用辩证法去看待马克思主义体系本身,而是将之视为超越时空的绝对正确、绝对不变的真理了。这是反辩证法的,是一种"天不变,道亦不变"的陈旧观点。我们如果不及时克服类似的弊端,那么,将肯定会使社会学中国化的过程受到影响,使中国社会学也成为一个封闭的体系,故步自封,丧失掉应有的生命力,从而造成其学术水准的极端低下。第二,坚持马克思主义理论,必须以发展马克思主义理论为前提条件。如果只提坚持马克思主义而不提发展马克思主义,那就很有可能给这样一种错误留下市场,即用一百多年以前马克思、恩格斯的某些具体结论来作为否定目前现实社会中许多具体情况的论据。比如,马克思在当时曾严肃批判过孔德的社会学,按照前述做法,同样可以用马克思的类似言论来批判当今世界上的一切社会学,并进而拒绝在中国建立社会学。马克思主义的生命力在于不断发展。这种发展不仅是指许多具体结论因时因地有可能发生变化(如列宁的"一国胜利论"就很不同于马克思的"多国同时胜利论"),而且也指一些重要观点与体系的不断完善。总之,只有在这样一个前提下,我们才有资格去谈论坚持马克思主义,才有可能去建立社会学的中国区域流派。

其次,我们要借鉴其他学科的有关新成果,尤其是文化研究的新成果。

社会学是一门综合性的学科,而其他社会科学学科大都是从某一角度去研究人类社会,因此,要想建立社会学中国区域流派,就不能不大量地借鉴别的学科的新成果,以充实和完善自身的内容。就借鉴而言,在众多的学科中,应着意借鉴文化研究的新成果。

目前,由于对外开放政策的实施和现代化进程的展开,中外文化发生了大面积的接触,各种各样的矛盾相继出现。与之相适应,文化研究的热潮蓬勃展开并向纵深发展。这种"文化热"对于社会学中国化的进程可以提供许多可资借鉴的角度和启示。第一,文化研究可以开阔社会学学者的视野。文化学在概括文化内容时,本着涵盖面大以及层次分明的原则,把文化看作是由若干层次彼此制约、相互依存,表现又有序列性的复杂事物,对之进行系统的分析。这对社会学是很有些启发意义的。许多社会学者在确定社会学的内容时,往往将其内容规定得过窄。比如,有的人认为社会学是专门研究社会关系的,有的人认为社会学是研究社会行为的,有的人认为社会学是研究社会问题的,还有的人认为社会学是专门研究社会结构的。从文化学对于文化内容的确定中,我们可以看出,前述几种社会学定义实在是太窄了。第二,文化学的一些内容可以充实社会学中国区域流派的内容。比如,我们可以从文化学中有关文化趋向的部分中汲取许多养料,来完善社会学理论中有关社会变迁的内容。国外的许多学者在谈论社会变迁时,往往分为两个对立的观点:一种观点认为,以后人类社会的发展将趋于毫无二致的相同;另一种观点认为,人类社会各个群体之间的差别将是愈来愈大。我们从文化学有关文化趋向的内容中看到，就文化的发展趋向而言，将是趋同性与多元性的高度统一、高度结合。没有趋同性的多元性，与没有多元性的趋同性一样，都是不可能的。文化学中有关文化趋向的看法，有助于我们全面理解社会变迁的趋向。第二，中西文化的比较研究可以为社会学的中国化找到一些"中国"的内容与特征。许多学者在比较中西文化时，列出了不少西方文化以及中国文化的特征，而中国文化的特征恰恰就是中国国情的一部分重要内容。因此，可以这样说，吃透中国文化的特征是社会学中国化的一个重要前提。当然，在借鉴这部分文化内容时，并不是要按照中国传统文化的模式去建立中国区域的社会学流派，而是要充分考虑到中国的实际情况，防止"食洋不化"社会学体系的出现。

最后，我们应当充分估价到中国社会生活对于社会学中国化的重大影响。

社会学是研究社会结构与社会过程(包括社会互动与社会变迁)的学科。其生命源泉乃是现实社会。无论是就其资料的获得而言，还是就其观察角度、立足点而言，都离不开现实社会。社会学的这个特点说明了现实社会生活对于社会学的决定性影响。正因为如此，所以，在社会学中国化的过程中，绝不能忽视中国社会生活的影响。

社会学的中国化实际上是在中国社会工程的实施中逐渐完成的。社会学有一个重要的功能，就是帮助人们认识社会的实际状况，并在社会现实的基础上制定切实可行的社会发展计划，即设计并指导社会工程。随着社会的发展，社会学对于社会生活的影响程度愈来愈深，由过去的描述社会、干预社会，发展到如今的"设计社会"(这里的"设计"并非指主观臆想)。虽然我们国家的社会学学者们尚未从整体上去直接影响社会工程的设计，但是他们对于中国社会工程的影响力显然在日益增长。在这个增长的过程中，社会学者们可以及时发现中国社会中的多种现实问题，不断变换观察中国社会的角度。比如，可以规划一下中国社会文化发展的具体路程，设计一下社区的理想模型。这些，可以极大地充实社会学中国区域流派的内容。

社会学的中国化也可以在中国社会的全面改革中汲取大量的养分。目前，中国社会正在进行一场深刻的社会改革运动。在这个过程中，社会里的一切矛盾都在充分地表现着。旧的社会结构正在向新的社会结构过渡。这些，为社会学的中国化提供了一个绝好的机会。就一般情况而言，只有在动态中，社会结构的各个环节及各种功能才能充分表现出来。通过对这场社会全面改革运动的观察，可以认真地考察一下社会结构的各个环节究竟是怎样相互制约、相互影响的，社会价值观念以及社会心理是如何去影响人们的行为，各种社会制度之间应怎样保持着一种协调合理的状态，各类社会问题是怎样产生与出现的，对于各种社会组织应采取什么样的管理形式，社会变迁有什么样的规律可循，等等。总之，通过对这些由社会改革而引起连锁反应的问题的观察与思考，我们可以得到许许多多在别的国家、别的社会中所无法获得的内容，并将这些问题上升到一定的高度去认识与总结，从而丰富与充实社会学区域流派的内容与形式。

（原载《社会学研究》1987 年第 4 期）

# 社会转型的若干问题的思考

在我看来，任何一个学说，哪怕是最正确的学说，一旦把它奉为教条，这样的学说就不能发展了。任何学说都是从一个角度来观察世界、认识客观世界的，它所得出的结论不能概观整个的认识对象。我主张一派学说能够吸收所谓的其他学派的研究成果，吸收人家的精华，正确的部分，能够构建自己的知识结构。所谓自己的知识结构是自己的完整的认识体系、理论体系。这是我在上大学的时候，也就是在20世纪50年代初的学习经历使我有这样的认识。50年代初，具体说是1951～1953年之间，我在中国人民大学，跟当时的苏联专家学习马克思列宁主义基础，我简单地说说。我认为马克思列宁主义基础后来就改成为科学社会主义，在我看来这个学科的内容就是马克思主义社会学的重要或者基本的组成部分，实际上就是研究马克思主义的社会学，当然它还包括马克思主义政治学。当时在课堂上，老师一方面讲马克思主义社会学的原理，同时就批判其他学派，比如斯宾塞的、孔德的学说，并且要我们在课堂讨论的时候也要进行批判，把它作为伪科学进行批判。于是课后我就要看这样的材料。在当时学习马克思的学说也好，学习其他社会学的学说也好，我都是比较中立的，为什么呢？因为我头脑里是空白，是一张白纸。当时自学了许多社会学的著作，比如说孙本文写的著作、斯宾塞的著作，在学习过程中我发现，别的学派的理论和方法也有可取之处。我在学习马克思主义过程中，实际上是吸收了其他学派的一些观点，构建了我的知识体系。这个问题我在好几个地方都谈到过，但是需要补充一点，现在我研究社会学，是以马克思主义的观点为指导的，吸收所有学派的一些理论观点，其中还继承了我们传统的一些观点。在我看来，我们中国传统文化的儒道思想，这个思想我给它起名叫“阴阳一体发展观”。有人说天人合一发展观，或者说是易经的发展观，在我看来它们都是相同的。这个发展观也认为，一种社会或者人本身都是永远处在发展变化之中，这正是我们中国传统文化里面最精华、最核心的观点。这个观点恰恰与几千年以后，两千多年以后黑格尔的辩证发展观，或者马克思主义的辩证唯物主义发展观几乎是相同的。在我看来，中国的阴阳同一发展观所研究的成果以及这个发展观所涉及的方面，很多都超过了别的发展观。我的研究有时候就运用阴阳发展观来指导我的科学研究。在我的头脑里，或者在我的知识结构里，很大一部分是中国传统知识，我认为这是要坚持的，因为它是真理，甚至我给同学们这么说过，而且我现在还是这么看。我们研究甚至吸收外来的一些思想，包括马克思主义，必须与中国传统结合，也要与中国实际情况相结合。这个实际情况不论是社会的或者物质的实际情况还是自然的实际情况都要相结合，更重要的还要与传统思想结合。这也是实际。一个国家文化的发展不能离开它的传统。先进的思想到一个民族去，到一个国家去，它能起作用，必须与本国的思想文化结合，形成这个民族有特色的大师。中央现在坚持用"中国化的马克思主义"，或者用"中国特色社会主义"，或者用"中国特色社会主义市场经济"，都是这个意思。把社会主义原理和中国情况结合，就变成有中国特色的社会主义，我认为自己这个看法还是正确的。

## 一、社会转型概念问题

社会转型这个概念的定义问题，我的定义与别人的定义特别是和国际上一些学者的定义有所不同。他们讲社会转型，是讲社会结构的转型，或者说社会组织结构的转型。而你讲的社会转型是大的概念，是整个社会转型，这面临着怎么统一起来的问题。

我想先谈一谈同国际学者接轨的问题。

在概念的定义问题上，与社会学者接轨问题，我的领会就是统一这个概念的内涵。我们用的概念的名称可能与他的概念名称不一致，但是不要紧，只要是内涵一致就接轨了。大家有了共识，然后可展开讨论，否则一个概念的内涵大家在认识上没有达成共识，你说你的，我说我的，就谈不到一块，就不在一个轨道上行驶，也就得不出一个共同结论。刚才说的与国际接轨，还有这么个意思，就是人家对概念的定义，我们应该接受，好像我们中国人自己不能下定义，这是不对的。对一个问题、一个概念下定义，不一定是正确的。概念的定义实际上是对一个概念内涵实质的认识，概念内涵实质的认识又是概念反映客观事物的实质。定义就是阐述这个实质，别人阐述不一定正确，我们有我们自己的看法。我们的看法就是根据我们的世界观方法论，或者说根据我们的思想结构、知识结构来对客观事物的认识，对客观事物下的定义，也就是说对客观事物本质的表述。所以在概念的定义问题上，不一定要接受外国人的，这是我们治学的一个很重要的立场问题。中国人有中国人的看法，这就是中国特色。这样才有利于世界的学术之路，否则的话，我们永远跟在别人后面走，赶不上别人，也超不过别人。人家画了圈圈，画了框框，叫我们在圈圈里面转，我们只能在这个框框里面探讨，那怎么行？我想我们的治学，在这个问题上必须要注意，在学术研究上，不能固化，应该有自己的见解。

接下来对于社会转型概念，我想谈谈我的观点。

从我的观点来看，所谓社会转型，就是社会发展从一个阶段转向另一个阶段，或者从一个社会形态转向另一个社会形态，即社会发展转变的问题。社会发展的转变，当然这里讲的是社会总体的发展，也就是社会从经济基础到上层建筑整个的发展。这是社会的转变从总体看，但是也可以从几个层次来认识。当然，这几个层次是我们为了认识方便，是人为划分的。客观社会的转变是统一运行的，可能有一部分运行快一点，一部分运行慢一点，但是一个统一体在运转、在发展。那么对统一体的发展的认识，我认为从总体上说可以分四个层次。

第一个层次，是从社会生产力的角度谈的。从生产力这个角度看，也就是说从生产力发展水平的角度看，更确切地说，是从生产力发展水平带来的整个社会发展必需品来说的。现在通常的说法是说从传统社会向现代社会转型，从封建社会自给自足的那种生产力向现代的社会化的生产力转型。再具体点说，可能是讲的从农村农业社会向城市工业社会转型，就是所谓现代化的问题，是讲一个社会的发展前途问题。什么叫现代化，现代化就是在一定的历史时期，用最先进的科学技术武装起来的生产力发展水平，因为生产力的发展水平决定了社会的发展水平。这是个目标，现代化的目标也不是绝对的，从 20 世纪初的那个现代化，那时候主要靠电生产，或者电气化的生产，到现在高度的电气化生产，一步步的信息化，那就与本世纪初的目标不一样。所以现代化水平也有一个不断发展的过程，也是一个发展的概念，不是固定的概念。总之，这个发展是各个民族各个国家共同的规律，也就是从低级向高级发展，而且要发展到所谓现代化，或者说时代的现代化，或者说时代的国际现代化水平。

第二个层次是从生产关系的角度谈，是讲社会发展走什么道路、按照什么方向来发展的问题。这里一般是讲社会制度，比如讲的奴隶制度、封建制度、资本主义制度，这都属于制度。这种制度按马克思主义的观点都是循序渐进的，从低级向高级发展，社会主义到共产主义，是人类社会在一定历史时期的最高阶段。这也是个共同规律。但是他讲的只是一个社会发展的方向道路问题，也就是生产力在什么道路上按照什么方向发展的问题，或者说现代化是按照什么道路、沿着什么方向发展的问题。现在看来，现代化在资本主义这个道路上、这个方向下也可以实现现代化。事实证明，现代发达的资本主义国家，都是在资本主义道路或方向下发展起来的。实现现代化在有的国家不一定按照资本主义道路、方向，或者说在一些国家按照资本主义道路、资本主义方向是不可能进行现代化的。那么它可以采取社会主义道路、方向，比如前苏联或者 1949 年以后的中国，当时选择了这个道路、方向。当然，历史证明，有些国家在进行现代化的时候，开始可能是按照资本主义方向、资本主义道路进行的，进行到不行了，可以替换，可以选择社会主义道路。社会主义道路走得不行了，它可以再选择资本主义道路。现在历史证明，别的国家有的是按照这个方法，当然有的国家可以根据自己国家的特殊情况，资本主义道路可能走不通，不可能进行现代化，他必须在社会主义道路上发展，来进行现代化。在中国，我们认为就属这种情况。所以要坚持社会主义道路，坚持社会主义方向，就是要在中国按照这个道路、这个方向，才能实现现代化。社会主义，到底什么叫社会主义？我们认识也不一样，但是最本质的特征，和资本主义比较，就是领导现代化的是工人阶级，是劳苦大众。是工人阶级按照自己的政党，通过自己的政党，通过自己政党的科学的政策，来领导实现现代化。邓小平同志说的，实现不断发展生产力，应该说生产力是持续不断地、比资本主义速度较高的发展。同时，也不断地提高人民物质文化生活，不断地提高综合国力，不断地增加收入。需要再给社会主义加上另外的规定，这个社会主义在无产阶级通过自己的政党来领导。在北欧的一些国家，走的不一定是中国社会主义发展道路，还可以是资产阶级政党通过选举，今年你上台，明年我上台，按照这种办法来实现现代化。总之，我们对于社会主义这个概念，要看得广泛一点。不要说这是社会主义定义，这是中国特色的社会主义。那么在其他国家给社会主义下的定义还不一定一致，比如说在越南，在古巴，他们的定义就不一定与我们一样。最本质的特征就是工人阶级，或者是劳苦大众，通过自己的政党，并且由这个政党制定的科学政策来引导实现现代化，这就叫社会主义。

第三个层次，社会主义制度只是个方向道路问题，具体实现现代化必须通过一定的工具或者一定的模式才能实现。打个形象的比方，比如爬泰山，爬到泰山顶——玉皇顶，那是目标，那是目的。玉皇顶好比是实现现代化，那是目标、目的，通过什么道路到达玉皇顶，这也是很重要的问题。上山顶有多种多样的道路，有多种多样的方向，有的是比较直接的，有的是弯曲的，但是不能背道而驰。爬山顶一定要向泰山爬，不能从山脚下往济南跑，那怎么跑也跑不到山顶。道路方向也要选择，根据各个国家的不同情况，比如爬泰山时，我腿不能走路，那我就得坐汽车坐到中天门，换索道然后上山。有的人很好，他愿意一级一级地爬，爬得快一点，那也可以。将来还可能选择另一个道路。刚才说了，第三个层次是工具，工具可以坐汽车，坐索道，也可以跑，今后也可以坐直升机。这几种工具可以同时利用，不断更换，不能说上山顶只能用一种工具，别的工具就不行，那是错误的。更不能把工具说成是方向道路。工具从社会学的角度来说，计划经济、市场经济那都是工具，邓小平提出来的，是马克思主义的。这是科学的论断。过去我们的错误就在于把计划经济等同于社会主义经济，把市场经济等同于资本主义经济，这种认识上的错误就导致行动上的认识和错误。其实，工具可以随时更换，目标是到泰山顶。

第四个层次，就是方向确定了，模式确定了，工具确定了，具体怎么走？整个社会结构就要发生变化，比如经济结构、政治结构、社会结构以及文化、教育等上层建筑的结构都要变化，这个变化就要适应方向的规定，适应工具的转变。这种转型具体到第四个层次，就是从传统社会向现代社会的转型，结合中国的实际还要加上从计划经济向市场经济的转型。这两个转型是同时进行的，也就引起一系列的社会结构的变化。

我理解的社会结构，大的方面就是从经济的、政治的、社会的以及其他上层建筑的一系列构架现代社会的各个方面。这里需要说明的一点是，方向改变需要通过这四个层次的具体变化表现出来。工具的变化也要通过四个层次具体的方面来变化、来实现，否则只能是空话。这是我对社会结构一个总的认识，并对这个概念作出这样的解释。这里面的问题还有很多，比如社会部分的变化，可能是由社会总的方向结构改变引起的具体变化。这种具体结构变化是否会导致模式的变化，或者方向的变化呢？这是有可能的，这要看具体情况。各个国家、各个民族所处的历史时期、条件都可能不同，不能一概而论，要具体分析。

## 二、社会形态是方向还是目标

比如我们通常所说的要最终建成社会主义，建成共产主义制度。这是我们的最终目标。怎么理解你刚才所说的现代化是目标，而方向是一种道路，是服从于现代化这个目标的？

这个问题问得很好，道路的问题是我们所说的第二个层次。它带有目的性，选择方向道路必须根据当时的历史条件，科学选择。比如我上面所举的例子：你爬泰山，不是向着南天门那个方向，而是从泰山底下坐上火车跑到济南甚至北京，那就一辈子也爬不到山顶。要想在某个国家具体条件下实现现代化，解决方向道路是最重要的，起决定性作用的，是终极目标。目标确定了，现代化才有望实现。反之，假如目标不能科学地确立，现代化则不能实现，就要永远滞后，甚至因不发展而灭亡。所以从这个角度来讲，社会发展的方向，社会形态也就具有目标的性质。但它是服从于现代化的。也就是说，方向目标的科学选择是为了服从于现代化的，不断提高社会生产力的。

## 三、中国实现现代化为什么一定要选择社会主义道路，而不能选择资本主义道路

要回答清楚这个问题，首先必须从中国现代化的历史来考察。中国实现现代化的发端我们可以暂时界定于鸦片战争之后。在此之前可以说是一潭死水，当时清政府可以说是昏昏沉沉，自认为是泱泱大国，别人都是蛮夷，对其他国家实现现代化视而不见。实际上，欧洲列强尤其是英国早已实现现代化。他们为了进一步

发展自己，制造炮舰，对外侵略，通过鸦片战争用大炮打开了我们的国门，也惊醒了我们的国民。别人已经发展得如此先进，一部分先进分子就提出要在中国实现现代化，主张把西方的科学技术引进来，重新改组中国的社会结构，即从自给自足的农业社会向现代工业社会转型，实现工业化。

从鸦片战争一直到1949年解放，在我看来，当时领导中国实现现代化的一直是封建势力和资本主义势力。正如毛主席所说的，中国社会的性质是半封建半殖民地社会。领导这个社会的就是这样一些阶级，他们在中国实现现代化，目标不是要使中国成为世界上先进的国家，而是要赚取最大的利润。半封建半殖民地也意味着半资本主义，在这个道路下是不可能实现现代化的，中国的先进分子，如孙中山先生也希望中国走资本主义道路，但经过多年的努力并未实现这一目标。正如我一再强调的，社会发展之方向、道路也是一个目标的问题，这个问题不能解决，也不可能达到最终的目标——实现现代化，这是一个实例。

经过长期的斗争，中国人民慢慢觉悟到，在中国实现现代化，靠原来的封建的或帝国主义势力是不可能的，靠中国的资产阶级，当时称民族资产阶级也不行。当时的代表人物是孙中山先生，他的力量太薄弱，正好当时俄国发生了十月革命，建立了以工人阶级为领导的社会主义道路，并很快发展了俄国以及后来苏联的经济。这就为中国指明了发展的道路。中国无产阶级也开始觉悟了，这是毛主席早已论述清楚的。因此，在1921年中国成立无产阶级的政党——中国共产党，明确了道路，并最终建立了无产阶级的政权。1949年以后，中国又按照苏联的模式，选择了当时实现现代化道路、方向、目标及手段，就是计划经济。计划经济经过几十年的实践，也曾取得了很大的成绩。中国从半殖民地半封建社会进入了社会主义初级阶段。初级阶段的道路、方向确定了，但是还没有修理好，就在还没有修理好的情况下，我们的经济迅速发展，现代化大步前进。

发展到20世纪70年代，特别是到现在，国内国际情况发生了很大的变化。改变了我们原来的错误认识——把计划经济看成社会主义的，把市场经济看成资本主义的，要善于运用市场来建设。

20世纪70年代，我们党对现代化又有新的认识，以邓小平同志为首提出了新的理论，制定了新的政策——改革开放，进行社会转型。这个社会转型并不是方向的变动，只是选择工具的转变——由计划经济向市场经济转型。30年取得了很大的实践成果，虽然现在只是初步转型，在社会主义初级阶段的情况下，我们的经济按照年增长10%的增长率向前发展，震惊了世界。实践证明我们选择社会主义方向是正确的，过去影响发展的只是选择的道路模式上有问题。

历史告诉我们，选择其他的道路不可行。在中国完全选择资本主义，不搞社会主义道路，中国人民是不允许的。资本主义道路是在资产阶级内实行的现代化，现代化的过程有利于资产阶级，不利于工人阶级或劳苦大众。它虽然也实现了现代化，但是在实现现代化过程中，工人阶级或劳苦大众是备受剥削，最终被认为没有好处。在中国，工人阶级和劳苦大众已经觉悟了，只有在工人阶级和劳苦大众通过自己政党的领导下，才能真正实现现代化。实现过程中，工人阶级和劳苦大众的生活逐步提高。这个道路是正确的，是全中国人民的选择。

## 四、如何看待香港、澳门和台湾在资本主义制度下实现现代化

当然我们现在先谈他们是不是已经实现了现代化？我们这么一个大国家，在一定历史条件下，我们选择的道路或方向不一定统一，这就是“一国两制”的本质。我们可以在大陆选择社会主义制度，而台湾、香港、澳门可以选择资本主义制度，目标都是为了实现现代化。如果大陆要采取香港、台湾的方式实现现代化是不可能的，因为那只是中国的一小部分，是处在特殊历史条件下的发展。要把这个模式搬到大陆来是行不通的，如果实行这个模式，那么在大陆就不能实现现代化，更不能以年增长 10%的速度发展，不能提高人民的物质文化生活。按照这个模式，大陆发展会一塌糊涂。大陆会有很多人住农屋，结果会产生混乱。这个大家都能理解。

所以我们认识到，在中国的特殊条件下可以采取不同的道路，一个国家采取不同的道路达到自己的目标，最后实现统一。我们国家发展总的方向是社会主义方向，但是总的方法、模式各个地区不一定完全一样，应该有所选择。最后的目标只要是有利于发展，都可以有所选择。应该允许不同的发展，不能一个模式，因为我们国家太大，我们国家有 12 亿人口。

## 五、有的人说，社会发展是不可逆转的，不会向后倒退的

这个说法不对，倒退只是暂时的现象，总的趋势是向前的。但是某个国家、某个民族在一定的历史阶段，如果政策不对还是可能会倒退的，生产力不仅不能发展，而且还会后退，社会经济、政治、文化各个方面会停滞后退。这个现象是历史发展的特殊性现象，不可逆转性的提法在人类发展的历史上不能有。

有人提出社会发展是良性循环的，这样社会才会前进。我对良性循环这个提法有疑问，社会发展实际上不是循环的，它是螺旋式前进，总的方向是前进，或者是后退。良性循环就是良性的发展，用良性发展代替良性循环比较好。循环从中国字眼上解释是转圈圈。那只是在历史上一定阶段转圈圈，转圈圈不一定发展，有可能是停滞不前的，良性也可能是停滞不前的。发展过程中可能会出现一些问题，但是总的是向前的。恶性就是不发展，倒退了。前进就叫良，后退总是恶性的。如果生产力不利于发展，倒退到小农经济就不行了。

## 六、如何理解“社会可持续发展”这个概念

国际上对“可持续性”的界定是指人口、资源、环境在发展中的作用问题。中国翻译出来的“可持续性”，从字面意思上说，可持续性就是不断地发展。那么，不断地发展的历史条件是凭借人口、资源等重要条件使生产力持续发展。

但是，使生产力持续发展的不仅仅是这些条件，比如政治安定也是一个重要条件。如非洲一些国家，整日打仗、整日内战是不可能发展，如我们“文化大革命”期间也不可能发展。要发展在政治上一定要安定，政治上一定要适应市场经济的发展，不断进行社会主义改造。如果不实行社会主义政治民主化，发展到一定阶段就可能无法发挥作用，甚至发挥破坏作用。

政治民主化也就是发挥人民群众的积极性，来监督领导。就如陈希同这样的腐败分子，如果有民主监督，就不至于腐败到这种程度。民主化能够监督领导，使领导能够坚决地执行科学的政策，使社会按照良性发展的规律运行。

西方把民主宣传得至上，其他一切都服从民主，这一点我不同意。我们说没有经济的发展，没有实现现代化，讲民主就没有饭吃。民主是一种手段，在一定意义上也是目的。不断提高人民群众的物质文化水平靠什么呢？不是靠上帝来提高，也不是靠少数领袖来提高，而是靠人民通过自己的努力来提高，这就叫民主。失去民主制度就不能保障我们的社会发展，不能提高人们的物质文化生活水平。社会主义民主最后是高度发达的，按照有利于人民大众的方向、有利于解放全人类的方向进行的。所以我们要这样的民主。不要把民主看成是至上的，现在美国要在中国讲人权，在中国讲民主，不讲发展。如果是这样的话，中国会永远停留在没有饭吃的时期，我们自己不能制造电视机，现代化的东西不能到中国来，永远依靠美国的货物。他们永远是帝国主义理论，打着一种民主的幌子，来实现帝国主义愿望。我们不能上当，要走自己的路，保证我们国家不变色，保证我们国家沿着健康的社会主义道路前进。保证我们国家持续不断地发展生产，尽快地实现现代化。

文化上也是社会持续发展的一个条件，思想文化要跟上，要不断改造我们的思想，不断使我们的文化发展适应经济社会的发展。持续性发展是多方面的，不能简单地看成是人口、资源、环境的发展。这是我的看法。

与世界接轨很重要，在发展过程中人口问题不解决，资源浪费、环境污染会影响发展，现在在我们国家这个问题是很严重的。一时间强调这个问题是很重要的，但是当政治条件影响发展时要解决政治问题。思想认识、思维方式、思维方法跟不上也影响发展时，要解决思想问题。另外，如果我们的国家不能发展，如果一切“市场经济是万能之源”的思想要是不解脱的话，我们也不能前进。我们要不断改变我们的思想认识，我们的思维方式要改变，我们的理念要改变。随着认识的发展，对

社会发展真理的认识不断前进，我们的发展才能不断前进。从这个方面讲，思想解放是很重要的。所以持续性发展是多元性的，不能用量化的定义维持一个度，维持一个度就错误了。我们在中国看待这个问题，不是讲美国的问题，也不是在讲其他国家的问题。

## 七、关于历史发展可以逆转，可以重复的问题

历史的发展是从时间变化上来说的，任何事物发展都是时间与空间的变化。从时间变化上说是不可逆转的。一个人从宇宙社会的发展来看都是不可逆转的，从出生算起，他的每一天、每个小时的变化都是在向前发展的，不可能倒退。社会也是如此，社会一天、一年、一个时代总是向前发展的，想回头也是不可能的。从宇宙大爆炸以前算起，每天都在变化，最后宇宙学家认为最终会毁灭，但这是不可再逆转的。

我之所以说历史的运动有时候可以逆转，那是针对发展模式、发展形势来说的。资本主义可以后退为封建社会，社会主义社会可以后退为资本主义社会，甚至也可以后退为封建社会。但是，后一个所提的社会已经不是原来的社会了，只是运动中的反复而已。

## 八、良性循环的概念

前一段时间，在社会学界，人们的谈话中常常会提到良性循环的问题，有人主张社会学就是研究社会良性循环的问题，或者说如何做到良性循环的问题。我前面说过，从发展观点看，讲社会循环良性发展容易引起人们的误解，社会运动是循环的过程，社会发展就导致这样的误解。其实循环只是发展的一种暂时的形式，任何发展都是螺旋式上升的，这个螺旋往往就是循环的意思。从事物发展不可逆转的趋势看，循环也只是一个螺旋上升。地球围绕太阳转，年复一年地转，表面上看好像是一个循环一个循环地进行，其实也是螺旋式的运动。社会运动也是如此，社会总是向前运动，不断前进的。任何社会行为、社会现象的重复、循环运动也是螺旋式前进。我主张社会良性发展逐渐代替社会循环、良性循环或良性发展。良性循环的概念不一定是正确的，别人不一定会同意。

## 九、当前我国社会转型的具体特点

我从前面提到的四个层次来说。我想这样来回答这个问题。

从第一个层次说，从传统社会向现代社会，即在中国实现现代化的问题。目前中国现代化最大的特点是它的长期性。这一点江泽民总书记在党的第十五次代表大会上有精辟的论述。我们国家过去几十年，在党的领导下，在社会主义制度下，

可以说是以相当快的速度走了一段现代化的道路，但是由于旧中国比较落后，基本上是自给自足的农业社会，我们要实现现代化，达到现在美国达到的现代化水平，那么我们还要经过几代人甚至是上百年的努力才能实现。如果要达到几十年以后美国当时的水平，我们可能还要付出更大的努力。

我们有信心赶上它，但这个时间到底多长，说法不一。从1949年算，按邓小平同志的说法，要到2050年左右，也就是要经过100年的时间。有一种说法要经过几十代人的努力，那么这个几十代人是不是太长了一点。这个几十代人的说法不是很确定，比如说20代，当然几十代最少是20代人，20代人现在通常的算法是要四五百年。四五百年要实现现代化，这个估计是不是过于悲观了？那么几十代人算作70代就需要几千年了。从孔夫子到现在也就77代，77代已经是4000多年了。那么4000多年以后才能实现现代化绝然是太悲观了。只要我们能够平稳持续地发展，在社会主义制度下，经过100年或100多年是可以达到的。我有这个信心。

第二个层次，我们的社会转型并不是改变我们的社会主义方向，而是改变我们的社会主义道路。不是的！有人持这样的观点，进行现代化必须改变社会主义道路。在中国实现现代化不是这个问题。在俄国，他们这么做了。他们认为在俄国要实现现代化必须改变社会制度，因此他们废除了社会主义道路，主张建立资本主义社会。他们现在仍然在这么做。

不过道路方面的问题，各个民族可以选择。按照我们政府、我们党的观点，我们走社会主义道路别的国家是不能干预的。在我们国家的特殊条件下，只有走社会主义道路，才能实现现代化，这一点是我们应该坚持的。所以改革并不是改革社会主义道路方向的问题，这一点大家必须搞清楚。我们现代化的过程、目标、性质都是有利于人民大众的。邓小平说的那三个指标，是我们应该坚持的。

社会主义初级阶段，怎么理解？什么时候达到高级阶段？一个社会制度的建设不是一蹴而就的，不是一天一夜就能完成的，不是夺取政权就能完成的。道路是对了，但它还在构建，还在修着。还要不断修整，从低级向高级发展，使它更适应生产力的发展，并能够推动现代化进程。这也是一个过程，这个过程根据中央同志的说法，什么时候到高级阶段呢？可能就是快到实现现代化的时候。这个问题可以作进一步的探讨。这是从第二个层次来说的。

第三个层次，当前的重点，就是建立社会主义市场经济。我们改变的是计划经济模式，采取了属于市场经济的模式，或者采取了具有中国特色的社会主义市场经济模式。无论是资本主义市场经济还是社会主义市场经济，在本质上是统一的，但是在社会主义道路上采取这种方式就该走社会主义市场经济道路，这是一个大的转变。原来计划经济的意识成分不适应现代化发展的意识成分。当然我们要保留它一部分意识成分，重建或新建市场经济有关的各种成分。改革主要指的是从计划经济向市场经济转变。

## 十、社会结构的具体转型问题

只有通过社会结构的具体转型才能体现社会模式的转型。计划经济向市场经济转型这一部分，要多花一点时间研究。

第一个问题是我们从计划经济向市场经济转型，或者从传统社会向现代社会转型，这两个任务同时进行。这是从改革开放开始的。改革开放之初，中国社会结构有三个基本特点：第一，我们基本上是以自给自足的小生产为基础，半封闭式的社会结构。第二，以计划经济为主的社会结构。这种社会结构最大的特点是从上到下都是计划经济，一级一级的都是政府为主，政企不分。第三，结合以上两个特点形成的一种怪物——半封闭式的地方保护主义。当时看起来全国是统一的，但实际上是半封闭式的格局。乡镇有自己的格局，县也有自己的格局。

这三个特点是当时改革开放之初的基本状况。改革开放之初具有特殊计划经济的特点。在农村由人民公社转向了生产责任制；城市也进行了解放，允许私有制个体生产者进行商品生产活动，最后又发展公私合营，把外资引进来搞市场经济。但是上述三个特点很不利于市场经济发展，可以说这二十多年来市场经济是在和半封闭计划经济格局不断斗争中成长的。斗争的趋势是社会主义市场经济逐渐占据优势。但是，我们也不能轻视原来半封闭计划经济格局形式妨碍市场经济发展，我们现在要改变这种格局，排除妨碍市场经济发展的格局，这是必然趋势。

## 十一、社会转型首先思想要转型

在思想上要根据现实情况改变我们原来的认识，符合当前人类社会转型的经验，这个问题是很重要的。我现在从刚才说的四个层次来阐述思想上需要解放。

从第一个层次说，从传统社会向现代化社会转型，这是任何一个国家、民族都要面临的。虽然各国所处的具体情况不一样，最后都要实现现代化，实现现代化是一个总的目标。这一点思想上必须要明确。社会要前进，要发展，要实现现代化，这是民族的、国家的最终目的。实现现代化在不同社会制度下都可以实现，过去认为只有社会主义社会才能最终实现现代化。人类社会经验已经证明，许多国家、许多民族都是在资本主义制度下实现的现代化。现在七个所谓的发达国家基本上都是在资本主义制度下实现的现代化。实现现代化过程中可以采取资本主义，再转变为社会主义。有的国家实现现代化必须走社会主义，比如说我们国家，这个思想必须转变。

从第二个层次上说，任何制度都是一个方向道路的问题，在一定意义上说也是目的。就是说不实现社会主义制度，这个民族、国家就不能实现现代化，因此他首先必须要实现社会主义制度，这就有目的了。第一个目的是要服从现代化，我们必须要转变，这是第二个目的。

这个问题上需要转变的思想是，社会主义制度在各个国家、各个民族实现的形式是不同的，都具有本国或本民族的特色，要求全世界一个模式实现社会主义这也是不现实的。有的国家把自己的社会主义制度说成是最科学的、最马克思主义的、最典型的，其他国家实现的社会主义制度或者不承认、或者称为“修正主义”“资本主义”，这样的说法不妥当。社会主义的本质是什么，过去我们认为必须是公有制、是计划经济，这也是错误的。社会主义制度要看哪个阶级领导的，通过什么样的政党执行什么政策，本质上说就是社会主义道路的确立。

社会主义制度不是一天建立完善起来的，只要是在无产阶级政党领导下建立的，领导社会前进，就应该说完善了社会主义制度。这个制度建设要完善是一个长期的过程。按照我们的说法，建设社会主义的过程也就是实现现代化的过程。社会主义的发展阶段可以由本来的初级阶段，将来成为发达的社会，最后进入共产主义社会。从第二个层次来看，思想认识若是固化的、教条地看待问题都会是错误的。

从第三个层次看，最大的转变就是认为计划经济或市场经济是工具，而不是决定社会性质的。邓小平同志做出了极大的贡献，这是第一个转变。第二个转变是，市场经济在社会主义制度下我们叫社会主义市场经济。什么叫社会主义市场经济？在我看来就是在无产阶级政党、在工人阶级领导下搞的市场经济就叫社会主义市场经济，任何附加了其他特点的就可能走向歧途。计划经济作为一种模式来实现，即使在社会主义条件下也不行，所以必须要废除。但是不等于说一个国家、一个民族在发展它的社会的时候不需要计划了，或者说在经济建设、社会建设甚至在整个社会发展运动过程中不需要计划了，这也是错误的。国家还需要调控，即使在发达的自由主义经济国家，它们的建设仍然需要计划。所以应该把计划的长处保留下来，并自觉地加以运用，前提是有利于经济发展就行。

从第四个层次上，可以说我们需要转变的思想很多。比如从经济结构来说，我们原来在计划经济条件下形成的模式、观念需要重新认识。比如在过去计划经济模式条件下，认为社会主义的所有制只能是公有制，也就是说只能是国有制或全民所有制、合作制，其他的都认为是非社会主义的。小资产阶级个体所有制都被认为是资本主义的，要予以消灭。现在看来这是不正确的。既然要转变为市场经济，国有的，或者是全民所有的，或者是合作社所有的，他们的目标是服从市场，市场需要就可以有多样化的所有制。现在我们国家已经实现了所有制的转变，除了全民所有、合作制所有和个体所有以外，还有国外的资本或者叫完全的典型的资本主义所有，或者合资制的。

## 十二、经济结构的变化

从所有制形式上看，大的方面无非是全民的、合作制所有、个体所有制等，这在社会主义条件下不仅是允许的，也是必要的。他们都是社会主义制度的所有制，都是社会主义的经济成分，是社会主义经济结构不可缺少的。这是很大的一个转变。只要我们是无产阶级政党、无产阶级国家能够驾驭、控制、运用的都属于社会主义所有制的成分。当然如果是被资产阶级驾驭了，这个成分可能就会变成资本主义的了。资产阶级国家在资本主义制度下也有合作制，但那是资产阶级驾驭的，是资产阶级形式的，这个观念需要转变。

另外，再细致一点，所谓全民所有制，所有权和经营权要分开。过去我们叫国营，这是大锅饭的根本。国营有很多弊病，造成了我们的国营经济停滞不前，不能适应市场的需要。国家的配额、国家的指示是它最高的原则。只要是国家指示了，不管是亏本还是赚钱都无所谓。那么市场经济就要求盈利，否则企业无法生存下去，所以原来的经营方式就得改变。我们现在叫作国有所有制或经营，这两种要分开。只要一分开了，那么国有的企业就可以实行股份制，或者是出租，由私人经营、集体经营都行。这是很大的转变。

以上我们从经济结构的所有制说，要进行转型。所有制转型以后，从生产结构方面来说也需要转型。在计划经济模式下，生产主要是商品、产品生产。国家计划要工厂生产多少东西，生产的成品不是商品，而是产品。然后由分配机构去分配。现在不同了，现在生产单位生产的成品应变成商品，拿到市场上去卖，如果卖不出去就会形成积压。这是生产方面的一个很大的转变。

从分配的结构方面看，要实现根本性的变化。在计划经济条件下，当时的分配原则是按劳分配。根据劳动的多少，国家有计划地分配到每个消费者手里，带有很大的平均主义。比如粮食的分配，国家规定每人 27.5 斤，不管年龄大小、个子高矮都是一样的。布的消费也有规定，比如一年一人是多少尺的布，那么刚生下的孩子和他父亲、祖父也是一样，这是凭票分配。现在就不一样了，现在除了按劳分配的一部分，就是以工资形式分配给劳动者。现在又出现了按投资、股份分配，资本、技术也要参与分配。

新的提法除了按劳分配外，还有按能力分配。分配形式也在发生变化。按直接分配就出现资本家了。资金越多，红利越多。或者说股份越多，拿的股份的红利也就越多。过去把这种分配看成是剥削，是资本主义的产物，现在不能这么看了。在社会主义初级阶段，它还是属于社会主义的分配形式，分配结构方面还是发生了变化。从企业管理、经济管理来说，也有巨大的变化。计划经济条件下管理国营的、合作社经营的大部分都是国家。人民公社的生产都有国家的指令，都由国家直接来指挥,政企不分。这个制度是不适合商品生产的,要改变经营管理。这种管理形式应该是多元化的,应该是公司制、科层制管理。农村还是个体生产,将来发展成集体生产,当然也不排斥工厂的出现。总之,这种适合商品生产的经营体制必须要出现,计划经济的经营体制要废除。

我们废除了政府直接参与管理,强调政企分开。企业管理有企业管理的一套体制,董事会、经理等,都由各种科层来管理。用工制度也发生了根本变化,计划经济基本上是吃大锅饭,参加工作以后一切都由国家报销,这种体制要改变,用什么办法呢?基本上是用合同制的办法。合同制就是讲的管理制度。由此产生了其他的一系列的改变。原来没有的部门要产生,原来管理体制多的部门将来可能要消失了,比如国家计委,各级政府的生产指挥部可能就没有了,如果有的话也就是起到调节作用,可能不起指挥作用了。比如过去纺织工业部是管理所有的纺织厂,那么现在纺织厂成立公司了。他们成立联合会,原来的部长、副部长改成联合会的主任和副主任。进一步的过渡主任、副主任也不必要了,就是工厂联合起来选举。总之,生产系统内要发生一系列的变化。

## 十三、政治结构的变化

政治是服从经济的,经济基础变化,政治上层建筑也发生变化,这是马克思主义原理。

首先一个变化是国家机构的生产单位要改革,生产机构的直接指挥权也没有了。刚才说了这种机构要取消。相反,促进生产的、对市场经济发展有利的机构要出现。比如国内股票市场,必须有专门的部门设立专门的机构来管理。

法理体制也要变化,过去计划经济体制下的立法、法理系统要发生变化。我们的法理要服务于市场的需要。过去没有的法理要增加,比如合同法。

其次的政府机构、政府的职能、政府机构的设施也要变化。这个变化按江泽民在十五大报告中说就是要加强生产力控制。市场经济的本质是法治。法治社会是民主的基础,就是要把人治减少,要以法治代替人治。也就是小平同志说的"必须加强法制建设,必须使民主前度化、法律化,使这种制度私法律不因领导人的改变而改变"。法制、领导人可能变了,政策应该不变。要变的话要通过一定的形式,通过人民代表大会、通过立法机构。

## 十四、现代化是否是社会发展的目标

现代化常被用来描述现代发生的社会和文化变迁的现象。我认为现代化是一个整体的概念,是社会各方面的现代化,在一定历史时期是一个最终目的问题。当然,实现我们相对的现代化,社会并不是就发展到了终点,还需要继续前进,所以这个现代化也只是一个历史的概念。在近现代特别是现代生产技术、科学技术捆绑起来的生产力水平的基础上建立的一个现代化的社会，这可能是各个国家、民族共同的目标。这个目标从人类社会发展历史来说，从十七八世纪就开始了。首先进行现代化的是英国等欧洲国家，后来普及全世界。这些国家在实现这个目标的时候，它们的历史条件、所处的地位不一样，用的方法不一样，实现的过程也不一样。通常我们说的发达国家是欧洲的英、法、德、意，北美的美国、加拿大，亚洲的日本这七个国家。目前就全世界来说，我们一般认为这些发达国家已经完成了现代化，或者说它们在现代化运动中走在最前面。

这些发达国家的现代化发展并不是终止了，还要进一步现代化。还有广大的发展中国家，有些是比较发达的或者是接近发达国家的国家，他们发展的起点、历史条件、道路也各不相同。例如，很多国家曾经是别国的殖民地，发展中国家原来是比较落后的国家。我国是以半殖民地半封建的社会性质作为现代化发展的起点，我们所处的历史条件，包括各种地缘政治、自己本国的条件和外部的国际条件都有自己的特殊性。因此，我们的发展要按照自己的道路走。

不管是什么样的道路，发展都是主要任务，最后目标都是实现现代化，达到本国所要求的那种现代化。从这个意义上说，只有实现现代化，人类才能够走向进化。

## 十五、现代化发展的道路和方向

马克思认为伴随着生产力的发展，人类社会从原始社会、奴隶社会、封建社会、资本主义社会、社会主义社会，最终走向共产主义社会。但他并没有说在实现现代化的方向道路的时候既可以是资本主义方向，也可以是社会主义方向。那么这个问题怎么理解？我认为前面的说法和马克思的论断并不矛盾。从人类社会发展的总体情况来说，社会发展形态要经历这几个阶段。在我看来，资本主义社会实现现代化之后，不管它是否愿意，它都要进入社会主义社会或者是共产主义社会，实现马克思说的“人类的解放”。资本主义这个阶段可以实现现代化，有些国家并不是按照一般规律，在资本主义条件下实现现代化，而是需要或者说必须在社会主义条件下实现现代化。这也是历史发展总趋势下的特殊情况，中国就是如此。有的国家也可以先实现资本主义再实现社会主义，或者在社会主义后转变为资本主义，最后实现现代化。这是现实存在的问题，俄罗斯就是如此。无论是否愿意，这样的问题都是存在的，这并不是理论上允许不允许的问题，理论只能是总结人类的实践经验，社会实践必须服从理论。所以，我认为两种关于社会形态社会实践都能实现现代化。

社会发展的形式是可以选择的，这怎么理解呢？人类社会的发展从低级向高级，由一个社会形态向另一个社会形态发展。从总体的发展规律来说，是不以人的意志为转移的。在一定历史条件下，我们选择哪个道路，不在于用什么社会形式。人类的社会活动并不都是盲目的，认识到某些发展规律后可以自觉地采取，这就是我们国家的领导人最近一再说的，任何国家它选择了什么道路，怎样进行发展，是有自主权的，别人不能说三道四，不能硬性规定。美国宣扬“一元论”就是犯了这个错误。他们要求世界各国都要按照美国的那种模式或者美国的那种社会形式去发展，否则他们就反对、制裁，这当然是很荒唐、很成问题的。社会是人创造的，从自我到自觉，虽然在自我的阶段它不能明确社会的发展，一旦自觉（自我觉悟）了，认识到这个规律了，就可以人为地按照这个规律办事。

## 十六、实现现代化的领导阶级是否可以选择

有同学要我进一步阐述社会主义的意义。我之前是这样下的定义：社会主义就是在无产阶级通过自己的政党制定正确的政策来领导实现现代化。具体地说，就是邓小平同志所说的，在无产阶级领导下不断地、持续地或较快地发展社会生产力，不断地提高劳动人民的物质文化生活，不断提高综合国力，这是社会主义最本质的方面。

我认为在现代社会，特别是当前，领导现代化确实只有两个阶级，一个是资产阶级，另一个是无产阶级。小资产阶级和农民都不行，他们只有在无产阶级的领导下参与。这个是马克思主义、毛泽东思想根据历史经验总结出来的，当然历史也是这样表现的。资本主义社会只在资产阶级领导下，到无产阶级觉悟了应该参与这个领导或者无产阶级可以独立领导的阶段，它只会按照社会主义方向来发展。

资产阶级实现现代化和无产阶级实现现代化最大的区别就在于：虽然它们的政策都是按照客观规律办事，但是它们遵从的规律是符合资产阶级利益还是符合无产阶级利益是不同的。这也是两者之间最大的区别。资产阶级领导的现代化是牺牲劳动人民利益而得到的。资产阶级不可能舍弃劳动人民，那样的话会无人进行生产劳动。在实现现代化过程中认为可以舍弃资产阶级，现在看来也是不行的。在一定历史阶段，例如社会主义初级阶段，还需要资产阶级的力量，需要无产阶级和资产阶级两个阶级同时来进行现代化。那为什么还要阶级领导。很明显，无产阶级领导现代化的时候，他是在资产阶级发展的基础条件下进行的，他不过是制定了有利于劳动人民的政策。在某些国家的国会中曾经出现过改变资产阶级政策，提出符合无产阶级劳动人民利益政策的情况，这是无产阶级政党在起作用。我们可以把它说成是无产阶级和资产阶级轮流“做官”，共同实现现代化。

在我国，我们也要在无产阶级领导下共同实现现代化。在无产阶级领导下，中国看来是不能实行轮流“做官”，也就是资产阶级治理一段时间后无产阶级治理一

段时间的形式。这是因为我国的资产阶级没有这个本领，至少在现阶段还没有。我认为在过去 50 年没有这个本领，现在也没有，在可预见的将来应该也是没有的。无产阶级之所以比较适合领导中国的现代化建设是因为在很长一段时间内建立了自己的意识，并系统形成了自己的理论，获得了自己的经验，也形成了自己的一个阶级势力——强大的政党。这个政党是一个用科学力量武装的政党，它制定科学的政策，当然有时候这个政策会有错误，但是他同时有能力去更改，制定更科学的政策领导各阶级，领导全国各族人民来实现现代化。总的来说，实现现代化的领导者是可以选择的，但是选择也是相对的，并不是谁都可以的。中国共产党领导中国实现现代化是根据中国本国的特征和所处的国际条件，按照特殊的发展规律来选定的。

## 十七、"一国两制"的意义

在我国，港、澳、台地区可以在资本主义制度下实现现代化，大陆按照社会主义制度来实现现代化，这个理论基础就是和之前所说的发展目标是一致的，和发展道路可以采取不同的形式是一致的。这是"一国两制"的基础，不然我们我们之间就会缺乏共同语言。社会发展最终都将达到了现代化。邓小平同志在一次讲话的时候说，香港 50 年不变。有人相当怀疑，50 年之后将会是怎样。后来有人解释，50 年后大陆香港化了，实行资本主义制度，有的说是香港大陆化了，实行社会主义制度。这两个说法都不对，在我看来，邓小平同志认为 50 年后香港和大陆都能实现现代化，社会发展的目标都达到了，那时候，道路的问题、方向的问题都是可以商量的。共同的目标都达到了，这是理论基础，在我看来，全世界将来要实现所谓"人类解放"也都是要达到这个目标，那时候已经没有必要争论你走的是哪条道路、我走的是哪条道路、哪一条道路是对的这样的问题。既然这些道路都能达到目标，那这些道路都是对的。

社会主义的模式也是不一样，固定一个模式要大家都遵守是行不通的。现在有的社会主义国家说中国搞的是资本主义，邓小平同志是带头搞资本主义的人，中国不是社会主义，只有他们才是社会主义。饭都吃不饱，需要向别的国家伸手要粮食，那就是社会主义吗？在我看来社会主义必须要符合三个条件，不断促进生产力的发展，不断提高人民的物质文化生活，不断提高综合国力。这些理论基础都是有共同的目标。有的同学说，这是不是"趋同论"呢？如果趋同的话，都是实现现代化，都是向人类解放的那条道路上走，这个趋同也不是不可以。这个"趋同论"是无害的。有人批判各种各样的"趋同论"，我不太清楚那些"趋同论"的主要内容，但是如果主张人类都要实现现代化，在不同的国家可以采取不同道路，按照本国人民选择达到现代化，从这个意义上讲趋同，我觉得未尝不可，这是人类持久和平的基础。

### 十八、对于和平共处的看法

前一段时间有些人批判和平共处，这要看从哪一方面来批评。如果说是目前世界主张的各种不同制度和平共处、和平发展，那没有什么不行。最极端的一种理论是社会主义必须消灭资本主义，不容许资本主义国家发展。有些人认为从资本主义、帝国主义历史或是有资本主义参与的历史中看，资本主义国家搞垮了苏联，也准备搞垮中国，不允许共产党领导人民实现现代化，这就是帝国主义的理论，我认为也是行不通的。各个国家有自己的特点，它可以选择自己的道路。发展生产力过程中需要和平共处，取长补短，遵循市场规律外加以利用一些政治条件，例如通过联合国或是其他的政治斗争来最后达到世界的和平，在和平中不断前进。我国政府在国际会议上一再强调，当前的社会发展的两大问题就是和平和发展，特别是发展，这两个方面是相辅相成的。

### 十九、什么叫生产力

有同学要我讲一讲什么叫生产力？在这里我不给生产力下定义，因为生产力的定义在马克思主义著作里已经说得很清楚了。根据马克思主义所说，生产力当然始终是有用的具体的劳动的生产力，它事实上只决定有目的的生产活动在一定时间内的效率。生产力主要的因素有两个：一是生产工具，二是掌握生产工具的人。生产工具体现了生产力的水平，或者说生产工具的不同主要体现科学技术水平。科学技术运用到生产是通过改变生产工具，而生产工具的改变是技术进步的体现。使用生产工具使人掌握了科学技术，就是掌握科学技术的人使用相应的生产工具，这样就是两种力量的结合，这体现了生产力水平。

生产力水平简单地说就是将科学技术运用到生产中以及运用的情况、运用的程度。一国的生产力发展水平主要有三个层次：第一个是科学技术在国民生产中应用的种类和部门。一个国家生产力水平越高，他的科学技术应用的种类越多，运用的部门越多，生产力水平就越高。第二个是科学技术在国民生产各个部门运用的程度。科学技术在国民生产各个部门的运用越广泛，程度越深，就表示这个国家的生产力水平越高。第三个是社会生产力与社会总人口的关系或者说现代的社会生产力生产的总财富与社会人口的比例关系。人口越少生产总值越高，最后人均的收入就越高，就表示生产力水平越高。这种比例关系也是生产力发展的表现或标志之一。我国现在的一些部门总的生产力水平比较高，生产的财富很多，占世界第一、二位，但是人均以后每个人占有的部分很少，这只能表示我们的生产力发展水平还不够。

从生产力的水平联系到刚才同学问的，我们的生产力发展什么时候才能达到现代化？如果从这三个层次来看，在第一个层次上，我们掌握尖端科学的情况可能要快一点，有一部分我们的科学技术已经达到世界一流的水平，不一定要到 50 年或者是 100 年后才能赶上发达国家，某些地方可能发展得快些。第二个层次是高科技在国民生产各个部门的运用，在这上面不一定很慢，但运用的程度并不很深，这个方面相对要差一点。在第三个层次上，生产力要发展，人口也要控制在一定水平上，到 21 世纪的上半叶，要把我国人口控制在 16 亿，这一点实现的时间要更长一些。我们的生产力在迅猛地发展，创造的财富越来越多，人口增长的速度不能过快，最后人均占有的财富才可能赶上发达国家或者中等发达国家水平。人口发展应该要慢一点，因为人口基数过大，生产力即使迅猛地发展也赶不上发达国家。

各个国家情况不一样，人口较少的国家它的科学技术运用水平不一定很高，但是总人口少，按人口平均分摊财富占有很多，这样也可以说它是发达的国家。欧洲的一些小国，或者是阿拉伯的一些国家如科威特等，人均占有的财富很多，但是科学技术的运用不一定比我们高。对于这个问题可以这么理解，生产力水平必须去具体分析看待，但是不能一概而论。

## 二十、如何看待综合国力

综合国力与生产力水平一样需要具体分析，不能笼统地去看。衡量综合国力共有三个指标：第一个指标是每年的生产总量扣除人口消费外剩余的总量。剩余财富越多，国家实力越高，若是每年生产还不够自身的消耗需要，自然综合国力就不强，每年生产消耗后还有结余，那么这个结余作为再生产的资本，会使综合国力越来越强。第二个指标是看科学技术掌握程度。生产力发展了，科学技术运用在各方面，特别是运用在国防力量上，防卫制敌能力增强，所以科学技术越强综合国力越强，而科学技术运用到国防上需要大量的财富，财富的积累同样需要科学技术的提高。第三个指标是看国家的整体力量。国家财富越多，科学技术越发达，社会发展的能力越强。全国只有几千人口的话，即使每个人占有财富很多，它的国防能力也不强，综合国力也就不强。

从这三个方面来看，总体财富积累是发展生产力的前提，财富越多可以应付各种情况如自然灾害，“三年不收，照常吃”。邓小平同志在讲社会主义的时候提到了三个特点：不断提高社会生产力水平，不断提高物质文化生活水平，不断提高综合国力。其实，邓小平同志讲的在共产党领导下确立的政策就是能够建立这样的社会。

社会主义三个特点把社会主义各方面都概括了进来。不断提高生产力实际上就是整个社会科学技术的发展，生产力要发展，科学技术要运用，这两者结合起来就需要一定的生产关系。生产力提高是一个综合的概念，如果说在一个制度下能够迅速地发展生产力，在当前的话只能是社会主义制度。因为它解决了资本主义需要克服的问题，能够达到不断持续、高速的发展。如果这个制度不能发展生产力，或者说不能很快地发展生产力，那也很难说是先进的制度。前面我曾说过在哪个阶级领导下实现现代化，那么在实现现代化过程中会不断体现哪个阶级代表的利益，不断提高人们的物质文化生活来实现现代化，这是社会主义本质。社会主义有两个特点：第一个特点是不断提高生产力，第二个特点是不断提高综合国力。资本主义国家也在不断提高生产力和提高综合国力，两者区分不是那么大。更大的区别在现代化过程，资本主义社会最初是以牺牲工人阶级利益来实现现代化，这是大家知道的。英国在发展资本主义初期为实现资本主义制度的时候就养成了为了发展生产获得资产阶级的最大利润，把农民从土地上赶走，用耕种的土地做牧场养羊，用羊毛纺织，这是最明显的一点。用这一点来区别社会主义性质还是很科学的。

## 二十一、对中国社会学今后发展的意见和建议

同学们要我谈一谈对中国社会学今后发展的意见，对中国社会关系及社会发展研究这一方面谈一点建议和想法。对于中国关于社会发展或者社会关系的研究，我认为我们应该信守社会学各个学派研究的最新结果或汲取他们的研究成就，用科学的理论方法来研究中国社会转型问题。作为我个人的想法，首先，运用马克思主义理论必须结合中国传统的相关社会发展的原理或思想来研究社会发展问题。现在我想从中国的传统思想或传统发展观，也就是《易经》或老子关于社会发展观点来研究当前的问题，因为这种发展观与马克思辩证的发展观是一致的，也与社会学各学派的研究是一致的。中国传统的发展观就是《易经》的发展观，其中涉及的一个原则就是人类社会及人类社会的各个方面都是处在发展变化之中，我们要从发展变化中来掌握社会现象来认识社会现象及其变化。在老子的思想或是中国传统文化中这种发展观叫作“天人合一”发展观或者“阴阳一体”发展观。这一基本观点要求我们在变化中认识社会和掌握社会，还要求我们善于引导这种变化。这一点恰恰也是马克思主义讲的从变化当中来掌握事物。

那么如何从变化中掌握事物呢？《易经》认为要认识客观世界的发展变化要通过“象”“术”“易”还有通“变”的方法或手段，同时要通过这个来掌握变化。什么是“象”？用现在的说法就是用形象的思维来把握事物的确切形象或行迹。“象”是变化过程中留下的痕迹，或者说是形象符号、形象思维。“术”是术度、量度，需要把握尺寸、时度、时间的变化。“象”与“术”两者都是在讲运用科学的方法和手段把握事物变化确切的形象或者度。有了形象、度这样的认识还是不能够认识事物的变化的，还必须加上“易”。“易”就是抽象思维、理性思维，或者说是哲学思维，这些素材

还需要拿哲学的抽象的思维进行整理才能够认识事物变化的规律，认识事物的本来面目。认识并不是目的，还要经过通变，通变就是把“象”“术”“易”贯通起来，然后经过思考各种认识，最后达到了解怎么变化，为什么变化，向哪里变化，把握变化的方向、规律。《周易》里将这个思想讲得非常清楚，这就是它的认识路线。只有这样才能够把握事物的变化及规律，之后才能够通变，最后才能够引导这种变化，参与这种变化。“天人合一”要求人要参与进去，参与就是要引导这种变化，适应这种变化。总的来说，就是《易经》告诉我们要认识变化的同时还要参与这种变化，引导这种变化，适应这种变化，这是《易经》讲的主要思想。我认为要认识这个变化规律，《易经》中所提的这些原则、原理对我们现实中认识世界、改造世界还是很有实用性的。把这些原则具体化就是把《易经》中所提的这些原则、原理运用到我们社会学的调查研究中。关于调查研究的方法各个社会学学派都取得了很大的成绩，特别是现代的社会学学派把现代的科学手段及科学成就运用到调查中去，使得这些历史创造和知识方法都为我们所运用。例如，调查分析可以用微机。所谓的微机研究是运用科学手段保持原理相同的同时，把“象”“术”“易”通“变”与微机相结合。

古人当时认为掌握以上的方法，把它运用成熟了就可以成为“圣人”。所谓的圣人就是未卜先知，能够知道事物为什么要变化，什么时候变化，怎么样变化，往什么地方变化。他具备这样的知识，就可以引导变化，用我们现在的话来讲，就是伟人。像邓小平同志，邓小平同志就能看到我们必须要搞改革开放，提倡改革开放是因为中国社会必须要变化。对于为什么变化，怎么样变化，他提出了自己的一套办法，这就叫先知先觉。之所以能先知先觉就是因为先认识到这个规律，这是《易经》中提到的。我认为我们搞社会学研究的人要努力争当这种先知先觉的人，参与社会变化，引导社会变化。

走在发展变化中的社会前列，需要认识事物规律以后才能针对这种变化进行指导，不然就是瞎指导，非但成不了“圣人”，反而可能会变为历史的罪人。在事物变化发展面前有两种人，第一种人叫“道变”，就是知道变化，第二种人叫“应变”，一见变化发展了就马上能够感觉出来，在圣人指导启发下还可以接受变化，很快适应这些变化，马上可以掌握这些变化的规律并且参与进来。“应变”具体来讲存在两种意思：第一种是适应变化；第二种就是知道变化可能发生的种种结果，给人类带来各种各样的新情况，并采取一些措施来适应这种变化，应付这种变化。第二种是很积极的做法。我们在社会学研究必须借鉴这一点，一旦变化发生，我们就进行研究，同时要预测这种变化的结果，采取措施，提供解决对策。

（根据 1981 年作者录音资料整理）

# 民俗研究之始

社会学系主办了一本杂志叫《民俗研究》。现在成了全国核心期刊，由山大主办。这个过程也是很有意义的。最早是在1985年，在社会学系成立以前，发起要办杂志的是两位系里的老师，一位是简涛，原来是学民间文学专业的研究生；另一位是叶涛，他是山东大学培训班17人之一，来自中文系（后来叶涛一直具体主持办杂志的工作）。他们两位商量要办《民俗研究》，来向我征求意见。我认为民俗是属于人类学的，人类学又属于社会学的二级学科，之前我就有个想法：许多民俗问题也是社会问题。举例说结婚风俗就是重要的社会问题，结婚的流俗对社会发展是有负面作用的。所以当他们二位来问我时我就说办《民俗研究》我是支持的，但不能办成纯粹"民间文学"的研究，要向社会学靠近，要研究社会现象，并且要努力推动改变不好的社会现象。他们两位都很同意，1985年就出了一本试刊号。

办《民俗研究》学校领导也很支持，但拿不出钱。只能由系里自己筹钱，我们办了几期没有刊号的杂志，效果挺好。开始办的时候真是不容易，发行量不大，所以赚不了钱还要赔钱。我请了山东大学的几位老师就在我家里编这本杂志，没有任何报酬，还得帮忙筹钱。当时"民俗研究杂志社""民俗研究编辑部"都在我家里，是一套人马。没有刊号的杂志不能长久地办，申请刊号十分不容易。后来赵申老师到系里，她的爱人蒋奎生同志是当时山东省旅游局局长，也是我的老同学。老蒋非常支持，就通过各种关系帮助申请了杂志刊号。

我认为办这本杂志在一定时期内起到了不少作用。1990年一位日本学者访问我与叶涛的时候，我总结了以下几点：一是在我们看来，民俗研究属于人类学，人类学又是社会学的二级学科，应当从单纯的民间文学中摆脱出来，使它成为社会学的下级学科。研究方向与社会学挂上了钩。二是强调我们的民俗研究应该把基础研究和现实问题的研究结合起来，不要单纯从理论上写文章，要和现实问题结合起来。三是将"移风易俗"作为重大任务，要建立基地，比如我们在淄博市桓台县建立了基地，与地方有关组织的工作结合起来。四是把民俗和旅游开发结合起来，与旅游局联系，推动旅游事业发展。如对各地民居、民俗、工艺品的研究，建立各地的民俗馆等。这一点赵申同志做了很多工作，潍坊的风筝节就是她的提议，现在发展成国际风筝节了。五是与山东省各个县的地方志工作结合起来，当时县里要写县志，省里要写省志，好多地方都请我们去，我们就从理论和实际工作上给他们帮助。

在我看来，办《民俗研究》我们坚持的研究社会问题、移风易俗的方向是很有意义的，我们之前做的工作也是有成就的。

（根据 2006 年对作者访谈资料整理）

# 试论民俗发展的战略原则

民俗即民间的风俗习惯及其他传承文化，它是一种最古老的社会行为规范体系。在一个民族内部，某些动作和行为逐渐成为人们的习惯，互相模仿，代际相传，蔚然成风，就构成了该民族民俗的诸多方面，形成了比较完整的民俗系统。民俗系统在社会大系统中具有独特的地位和作用，社会的发展必然会引起民俗的变化；反之，民俗作为一种特殊的社会行为规范，它的存在状态也不能不对社会发展起到积极的或消极的作用。因此，我们在制订社会发展的战略原则的同时，一定要明确民俗发展的战略原则，尽早地结束长期以来民俗演化依赖自我调节的自然进化状态，或者违背民俗演化规律的强制调节状态，逐步实现自觉地并且有效地对民俗进行控制。

我们的前人早在两千多年前就认识到对民俗进行控制的必要性，提出了“移风易俗”(《礼记・曲礼》)和“美风俗”(《汉书・武帝纪》)的口号，但是漫长的封建社会是一个节奏十分缓慢的社会，尽管民俗具有强烈的传承性和巨大的历史惰性，它的演变速率仍然没有同社会发展的速率形成尖锐的矛盾，二者基本上处于相互适应的状态。但是在今日社会，在这个现代化迅疾发展的时代，民俗的演变速率大大低于社会进步的速率，它在世界的许多国家和地区表现出了与社会系统共同运转中的离心现象。因此，迫切要求从宏观上对民俗系统进行把握和引导，加速民俗演进的速率，以适应社会的变革与发展。这就要求明确民俗的发展战略，以利于民俗控制各项具体工作的开展。

我们认为，民俗发展的战略原则应该是“力促趋同，合理存异”。所谓“力促趋同”，就是提倡和鼓励不同形态、不同水准的同类民俗事象互相交流和融汇，以期加速风俗演进的速率，提高同类民俗事象的水准，以适应社会发展的要求。所谓“合理存异”，就是对不同地域、有着不同传承的民俗事象不强求一致，在不危害社会进步的情况下，允许它们以不同的形式存在。

“力促趋同，合理存异”的战略原则是以民俗演化的客观规律为依据的。不论是从世界民俗史上还是从中国民俗史上看，趋同和存异都是长期存在的现象。民族大迁徙和民族的融合加速了不同形态的民俗趋向同一的进程，但是各种不同风俗始终没有实现完全的同一，而是存在着许多差异。民俗演化中这种趋同和存异并存的现象是有其内部和外部的原因的，是不以人的意志为转移的。

我们先看趋同现象。就其内部原因来看，有三个因素：

首先，这是由民俗的传承性和传播性决定的。古人云：相染成风，相习成俗。民俗本身的形成就是传承和传播的结果。民俗是约定俗成的行为规范和生活方式，为某一时期、某一地域的社会群体所保持和接受，个人为了求得一定的社会安全感，为了得到社会群体的承认，就必须遵从这些行为规范和生活方式。民俗的趋同现象实际上是不同的社会群体对同一种具有更大感召力的民俗形态进行遵从和模仿。在较小范围内的遵从和模仿实现了较小地域内的趋同，在较大范围内的遵从和模仿则可实现较大地域内的趋同。民俗的趋同现象是与民俗的传播性密切相连的。

其次，这是由人们追求新奇的心理驱力所推动的。人们对于司空见惯的东西总是难以引起更大的兴趣，而对于新鲜事物则往往倍加注意。一般来讲，人们对于外来的新异风俗有两种态度：一种是赞赏，进而模仿；一种是厌恶，进而摒弃。但是这两种态度并不是永远对立的，而常常会是转化的，由厌恶转向赞赏，由不适应到逐步适应。那么，当社会群体对某种外来习俗的态度处于赞赏占主导地位时，人们便试图模仿。这种模仿逐渐扩散开来，从而逐步形成一种规范，被更多的人遵从依循，并代代沿袭。后人并不是完全能够了解这种外来风俗的渊源，而常常认为这就是所在社会群体的固有风俗，从而完全消除了排他性，使这一风俗的接受地域和传入地域趋于同一。

最后，民俗的趋同是由人类走向更高文明的大趋势所决定的。社会发展的总趋势是由低级向高级发展，人类文明也是不断地以高层次的文明取代低层次的文明。民俗的趋同现象是在两个或多个不同形态的民俗事象的融汇中产生的，它的趋同过程实际上是同化过程。而一般地讲，同化往往是进步的同化落后的，文明的同化野蛮的。当相异的风俗事象相互撞击时，人们常常选择更有益于人类生存和发展的那一种，而抛弃较为落后的一种，这就形成了民俗的趋同现象。

就其外部原因来看，民俗的趋同趋势更是不可遏止的。现代社会是信息化社会，由于交通和通信工具的发达，世界的规模变小了，人与人之间的距离缩短了，人们自身的活动范围扩大了。民俗的形成离不开人们相互间的模仿和遵从，但是在现代社会中，人们模仿和遵从的楷模不再是一个家族的信条，一个村落的长者，而是他国的举止，异地的风情。现代信息手段打碎了人与人之间、地区与地区之间、民族与民族之间的心理的和地理的封锁，使整个世界走向一体化，也使世界风俗走向一体化。

现代社会是文化发达的社会，礼教的放松不仅解放了人们的创造力，而且恢复了人们追求自由的天性。这就为人们模仿异国他乡的习俗创造了有利条件。个人可较为自由地模仿自己看中的生活方式，而不必过多地顾忌周围人们的指责，从而实现了民俗的融汇，促进了民俗在较大范围内的趋同。另外，社会物质条件的改善也为人们改变旧有生活方式、遵从新风新俗提供了实际的可能。人们看到某种流行时装，马上可以到商店去买，从电视上看到某种高级菜单，自己就可动手学做。物质上的富足促进了不同民俗的传播和融汇，加速了民俗趋同的进程。

现实中的民俗趋同现象是十分明显的。我们可以看到，握手这种源于西方的交际风俗已经被越来越多的人接受。源于美国西部淘金工工装的牛仔裤在我国广大青年中已成为流行服装。米饭这种南方的食品也逐渐为北方人所喜爱。节日风俗也是如此。我们在胶东农村进行民俗调查时，曾问农民哪些日期是他们认定的结婚的好日子，他们说阳历年、国庆节，还有星期天，这都是好日子。这个回答使我们十分惊奇。这些以前只在城市居民和国家机关中才认定的节日，竟然这样迅速地为农民所接受。民俗趋同的进程是多么迅疾。

从民俗史上看，民俗的趋同性也是十分明显的。例如清明踏青、插柳的习俗，本是源于黄土高原，那儿风大沙多，气候干旱，当清明时分杨柳吐芽的时候，人们便郊游、观赏，庆贺象征生命力的绿色的到来，而此时的南国却已是杂花生树，群莺乱飞，人们不必再为杨枝柳叶所陶醉，但是，宋都南迁以后，这种习俗也传播到南方，成为全国性的风俗，至今为许多地区的人民所遵从。

在落后民族中，民俗的趋同现象也是屡见不鲜。美洲有的原始部落原来认为女人走近水边就会怀孕，一直存在着许多根深蒂固的禁忌，而现在，女孩子则可背着书包沿着水边走向学校。台湾高山族的猎头习俗也已经废止。一些游牧民族也逐渐形成了定居的习俗。他们都在向新的文明层次迈进。

民俗的趋同实际上是民俗的融合。民俗是社会的产物，又是社会的组成部分，只要存在着社会发展的趋同，就必然存在着民俗发展的趋同。民俗的趋同性对于世界文化的发展和人类文明的进步都有着重要的作用，它适应社会发展的要求，又促进了社会的发展。首先，民俗的趋同有利于各民族的相互了解和相互融合。整个人类是由许多民族组成的，我们中国本身就是多民族的国家，而每一个民族都有各自的风俗习惯。各族人民在相互交往中，很自然地要接触到对方的风俗，对某些成分自觉地或不自觉地进行模仿，因而在相邻或混居民族中往往出现风俗混同的现象。这种风俗上的融合实际上是民族融合的重要方面。从社会心理学的角度讲，共同的行为方式可以排除人们的敌对情绪，增强相互间的认同感。其次，民俗的趋同有利于社会的进步。我们不可否认，由于种种原因，社会的发展存在着不平衡，从而形成了民俗发展的不平衡和民俗形态的不一致。这种不平衡和不一致是有高低之分、有先进与落后之别的。它们处于不同高度的水准线上，含有不尽相同的“文化势能”。民俗的趋同就是处于不同水准线上的民俗的交流，但是这种交流往往是水准低的吸取水准高的，先进的影响落后的，从而可以较快地提高处于比较原始状态的民族的“文化势能”。在我国历史上，落后民族入侵中原，往往被“汉化”了，与汉民族风俗逐渐趋同，采用中原的社会组织制度和劳动方式，改变了游牧的习俗，促进了民族的进步。再次，民俗的趋同促进了社会的发展。从民俗的影响上看，我们可以把处于不同发展阶段的风俗比作不同高度的水位，但是这种比喻毕竟不是十分恰切的。因为在不同水位的水之间，水位高的流向水位低的，在流动的同时，低的水位增高了，而高的水位却降低了。但是在民俗趋同的流动中，文化势能低的提高了，但是文化势能高的并没有降低，反而自身也会提高。民俗趋同并不完全是单向流动，还有双向流动，相互间取长补短，形成“杂交”优势。例如汉族在与北方少数民族的民族融合中，少数民族遵从了汉族的农耕和定居习俗，而汉族却接受了少数民族短襟衣裤的服饰习俗，即穿上了“胡服”，并且在婚俗上沿袭了游牧民族骑马娶亲的习俗，至今不少地方存在着“跨鞍”的习俗。汉民族风俗在影响兄弟民族风俗的同时，接受了对方的某些习俗，丰富了自身的内容，促进了社会的发展。

但是，在民俗发展演化的进程中，无论在什么时期，也无论达到何种程度的趋同，它在不同的地域总是存在着某些差异。世界上的一切事物都处于永无休止的变化之中，处于永不停歇的运动之中，民俗也是如此。从宏观上看，民俗总的发展趋势是趋于同一，但是在趋同的进程中，又在各自不同的基础上，形成了新的个性。这就是民俗的差异性。所谓“合理存异”，就是正确认识和利用民俗的这种特性，允许各地风俗在具体形态上存在差异，尊重各族、各地人民不同的风俗习惯。

民俗的存异是一种客观现实，是正常的，甚至也是必需的。从民俗的自身特点来讲，它具有极强的传承性，不同的民族、不同的地区有着不同的民俗传承，尽管在民族融合和社会统一的进程中，民俗不断地渗入外来的成分，但是它对外来成分的汲取必然是以当地风俗为基础的，外来成分是附着于当地风俗的枝干之上的，而绝不是相反，文化是一种积淀现象，也是积淀的成果，新风俗的形成也是一种积淀，或说是复合和融合，而不是取代。尤其是民俗心理，具有更为强烈的传承性和独立性，绝不会轻易被取代的，而一切民俗现象，包括传统的和新生的民俗现象，都不过是民俗心理在形态上的具体表现。因此，民俗的趋同只是在不尽相同的民俗心理、不尽相同的民俗表现形态上的趋同，而民俗的差异是客观存在的，难以完全消除的。

从外部条件上讲，各地的地理环境和气候条件是不相同的，这种自然条件的差异是产生风俗差异的重要原因。如东北地区睡火炕、西南山区住竹楼、北方人喜欢吃面、南方人喜欢吃米，这都是与自然条件密切相关的，人为地强求一致是有害的，而且是不可能的。

民俗的存异对于社会的进步和人类文明的发展同样有着不可忽视的作用。民俗的存异往往有利于当地人们的生产和生活。某些在趋同进程中长期存在的独特的风俗常常与当地人民的社会生活和经济生活相关联，是与当地的社会环境和自然环境相适应的。山东威海一带民间绣花业十分发达，这里的住房则窗大而明亮。江南水面辽阔，人们善于舟楫，划龙舟是这些水乡很有意义的民俗活动和体育运动。这些风俗的存在，与当地人民的生产、生活是相协调的，是有益的。

民俗的存异，还增强了人类文化的丰富性。各族、各地人民有不尽相同的风俗习惯，形成了不同的特色，显现出五彩斑斓的色彩，增添了社会生活的情趣，对于促进旅游事业的发展和各地人民之间的文化交往、丰富整个人类文化具有重要的意义。

民俗的趋同和存异，对于世界文化的发展和人类文明的进步各有其独特的意义。它们是一对矛盾，各以对方的存在为先决条件，既有对立的一面，又有统一的一面。但是这并不是说它们在民俗发展中所占的比重势均力敌。我们认为，趋同是民俗发展的大趋势，是这对矛盾的主导方面。今后，随着社会的进步、科学技术的发展、时空观念的变化和世界的日益趋向一体化，趋同将显示出越来越明显的趋势，并对社会的发展产生越来越重要的作用。存异只是在趋同的大方向之下产生的民俗演变程度和具体形态上的差异，这些差异又在社会的融合中相互融合，产生新的趋同趋势。这种趋同与存异并行而以趋同为主导的民俗发展趋势是健康的、有益的。因此，我们在制定方针政策、指导各项工作的时候，必须充分考虑到民俗发展的这个大趋势，自觉地、主动地、有效地引导和促进民俗的趋同，并适当地注意合理存异，以加速民俗演进的速率，较快地改变人们的传统观念和传统生活方式，适应社会现代化发展的需要。

（原载《民俗研究》1986年第1期）

# 中国的传统文化与现代化

当前，我国已经进入全面建设小康社会、加速推进现代化发展的全新阶段。文化作为综合国力的重要内容和现代化的重要层面，作用不言而喻。中国有几千年的文化积累，如何正确认识和处理中国传统文化与现代化之间的关系是必须要面对和思考的问题。

## 一、传统文化的内涵

传统文化是指一个国家或民族在历史上形成的，并且一直传承下来的那种文化。只要是历史比较悠久的国家，几乎都有自己的文化，这些文化也都有自己精华和糟粕的一面。所谓精华的一面是指这种文化运用正确发展观看世界，反映的是社会知识，它们能够帮助人们正确地认识世界、改造世界，推动社会的发展。所谓糟粕是指那些错误的认识和知识也被传承下来，对正确地认识世界和社会往往起着阻碍的作用。所以对待任何传统文化都要继承其精华的部分而舍弃其糟粕的部分。如何认识及继承好的精华的部分？我们在继承传统文化的同时往往既继承了好的一面，又继承了坏的一面。所以在继承传统文化的同时必须要做到有分析有取舍，不能笼统地说一切传统文化都要继承。

具体谈我们中国的传统文化应该继承什么，应该舍弃什么的问题，我们应该认识到中国的传统文化和其他国家的传统文化一样，有精华的部分也有糟粕的部分。我们继承中国的传统文化需要有正确的方法，就是继承它精华的部分去除糟粕的部分。我们既要反对那种不分精华糟粕统统继承，就是说我们的传统文化统统是好的那种继承方法，也要反对那种认为我们的传统文化一无是处，一概批判，不分精华或糟粕统统去掉，接受一种新的文化或者跨过这些文化的继承方法。离开传统文化来谈实现现代化的问题，我认为是不能实现的。

## 二、中国的传统文化精华

中国的传统文化精华部分是什么呢？这个问题不是简单两句话就能概括的。

中国作为一个多民族的国家，它的传统文化也有各个方面、各个系别。我在这里想讲一点自己的看法，希望能够囊括中国传统文化最主要的部分。在我看来，中国的传统文化就是儒家、道家的学术，因为这种学术它继承和系统化了上古到春秋战国甚至之后很长时间中国的文化，后来才有其他文化例如佛教进入中国，成为中国的传统文化。我现在要讲的，是前面，就是自古以来的传统文化的精华所在。要研究它是个很复杂的问题，需要涉猎许多的古籍。最具有代表性的是儒家和道家奉为经典的《易经》和《道德经》。从这两个经典著作来看传统文化，他们记载分析或者是阐明了中国传统文化的精髓究竟是什么。在我看来，这两本经典著作，它们虽然从不同的形式、不同的角度、不同的方法来解读传统文化，但是都阐明了一个最主要的指导思想——世界万事万物无处不在，永远是处于发展变化之中。《易经》是通过八卦的形式，用六十四卦来阐述这个思想的。后来，孔子在研究《易经》的时候，在《易经证释》里面把这个思想说得很清楚。《易经》中的一个主线，或者说阐发的一个思想就是世界永远都处在发展变化之中。同时，他还阐明了世界为什么要变化，它变化的原动力是什么。他认为世界的变化是由阴阳两种力量矛盾的作用产生的。变化将去向哪里呢？在"八卦"看来是永无休止的。六十四卦从第一卦到最后一卦，好像是要完成了，但六十三卦是"既济"，六十四卦又是"未济"，尚未完成！也就是说这个变化还在继续进行。在这里我不赘述，但是从这里可以将这个思想看得很清楚。

至于《道德经》那更是很清楚明确的，通篇的《道德经》最主要的就是在讲世界是发展变化的，而且还是从无到有、从有到无，有无相随，永远都是在发展变化的。有无，在这里不能望文生义，认为"无"就是什么也没有，"有"就是存在什么东西，它实际上是在讲两种心态——世界存在的两种心态。本来没有的它也产生了，原来的那种形态我称之为"无态"，从"无态"发展为"有态"，"有态"发展到"无态"，永远处在不断变化发展当中。当然，老子的表述和《易经》有所不同，用的概念也不同，发展变化的原因也不同。虽然说不同，但是基本的精神一样，那就是发展变化的观点。在我看来，这是传统文化最精华的部分。总的来说，中国的传统文化最精华的部分是承认世界是不断发展变化的。这个思想与现代的科学思想是一致的。各种自然科学事实都证明了自然界是在发展变化中的，社会科学也证明了社会的各种现象是在不断发展变化，不可能停留在一点上，包括人民的思想，人文科学永远都处在发展变化中。

对于近代的自然科学和社会科学成就，马克思主义作了阶段总结(马克思主义是人类文化的最高总结，而不是最终总结，因为一切都是在发展变化的)。这一点并不是我的看法，而是恩格斯的看法。恩格斯晚年在《路德维希·费尔巴哈和德国古典哲学的终结》这本书里面，非常明确地表达了这个看法。他说到他们继承了黑格尔学说的精华部分的时候就曾经谈到这样的思想，就是按照马克思主义的观点，按照辩证法的观点，世界一切事物都是在发展变化的，甚至包括马克思主义思想本身都是在发展变化的。他甚至于讲了这样的话：我们只承认一件事情是不变的，就是一切都是在发展变化之中，这件事情是不变的，其他一切都是在变化。包括他们的结论，包括他们的学说作的结论都是在变化的。这应该是在现代一切科学发展的基础上所作的最高的总结。这恰恰是和我们的传统文化，无论是儒家或道家里面强调的思想是一致的。所以我们要继承传统文化就应该要继承这样的一个思想，绝对不能把它抛弃掉。必须要利用《易经》研究这样的思想，而不只是要研究用易经算命之类的。其实，古代的算命也是从发展变化的关系来考虑的。当时，人们用这种方法来预测自己的行为或者是自然界的变化，后来发展为算命。现在有些人科学的手段不用，坚持用这种方法来搞预测，必然要走向邪路，走向错误。《易经》发展变化的思想我们必须要坚持。很多人对于《道德经》的看法不一致，有的说是保守的，有的说是唯物主义朴素的辩证法思想。不管怎么样，它的发展变化思想我们必须要继承下来并发扬光大，因为在中国的传统文化里面关于发展变化的原因形式，这里面有很多很精彩的论述，可以帮助促进我们思想的发展。这是我对继承中国的传统文化的精华部分，关于一个思想，简单地说就是发展变化思想的看法。过去我们对这个思想认识不够，因此，有时候在批判中国传统文化的时候，把这个精华也抛弃掉，一切都不要了。中国人不能有这个思想。说这个思想是从马克思主义、从黑格尔开始的，这个看法也不一定准确，值得深入研究一下。

### 三、传统文化的不可替代性

有一个同学曾问我，中国传统文化精华部分与西方文化或者说与其他民族的传统文化作一个比较，能不能说中国传统文化的精华部分是优越于其他文化，可以代替他们。这位同学说，她看梁漱溟著作中，梁先生认为，在21世纪，中国的文化必然要代替其他文化成为主导文化。我首先说，我没有看到梁先生哪本著作里面有说中国文化要代替一切文化将来成为人类唯一或主导文化。不知道这位同学从哪本著作里看到的，希望告诉我，我可以再去学习一下。

梁先生对于中西文化有很广博的研究、深刻的见解。我对他的思想了解不全，不能作评价，在这首先要说明。但是，这位同学前面提到中国的传统文化与其他文化比较，能不能说中国的传统文化优越于别的文化的问题，我之前没有研究过，在这里不能简单说是或者不是。但是我认为，各个民族的文化精华部分只要能客观地反映了客观世界的变化，可能都有自己独到的见解。因为各个民族所处的地理环境不同，他们具体的实践不同（这里包括生产实践和社会实践）、生活经验不同，他们可能从不同的角度来认识世界，有他们自己独到的见解，这些见解又都是符合实际情况的,对我们人类认识发展变化的世界是有帮助的,那么我认为这就是他们的精华部分。每个民族文化都有自己的精华部分,要作比较当然是可以的,有时候甚至可以说是这个多一点少一点,或那个深一点浅一点,存在这样的情况,也可能说是这个民族在这方面多一点,那个方面少一点,总之,不管多少它都对人类总的文化发展有用处,不能笼统地说这个文化可以代替那种文化,特别在精华部分。人类总体发展的趋势是要接受这些精华部分,特别是它进一步的发展过程中,通过对实践在认识或改造世界过程中进一步认识世界。它都会把各民族最先进的传统文化接受下来作为自己的思想武器,来进一步认识世界、改造世界。人类发展趋势可能是这样,至少在"地球村"上今后会把人类最先进的思想总结起来。从马克思主义看,马克思主义就是把马克思先进的思想总结起来,当然其他学派不一定承认。实践是检验真理的唯一标准,我们将来慢慢来证明。中国文化是否能代替其他文化,或者说是人类文化中最主导的部分,也要实践来检验,现在至少有一部分人不是这么看的。

**四、从"重理轻文"的现象看现代化对中国传统文化的影响**

在同学当中,较多地议论到目前的重理轻文的现象是什么时候产生的这个问题。探讨这个问题首先要了解有关学科的分配问题。人文科学是指什么,社会科学又是指什么?人类创立或建造的知识可以分成以下几大类:第一类是改造自然界,使人类与自然界和谐发展的知识,为自然科学知识,如物理学、化学、生物学等学科及派生下来的一应科学。第二类是认识和改造世界,使人与人之间各种关系按规律协调发展的知识,为社会科学知识,如社会学、经济学、政治学等学科及衍生出来的各管理学科。第三类是认识改造人体,是人类对于健康发展的知识,称为"人体科学知识",如体育学等。第四类是认识及人类所创造知识的能力和规律,不断增加智慧,提高认识和改造世界和改造人自身的能力,这方面的知识称之为"人文科学",如文学、历史、哲学等。人类的知识都包含在这四个知识类别里面。人类在长期的社会和科学研究中创造了财富,也创造和积累了很多知识。上述的这几种知识本来是一个统一的体系,你中有我,我中有你,不能人为地将其隔离。很多自然科学知识是人文科学知识一部分,人文科学知识也离不开自然科学知识。客观来说,它们缺一不可,缺了哪一方面这些知识都将会不完整。这些知识不完整,人类认识世界改造世界就不可能顺利进行。应该说,偏重哪一学科都不行,知识应该是统一发展的。

在我上中学的时候,当时准备考大学的同学,都把目光集中在理工科类的专业。那时流行这么一句话:"学好数理化,走遍天下皆不怕。"这是重理轻文一种表现。当时学什么专业由组织来决定,报考时自己有部分选择权,但是最主要是由组织决定。在工农兵时代，重理轻文这样的情况并不特殊，那时候学生上哪个专业也是由组织决定的，分配什么学什么。等恢复高考以后，学生自主填写志愿，什么专业优势的同学就充分表现出来，理工科学习好的就学习理工科，文科学习好的学习文科，这种现象一直延续到现在。同学们的这种专业选择的原因有很多种，家长的期望，国家、社会的需求，自己的兴趣等都有。

人类创造的知识财富也是一个很庞大的系统。从上一代移交给下一代，作为他进一步发展的基础。人类创造和积累的知识也是一辈一辈地传承下去的，传承的方式也是多种多样的。口耳相传或在社会实践当中传承，最早可能就是老一辈传给年轻人。后来社会发展到一定阶段，社会组织结构比较复杂了，设立了专门的机构——学校、科研院所和其他机构，来传授各方面的知识。现在主要形式是学校，从小学、中学、大学，一直到博士后，这都是为了继承传授知识，并在传授当中创造和发展知识。人类开始时的学校是没有分什么学科的，我们国家的教育机构最早是政府办的学校，私人是不能办学的，后来孔子开办了私学。无论是当时的公学或是孔夫子办的私学，在传授知识的时候，都有礼、乐、射、御、书、数等科目，讲的主要是哲学、伦理学、礼仪、技能等知识。御是驾驶马车的技术，射是射箭技术，这两门学科是符合当时各国战争不断的社会现实情况的。《论语·子路》中云："樊迟请学稼，子曰：'吾不如老农。'请学为圃。曰：'吾不如老圃'。樊迟出。子曰：'小人哉！樊须也！上好礼，则民莫敢不敬；上好义，则民莫敢不服；上好信，则民莫敢不用情。夫如是，则四方之民襁负其子而至矣，焉用稼？"孔子应该说是重文轻理的。孔子以前的官学与孔子办学的目的是为了维持统治，是为了统治者的需要，调整统治者与被统治者关系。在当时来说，鄙视劳动，手工业者不受重视，也不考试。炼丹、铸剑是道家在办，不在正统学科里。气象预报是巫师在办，不登大雅之堂。可以说，那时候的理工科在我国千年的封建社会历史从来都没有被很好地重视。科举选拔人才科目主要是文科，没有哪一个朝代把理工（自然科学）作为考试科目。甚至医学也不是，巫医的说法表明测字的和大夫是放在一个档次，考试科目里没有医科，从医者也不能做官。考试主要是考诗词歌赋、《易经》、国事，首先是考《易经》，《易经》主要内容是哲学。到清朝鸦片战争期间，西方的坚船利炮打开了中国的大门，政府官员和学者开始觉悟到不研究现代科学，不搞现代化建设就要挨打，就要亡国。

清政府在清末的时候进行改革，它改革的重要内容就是要学习西方现代科学知识。他们派遣留学生到日本、欧美留学，学习的主要内容是科学技术，民间爱国志士出国留学同样是学习这一方面。我们反思后发现，继续保留中国重视文科的传统行不通，只运用儒家一直传承的诗词歌赋、径义策论不足以实现现代化的建设，需要学习现代科学知识主要是理工科知识进行现代化的建设，"重理轻文"现象也就逐渐产生了。可以说,“重文轻理”和“重理轻文”都是在一定历史时期内社会发展所产生的特殊现象。

在进行中国特色社会主义现代化建设的现在,我们学习马克思主义,并将中国社会的具体实际与马克思主义相结合,从这一方面说,不能说是不重视文科。我国不重视的是传统文化知识,从“五四”开始就批孔,否定中国传统的文化体系,这样造成的后果也日益引起有识之士的重视。

### 五、传统文化在现代化建设中的作用

我之前说过,现代化是一个整体的概念,是社会各方面的现代化,在一定历史时期是一个最终目的问题。当然,社会实现相对的现代化,并不是就发展到了终点,还需要继续前进,所以这个现代化也只是一个历史的概念。现代化社会发展的目标,不仅对于我国,而且对于其他国家来说也一样。文化是一国综合国力的重要组成部分,是一国社会发展的软实力。中国传统文化是中华民族在几千年的历史实践活动中创造积累的文明成果,是一种无形的知识财富,人类文化没有继承就发展不了。我们每个人的生活方式和思维方式无不受传统文化的影响,所获得的知识和能力,以及形成的思维和工作方式,也都会打上传统文化的烙印。当然,我们对传统文化的继承应有冷静和清醒的认识,既要尊重传统文化,又不能依赖于所有的传统文化。前面已经也清楚地表述过我们在肯定传统文化中精华的同时,要清醒地认识其中的糟粕,我们要继承的是传统文化精华的部分,而舍弃其中糟粕的部分。

传统文化与现代化看似是历史发展进程中形成的两个环节,甚至有矛盾的地方,但是两者既有区别,又有必然的联系。中国传统文化的精华部分是不可取代的,现代化建设与重视传统文化并不矛盾。在当今世界,已涌现出传统文化和现代化结合得很好的例证,表明了传统文化与现代化并不是截然对立的。重视传统文化的作用,不仅不会阻碍实现现代化的步伐,反而还会起到很好的促进作用。现代化是一个整体的概念,中国进行现代化建设并非要搞西方化,或者只是实现工业化、城镇化。若是不把中国传统文化与现代化相结合,只是盲目地追求经济进步,那么中国将失去自己的文化特色,无法实现中国特色社会主义的建设。

学习与引进外国文化,必须作具体分析,一定要从本国实际出发,一个成功的现代化国家绝不是全盘引进西方文化,而是在自己传统文化的基础上,一面学习外国先进文化,一面对本国文化进行革新,不断提高自己的现代化水平。传统文化能否现代化,能否在新的历史条件下得到弘扬,关键在于人们用何种思维方式对待传统文化。传统文化在一定条件下,也可以转化为符合时代需要的新型文化,但这种转化需要社会实践,使传统文化与现代化生活相结合,才能使之适应时代发展的要

求。而社会主义市场经济是一个根本的结合点。中国进行现代化建设需要把学习国外的知识与经验同中国传统文化结合起来，将马克思主义同中国实际结合起来。由传统文化走向现代化，是推动社会主义不断发展的精神动力。

（根据 1991 年作者录音资料整理）

# 关于文化理论的几个问题

## 一

在英文、法文以及德文中，“文化”这个词均来自于拉丁文 cultura。拉丁文 cultura 含有“耕种出来的东西”的意思。在汉语中，“文化”一词最早出自西汉刘向的《说苑·指武》，当时这一词语含有文治、教化和礼乐典章制度的意思。有趣的是，无论在拉丁文中，还是在古汉语中，“文化”这个词的词义很接近。拉丁文 cultura 是指与自然存在的东西相对立的东西，而古汉语“文化”是指与武力、未开化的东西相对立的事物，两者实际上都是指通过人为的活动去开发、整治自然而取得的成果。当然，仅仅从字源的角度上去理解现代的“文化”概念是不够的。

如果我们审视一下众多的文化定义，就会发现，不论哪一种定义都是以人为性或社会性为立脚点而出现的。应该说，这个立脚点是正确的。但我们认为，在概括文化内容的时候，应当本着涵盖面大、层次分明的原则，把文化看作是由若干层次彼此制约、相互依存，表现又有序列性的特殊的系统的事物，对之进行系统的分析。

首先，我们应当注意到文化内容中最深的层次——思维能力。

从某种意义上说，思维能力对于文化的其他部分具有决定性的意义，是连接文化其他各部分的纽带。第一，思维能力最终把人与其他动物区分开来，使文化的出现成为可能。在一些高级动物那里，虽然已经有某些心理活动，如感觉、简单的动机、知象和表象等，但是也只限于此了。唯独人类才有抽象思维能力，人们通过抽象思维能力可以概括地、间接地反映客观现实，找寻出事物的本质及其他特征，从而自觉地创造出一个人为的环境，建立起文化系统。第二，人们正是通过抽象思维能力，才从许多不同的角度建立起一系列、一整套的概念体系，并建立了人们的行为准则、社会规范等。这一切，便正式、具体地组建了文化的骨骼。在这个骨骼上，文化伸展开了自己的躯体。第三，随着社会的发展，人们通过思维能力，不断地更新概念，建立新的思想体系，不断地改变行为模式与价值观念，完善人们的生活方式，从而在各个方面促进文化整体的发展与进步。

其次，文化内容的中间层次极为丰富，它包括由思维能力而导出的两个平行的分支，一个分支是纯精神现象，另一个分支是人们社会性的活动方式，即生产方式、生活方式、消费方式、互动方式以及社会制度的总和。

纯精神现象又包括两个部分：一是社会意识形态，一是社会的精神状态。相对说来，前者是一种高水平的纯精神现象，是经过学者们的提炼、抽象、概括而得到的一种比较系统的、逻辑性较强的、自觉的精神现象，比如哲学、经济学、历史学、社会学、文学、艺术、宗教学、伦理学等均属此类；后者则是指一些尚未经过人们有意加工的、自然存在的精神现象，如风尚、社会习俗、社会心理等。这一类的东西是不系统的、不定型的、自发的精神现象。对于上述两种精神现象，我们应当同时注意到，不能忽视其中的任何一种，特别是不应忽视属于社会精神状态的那一部分精神现象。

在文化内容的第二个层次中，与纯精神现象并列的是人们社会性活动的本身。这一部分文化往往容易被人忽视，或者是考虑不周全。我们基于下述理由认为，人们的社会性活动属于文化的内容。第一，人们的社会性活动是在思维能力支配下的活动，它具有计划性、目的性、主观能动性等特点。这与其他动物活动的性质完全不同，所以说它是一种文化现象。第二，人们社会性活动的结果是创造了一个过去从来没有过的新的环境，这个环境是与自然环境相对的，是人为的环境，是文化的环境。即使有的人类居住区生态系统很完整，但其中也凝聚了人们的劳动，因而同样可以说它也是一个人为的环境。

那么，所谓社会性活动包括哪些内容呢？它包括人们生产、交换、分配等方面及其他如社交、政治一类的活动等等。人们通过这些活动产生纯精神文化，并把纯精神性的文化见诸客观。通过这些活动促使纯的精神文化不断发展与更新，也正是通过这些活动使人本身不断完善，使人愈来愈成为文化的人。

社会性活动还包括社会互动、社会制度等内容。人们在进行社会性活动的过程中，他们相互间发生一种互动，如暗示、模仿、调适、冲突、竞争、合作等。正是通过这些互动，人们相互间才能发生一定的联系。另外，在社会活动过程中，人们不可能随心所欲地活动，他们必须遵循一定的制度。制度是一种正规的规范体系，它可以整合人们的社会活动，调适人与人之间的关系，还可以传播其他部分的文化。

最后，文化的表面层次是文化中间层次内容的物化品。纯精神文化是通过一些物化品表现出来的，如书籍、文字、工艺品、美术品（雕塑、绘画）、传播工具（电视、电影、报刊、图书馆）、音乐，等。表现社会性活动的那一部分物化品就更加丰富了，如生产工具、运载工具、建筑物、服饰（当然许多衣饰属工艺品）、食物、娱乐品，等等。

从物化品所包括的内容来看，物化品实际上是精神现象的外壳和人们社会活动的结果。与精神文化和人们社会活动相比较，物化品至少有这样几个特点：第一，形态的凝固性和直观性。物化品完全是以物质为自己的躯体，是实实在在存在的，可以被感官直接感受到。第二，静态性。相对说来，精神文化与人们的社会活动处在一种功态的过程中，变化或潜在的变化随时存在。但物化品一旦成型，除非消失，它一直呈现出一种静态。第三，相对的被动性。纯精神现象和社会性活动可以不时地根据实际情况而加以调整、改动，甚至再创造，但物化品则具有比较明显的被动性，其本身除了自然的或人为的磨损外，不可能有什么主动的更新与创造，即使是人工智能机也是如此，它的价值是靠别人的操作和欣赏而实现的，所以说它具有相对的被动性。

上述三种不同的层次就是文化的基本内容。既然知道了文化的基本内容以及文化内容各部分之间的关系，那么给文化下一个定义也就不是一件十分困难的事情了。

什么是文化呢？所谓文化是一种为人类社会所特别具有的现象，是以思维能力为其本质特征，并以思维能力、精神现象、社会性活动以及物化品为其总内容的复杂的有机系统。

## 二

文化尽管为人类所共有，但是，不同的社会群体又具有不同内容与不同形式的文化。不少学者注意到了这一点，并用“文化模式”这个术语来概括它。文化模式实际上是社会群体所特有的文化系统，它由两部分内容构成：一部分是一般性的文化，即与生产方式密切相连的那一部分文化；另一部分文化是特殊性的文化，即与民族特质密切关联的那一部分文化。

与生产方式密切关联的那一部分文化属于一般性的文化，这是很明显的。毋庸置疑，生产方式的发展变化决定着诸如社会制度、社会价值观念、哲学世界观、行为准则、思维能力、科学技术以及绝大部分物化品的变化与发展。无论是在哪个国家、哪个民族，其发展都是有共性的。只要是生产方式的性质与水准大致相似，那么，这些民族、国家中的上述那一部分文化内容也肯定大致相似。正因为如此，我们才把这一部分文化称为“一般性文化”。

研究一般性的文化固然很重要，但这并不是文化模式的全部内容。抽象的生产方式是不存在的，每一种生产方式都是具体的，总是以一定的民族共同体为其依附体。因此，一般性的文化只有同特殊文化即与民族特质密切关联的那一部分文化结合起来，才有生命力，才能存在。

与民族特质密切关联的那一部分文化是特殊性文化，是每一个民族所特有的文化。这部分特殊文化至少是由于这样两个原因所造成的:第一,在传统社会中,由于生产力的低下,地理环境对于各个民族的影响很大,这就造成了特定的民族文化,再加上各民族之间的交流相对说来是不多的,因而这种特定的民族文化结构便逐渐形成并凝固起来,使世界各民族的文化各具特色,迥然相异。第二,各个民族的经历不同,历史延续的长短也各不相同。有的民族融合了别的民族,而有的民族却很少受别的民族的影响;有的民族历史很长,没有中断,有的民族历史比较短。因此,有的民族文化基本上没受到别的民族文化的左右,始终一贯,有的民族却受到一些干扰而起了一些变化;有的民族的文化显得厚重一些,有的则显得薄弱一些。这就使得各个民族文化之间的差别很大。总之,由于上述两个原因,与民族特质密切关联的那一部分特殊文化如风俗、民族心理、民族凝聚方式等便得以形成。这一部分文化一旦形成,便具有它的相对稳定性和相对独立性,而不会随着生产方式的变化而即刻变化。

当然,一般性文化与特殊性文化在某些方面存在着交叉部分。有些由生产方式所决定的文化内容同时也就带有一定的民族色彩。比如,东方文化有一个明显的特点,就是抽象思维的薄弱,这不能不说是与落后的自然经济相连的。但从总体上来看,两者还是有区别的,不能混淆。现代的日本就是一个很明显的例子。在日本,带有东方色彩的传统文化并没有为发达的生产力所吞噬,而是与之密切地结合在一起,形成了独具特色的日本文化模式。

对于文化模式中的这两个有机组成部分,要同时注意,不能失之偏颇,否则,便容易出现一些错误。一些研究中西文化模式的学者有时会在这里失误。

第一,如果只承认中西方文化模式在民族特质方面有差别,而不承认中西文化模式在一般性文化方面有差别,即资本主义文化内容与封建主义文化内容的区别,而且前者远远先进于后者,便容易导向国粹主义或准国粹主义。在 20 世纪二三十年代,中国一些守旧人士认为东方文化和西方文化之间存在着差异,但这并不意味着西方文化高于东方文化。传统的“纲常名教”一类的东西是中国的“国粹”,应当发扬光大。梁漱溟先生就曾把欧洲文化、中国文化和印度文化归为三种类型,认为欧洲文化的特点是“意欲向前”,中国文化的特点是“意欲自为调和持中”,印度文化的特点是“意欲向后”。三者中,唯有中国文化没有弊端,因而是世界文化的最终归宿(见《东西方文化及其哲学》)。这种观点不但抹杀了中西文化之间资本主义内容与封建主义内容的重大区别,而且还否认了从根本上改造中国传统文化的必要。

第二,如果否认中国文化模式有着民族特点即特殊性文化内容,认为西方文化是全部文明的化身,那么便会走入“全盘西化”论。也是在 20 世纪二三十年代,中国的一些资产阶级学者在批判封建守旧观点时,虽然做出了一些贡献,但难免走到了另一个极端,即完全忽视了中国文化模式在民族特质方面的特定内容,完全以西方文化模式为标准，来衡量和批判中国文化，从而抹杀了中国文化的价值。胡适指出，中国文化是“懒惰不长进的民族的文明”，眼下“只有一条生路，就是我们自己要认错。我们必须承认我们自己百事不如人”，因而应当完全以西方文化模式为标准来改造中国文化。这种观点的偏颇是很明显的。因为，如果完全用西方文化模式来代替中国文化模式，那么中国也就不复存在了。

第三，如果只注意文化模式中一般性的内容，即与生产方式有密切关联的那部分文化，而忽视中西文化模式在民族特质方面的差别，那么就会导向“唯生产方式”论。新中国成立前，中国有一些马克思主义学者曾对封建主义及资产阶级学者的文化观进行过批判，做出了不小的贡献。但是，在批判过程中，这些学者往往没有从民族特质方面来把握中西文化模式，而只是从生产方式方面的内容来论证中国文化模式的腐朽和西方文化模式的先进，从而在某种程度上走入了片面的“唯生产方式”论。

上述种种由于忽视文化模式中两个组成部分而引起的失误，应当引起我们的注意。

## 三

有的学者认为，人类文化的发展趋向是多元的，而不会趋向于一个共同的东西。因为世界上并没有统一的模式可以遵循，各个国家、各个民族都是独特的实体，它们各自的发展路径大不相同。所以说，文化的发展是多元的。也有的学者认为，文化的发展趋向不是多元的，而是单元的、趋同的，即朝着一个共同的目标发展。无论是在中国，还是在外国，无论是在现代，还是在过去，都有不少人坚持这种看法。文艺复兴时期，托马斯·莫尔、托马索·康帕内拉等空想社会主义者就在设想，未来的社会是趋同的，是大同的“乌托邦”和“太阳城”。在他们的著作中，虽然没有直接论述文化状况的如何，但毕竟表明了这样的思想，认为在未来的“乌托邦”和“太阳城”中，文化是极为发达的，而且是单元的，公民在道德、智力以及社会制度等方面，同样是健康、纯洁和发达的，同样是公正、平等的。到了19世纪，英国和法国的空想社会主义者圣西门、傅立叶、欧文等人更是详尽地论证了这一点。他们认为，在未来社会的各个组织中，文化教育达到了空前繁荣的程度，脑力劳动与体力劳动的差别完全消失，社会制度完全一致，人们的道德观念和价值观念也都是一致的。现在西方不少未来学学者在宣扬一种文化趋同论。他们认为，人类文化在经历了若干重大变革后，便会走向趋同的道路。即便是目前看来很落后的国家或民族，在经历了现代化进程之后，其状况将与先行一步的国家的状况一致。各种文化模式在社会制度、价值观念、思维方式、精神活动等方面将趋向于一个共同的目的地。

应该说，认为文化的发展将趋于一致的观点不是完全错误的，它有相当的合理之处。可以说,它从一个重要的方面正确地窥测到了文化发展的大势。遗憾的是,它忽略了文化发展趋势的另一个重要方面,即文化发展的多元性。倘若人类文化真像他们所说的那样趋向一致,那么将来人类的文化也未免太单调了,缺乏丰富的色彩,将会令人失望。

我们认为,就文化的发展趋向而言,毫无疑问,将是趋同性与多元性的高度统一,是两者的高度结合。没有趋同性的多元性,与没有多元性的趋同性一样,都是不可能的。

应该承认,随着社会的发展,文化的趋同性愈来愈明显。

第一,交流手段的相同。随着各个国家、各个民族之间交流的加剧,人们在交流手段方面最先"趋同'。人们最重要的交流手段是语言,尽管各个国家、各个民族都有自己特定的语言,但是人们为了交流的方便,必然将语言集中在几种主要语言上,如英语、汉语、法语、世界语等。一些特定的语言,如计算机语言、数学语言及其他一些学科方面的专门术语也趋向了一致。另外,各个国家所使用的一些传播工具也愈来愈相同。比如,现在人们普遍使用电话、电报、电视、广播一类的传播工具。

第二,思维方式在某种程度上的相似。在传统社会里,人们思考问题的对比参照系是纵向比较,而很少是横向比较。人们在进行正常的生产、生活等活动时,无需目光向外,只要追溯先圣昔贤、援照前例旧条便可。在这样狭小的圈子里,有的民族侧重顿悟性的直觉思维,有的民族喜欢庞大体系的构造,还有的民族喜欢神秘性的思维。随着社会的发展,人们思维的参照系由纵向比较转为横向与纵向并重,由封闭转为开放,不但借鉴本民族过去的东西,而且还借鉴外国先进的东西。与思维参照系的变化相适应,人们的自我意识也发生了变化,由过去的那种以自己为中心的愚顽意识变为倾向于民族平等的合理意识。这时各民族思维方式的共同之处大大地多了起来。大部分民族都注意反省自己思维方式的长处与短处,注意补正自己的一些偏颇。

第三,一部分价值观念的相似。过去,在各个国家、各个民族中占统治地位的价值观念差别很大。比如,有的民族特别强调群体,而不太重视个人的存在,有的民族则特别重视个人的价值,而不太重视群体。有的民族以学习别国的东西为耻,有的则以学习别国为荣。随着社会的发展,人们相互间的一部分价值观念出现了相似的情形,许多民族开始既注意到了群众的重要性,又注意到了个人的重要性,既注意到了学习别国先进东西的重要性,又注意到了继承本国优秀东西的重要性。

第四,科学技术的发展趋向统一。在自然经济占统治地位的社会里,各个国家的科学技术都是很落后的,而且五花八门,差别极大。比如,古埃及由于修建水利设施的需要,故而比较重视数学。在中国,受农本思想的影响,农业技术相对来说是比较发达的,又由于受道教的影响,中国最早的化学知识竟与炼丹术奇妙地结合在一起;而西方的一些国家由于以贸易为生,故而航海技术比较先进。到了近代以后,随着生产力的发展,各个国家的科学技术都趋向了统一。各个国家的科学体系都包括基础科学和应用科学两大类,尤其是一些新兴的学科,更为各个国家所瞩目,并为之而竭尽全力。

对于造成文化趋同现象的原因是不难理解的。在落后的社会里,各个社会群体之间的交流太少,故而文化差异很大。随着人类生产力的发展,每个国家、每个民族只要不想灭亡,就必须学习别国先进的东西,因而各个国家之间的交流大大加强了。有人把整个地球比作一个大村落,虽有夸张,却不无道理。在交流中,各个国家取长补短,吸收别人优秀的东西。这样一来,从大范围来看,必然会出现一些文化趋同的现象。随着生产力的发展,许多符合人类天性的东西也逐步得到了完善。从一定意义上讲,人类的天性是相似的,因而基于人类天性而出现的文化也往往是相似的。比如,不管是哪个人类群体都需要科学技术以满足自身的各种需要,而科学技术本身又有一定的规律可循,所以从原则上讲,只要是人们对于科学技术的需要层次大致相似,那么,人类的各个群体就会创造出基本相似的科学技术的体系。

在看到文化趋同性的同时,还应注意到文化趋向的多元性,这是因为人类社会的发展还为文化发展的离异准备了一定的条件。第一,任何一个社会都不可能由绝对纯一的成分所组成,它必然要受到过去、周围环境等各种因素的影响,“在具体的历史环境中,过去和将来的成分交织在一起,前后两条道路互相交错”①。因此,就各民族的出发点而言,人们毫无选择的余地。人们必须认真对待传统文化一类的东西,而这些传统的东西又不可能随意抛掉,其中的精华将成为新文化的一个有机组成部分。这样,由于各个民族的传统文化不同,因而各自的新文化也就自然不可能尽然相同,肯定会有差异。第二,将来,即便是各个民族、各个国家之间的界线不会像现在这样明显,人类社会的全体成员也永远不可能组成为一个完全统一的大整体、一个大组织。这样一来,各种文化模式之间的差别仍然不能消除。将来各个社会群体的生产方式不可能没有差距,它们不可能处在一个完全相同的水准之上,不尽相同的生产方式不可能造成完全一致的文化模式。世界各地的自然环境也不会由于人们的努力而变得完全相同,地理环境虽不能成为决定文化模式的唯一因素,但可以在一定程度上对文化内部的一些成分发生影响。

文化发展的多元性主要表现在这样两个方面:首先,文化发展的路径多样化了,而且更加没有固定的模式。过去,由于各个民族的闭塞性,使得各个民族自身文化的发展往往要经过几个特立的阶段,从而可以在某种意义上说必然要经过几个比较固定的文化模式。例如,许多民族文化都经历了由原始文化发展到奴隶社

① 《列宁选集》第1卷,人民出版社1972年版,第576页。

会文化，再由奴隶社会文化发展到封建文化。随着民族之间交流的加深，这种情况有所改变。各个民族接触的外来文化多了，可选择的余地大了，因而往往可以出现不少跳跃式发展的情形。如一些原来落后的民族文化一跃而成为比较先进的文化，略去了或者说是简化了中间的一些过渡环节。其次，文化变异的机会增多了。由于各种文化之间接触机会的增多，A 文化既可以与 B 文化融合成一种新型的 C 文化，也可以与 D 文化发生接触而共同形成一种 E 文化。以此类推，文化的类型就肯定会增多。另外，人类社会的发展也会使人们对于总体文化的改造机会增多起来。人们不但可以从外来文化那里吸收一定的养分，而且还可以从过去曾被忽视了的远古文化那里寻求一些有益的借鉴，从而使文化的自我更新能力愈来愈强。

（原载《齐鲁学刊》1986 年第 6 期）

# “合理发展论”论纲

### 一、发展理论的研究正在逐渐成为国内学界的大热点

十一届三中全会以后，有关解放思想、真理标准的讨论具有深远的历史意义，它有助于人们在思想上挣脱束缚，造成一种有益于学术研究的环境。但严格说来，它只是一场思想启蒙运动，而主要不是学术研究本身。相继而来的是“新技术革命热”和“文化热”。两者表现出一种对于未来前景的热切憧憬和对于历史的一种深刻反思，但情绪化的成分大于理智化的成分。其中，前者与中国的现状相距较远，因而不能与中国的国情形成有效的结合，后者则由于研究者各自的学科及概念所限，无法取得共识。再说，文化毕竟不是一个独立的现象，单独的文化探讨难免与现实存在隔膜，故而热劲儿过了两年左右便开始冷却。于是，带有强烈的现实色彩的“国际经济大循环论”出台，造成了一个新的热点。但由于这一理论仅仅局限于经济学界的某个领域，而且，很多学者对这一理论的基本论点持怀疑态度，再加上国内改革和发展形势的变化，结果，时间不长，这一热点也开始趋向冷却。

终于，发展理论的研究开始引起人们的注意，正在成为国内学界的大热点。这一现象的出现绝不是偶然的，因为进行改革和开放，进行现代化建设，不可能离开发展理论的指导。这一点，只是在最近一个时期，才开始广为人们所接受。实践的需要必将使发展理论的研究持久地雄踞于学术舞台。

### 二、国外几种重要的发展理论不可能一成不变地拿来指导中国的发展实践

二战后，国外先后有许多学者致力于发展理论的研究，形成了“现代化理论”“依附论”“世界体系论”等几个重要的流派。这些发展理论流派提出了许多极有价值的观点，对于我们不无启发作用。但是，它们亦存在着不少局限性。“现代化理论”脱胎于迪尔凯姆、韦伯等的传统现代化理论，其功绩主要在于：指出了现代化过程并不是只能出现在西方国家，也可以出现在任何国家；强调了价值观念以及信仰

等精神性的因素在现代化进程中的重要作用,提出了一套分析现代化进程的概念、指标和框架。但是,"现代化理论"仍然带有浓厚的西方中心主义色彩,忽视了现代化模式的多样性与复杂性,忽视了每个民族在现代化进程中的自主性与独创性,忽视了新的国际关系对后进国家走向现代国家之路的深远影响。"依附论"的理论家们依据发展中国家特别是拉丁美洲持续不断的经济失败,对现代化模式提出了挑战。这一理论从国际背景和历史角度这样一个更广阔的视野去分析不发达的原因。认为贫困是经济与社会结构的产物,而不是由于文化价值观不同所致,第三世界工业不发达的原因,在于其经济资源和剩余价值被北方的"中心"地区攫夺了。农民阶级和产业工人阶级自下而上的革命是第三世界走向成功的必经之路。

"依附论"主要是针对第三世界中走资本主义道路的国家的现实提出来的,它有一定的片面性和激进性,而且,其内部分歧较大,尚未建构起较为完整的理论体系。"世界体系论"将全球视为一个有机关联的整体,认为在这个整体结构中,各个国家和民族分别扮演着"中心""半边陲"和"边陲"的角色。这一理论对以前的发展理论尤其是"依附论"进行了扬弃,但也留下了许多有待解决的问题。

撇开上述理论具体内容的功过得失不论,应该看到,这些理论都是在具体的时空条件下提出来的,这一点对于我们无疑有着极大的启发性。

基于特定的历史背景和现实环境,我们在吸收国外有关发展理论成果的基础上,试着提出一种有关发展的观点——"合理发展论"。

### 三、合理发展是以人为本位的发展

研究人类社会的发展问题,首先必须解决发展的目的和归宿问题。我们认为,在当今这个时代,合理发展必须以人为本位,以逐步满足人的不断增长的需要为目标,以消除异化现象为最终归宿。以经济为本位的发展,终将导致人与社会的物化,于是,发展便成为一件没有很大意义的事情了。具体来说,以人为本位的发展包含着以下几个方面的含义:

1. 发展必须以不断满足人们的基本需要为出发点。人是社会发展的主体,是具体的生产者和消费者。把人们从基本需要尚不能满足的状态中解放出来,使社会的所有成员公平地分享发展成果成为发展的出发点。当然,在现有的发展水平中,不同的阶级、阶层、团体、个人的利益是不可能完全一致的。事实上,任何发展在一定时间内都很难施惠于所有的人。但是,这并不与满足基本需要的原则相冲突。这一原则不仅仅是一种道义上的要求,而且还是摆脱社会动荡、建立良性社会运转秩序的必要条件。

2. 发展必须有利于人的多方面需要的满足。人的需要是多种多样的,它不但包括生理需要,而且还包括安全需要、爱和归属的需要、自尊的需要、参与的需要、自我发展的需要等。生理需要的满足是其他需要得以满足的基础，但远不是全部。社会的发展必须尽可能满足人的多方面的需要。

3. 把人作为发展的基本力量。人力资源、自然资源、技术资源、信息资源等各种资源在一定条件下是可以相互转化和替代的。传统的发展往往侧重自然资源和技术资源的发掘，而忽视了对于人力资源的开发和利用。我们认为，合理的发展有赖于充分发挥人的积极性和创造性，使社会发展的实践成为开掘人的聪明才智，提高人的能力的实践。

## 四、合理发展是一种内生与开放相结合的发展

从一定意义上说，现代科学技术和经济的发展正在使世界变成一个“环球村落”。各国家和地区之间的交往日益广泛和频繁，在政治、经济、文化以及其他社会领域里的相互影响、相互渗透逐渐加强。世界各国由于面临越来越多的共同问题，也使原来人们信奉的纯粹国家利益的教条被冲淡。在相互联系、相互需要的世界经济中，如果不在寻求共同利益的基础上进行合作，单一国家的经济利益很难完满实现。因此，坚持对外开放，在开放中寻求发展，成为每一个国家和民族走向新的目标的必然之路。

但是，国际环境错综复杂，充满了矛盾冲突。在国际社会中，往往缺乏一个统一的意志和观念，也没有一个得到普遍公认的能够对各国关系加以调节的强制性中心。国家利益和集团利益是各个国家、集团在国际舞台行动的基本动因。因此，希冀建立一体化的世界体系，寻求一个能为所有国家和地区认同的全球发展模式是不现实的。可见，合理的发展必须建立在独立自主、自力更生的基础之上，是内生与开放相结合的发展。

1. 建立自己独特的发展模式。每一个国家、民族都有自己独特的自然环境、文化传统和已经达到的发展水平，都应该寻找适合自己的发展道路，而不应该盲目地模仿别人。最早走上现代国家之路的英、法、德、美等国的发展道路是迥然不同的。稍后，日本以其“大和精神”“集团意识”为精神支柱创造了一条典型的日本式的现代化之路。苏联在布尔什维克的领导下，则另辟新径，走出了一条崭新的社会主义发展道路。迟发展国家重复早发展和中发展国家已经走过的道路，既不可能，也不应该。而且，发展中国家的情况也千差万别，各国的发展道路不可能完全相同。今天，很多人拿“亚洲四小龙”等新兴工业化国家和地区作为发展中国家成功的典范，在此，我们姑且不论其成功的代价和条件，只需提一点：试想，把这类发展模式搬到中国、印度这些有着悠久深厚的文化传统、数亿人口和几百万平方公里土地的大国，效果会怎样呢？结论不言而喻。

2. 发展应该建立在对本国各种资源的充分开发和利用的基础之上。本国的各

种资源是本国赖以发展的重要基础。对这笔宝贵财富的充分开发和利用，是一个国家和民族求得正常发展的必要条件。就拿技术资源来说，许多发展中国家的传统技术虽不很先进，却是与本国的社会文化条件相适应的、“平民百姓”易于掌握的技术。在科学理论的指导下，对这些技术加以改进和发展，往往能够获得事半功倍的经济效益和社会效益，把文化震荡压缩到最低限度。

3. 发展必须充分尊重本国的民族传统。每个国家和民族都在其长期的历史发展过程中，形成了自己的独特传统。任何国家和民族若想得到生存和发展，一方面要不断地剔除民族传统中的消极因素，另一方面要继承、光大其中的积极的东西，将之融入特定的发展模式之中。如果在发展过程中忽视或低估了民族传统的巨大作用，甚至用引进的外来文化予以代替，那么这种发展必将带来民族自尊心的失落，减弱发展过程中的向心力。

4. 对外开放的速度、规模、内容、形式必须充分考虑到本国的需要和条件，考虑到国内的经济技术水平、社会的承受程度以及吸收消化的能力。以我国为例，我国是一个幅员辽阔、人口众多的大国，国内市场十分庞大，目前的各种体制、组织还不完善。在这种背景下，实施“两头在外，大进大出”的沿海经济发展战略有多大必要、可行性如何、成效如何，需要三思。

5. 资本、产品、技术的引进必须以维护国家主权为前提。一般来说，对外的开放、合作、交流必然会程度不同地带来对他国的依赖。这种依赖必须是双向的、基本对称的。在开放引进的过程中，要以成功地维持自己的主权为前提，要以对国际经济波动较强的应变能力为基础。简言之，要引进，但不能依附。

当然，依附与发展并不是绝对对立的，但“依附性发展”是一种畸形的发展。在拉丁美洲和东南亚等地，资本和技术的引进确实促进了当地制造业部门的发展，促进了经济的增长，但这种增长在很多国家并没有带来工业的自主性发展。其技术先进的制造业大多是为生产出口产品的需要而建立的，它并没有把高生产效率传递给其他经济部门，“飞地”与大片落后地区并存。况且，这些国家对于国际金融机构和跨国公司的依赖程度很大，外债已经成为进一步发展的沉重包袱。

6. 任何国家都应该积极地引进外国的先进技术，但在引进的同时，必须积极地建设本国的技术结构，尽快在吸收国外先进技术的基础上增强自己的技术能力。日本不失为这方面的典范。

### 五、合理的发展是一种全面协调的发展

社会是一个复杂的有机整体，其中，政治、经济、文化各子系统，以及组成各子系统的诸要素相互联系、相互作用、相互制约。每一部分的发展都需要其他部分的合作和支持，其结果也对其他部分造成这样或那样的影响。因此，合理的发展应该

是一种全面的、协调的发展。

1. 传统的发展思想注重经济的尤其是国民生产总值的数量上的增长。但是，无论是发达国家的发展实践，还是发展中国家的发展实践，都使人日益感到这种发展思想的片面性和局限性。事实上，经济的发展远远不只是经济本身的事情，经济的发展也并不会自动地带来社会其他方面的进步。由于发展中国家的落后是结构、组织、人的素质的整体落后，社会各方面全面协调发展就显得更为重要。

2. 衡量一个国家、一个社会的发展水平，不能仅仅用人均国民生产总值或人均国民收入，而必须用一个带有综合性的指标体系。这一指标体系至少应该包含以下三个方面，它们是：满足人的基本需求的能力，即提高生活质量，摆脱绝对不发达状态的能力，一个国家和民族取得自我尊重和自我实现的能力，使人们挣脱必然王国的束缚，获得自由的能力。

3. 合理发展原则要求在地理空间上，各区域尽可能平衡地推进。几乎在所有的大国都存在着区域差别问题。拿我国来说，全国基本上可以划分为东部、中部、西部三个区域地带，这三个地带的特点和发展水平差别较大。实施沿海经济发展战略必须注意三个地带的空间关联和动力、资源的传递，充分考虑到由区域差别带来的贫富悬殊、人口迁移、民族矛盾、社会不稳定等现象。

4. 不平衡发展是绝对的，平衡发展是相对的，在任何情况下，社会系统各部分的发展都不可能是完全等量的。因此，我们不应一概地否定某些部分的超前。在发展过程中，某些部分的超前有时是必要的。但这种超前必须是合理的，必须能为人们所控制，而不至于成为超出人们控制能力的异己力量，而且，这种超前的结果必须最终有利于其官方面的协调，而不是相反。

5. 合理发展所追求的目标是多个，而不是一个，也就是说，是一个目标丛。在现实的发展过程中，要想同时取得所有目标的最优结果几乎是不可能的。这样，首先必须对其中的每一个目标规定一个上限和下限，然后在若干个上限和下限之间进行综合平衡、全面考虑，以找到一个满意的范围。在这种情况下，被确定并被实现的综合性目标就是合理目标。

### 六、合理的发展是一种注重长远利益的有序发展

现实是历史的延续，未来是现实的发展。但这并不等于说目前利益和长远利益是绝对一致的。历史的经验表明，目前利益和长远利益时常发生背离。我们认为，合理的发展是一种兼顾目前利益、注重长远利益的有序发展：

1. 影响社会发展的因素是多种多样的。既有长时段的，也有短时段的，既有见效快的，也有见效慢的。在有些情况下，以资源的巨大消耗和资金的大量投入为特点的粗放式经营和通货膨胀能够在一定时间和一定程度上，推动或刺激经济的增

长，但这种增长往往以牺牲长远利益和造成社会的不稳定为代价。因此属于一种短期行为。我国近几年的经济增长基本上属于这种情况。

2. 合理的发展要求有合理的消费。综观世界，无论是率先走上现代国家之路的英、法、德、美等国，还是继之而来的苏联和日本，它们在现代化进程中都经历了一个“合理节制”、艰苦奋斗的阶段。马克斯·韦伯在分析为什么资本主义工业当时只是在西欧经济中占据统治地位这一问题时，认为一个非常重要的原因就是西欧的“合理化”的“资本主义精神”。他指出，西欧注意勤奋进取和资本的稳步积累，东方社会则往往注意及时性的消费。这一点对于我们认识今天的现实仍然有着一定的启发意义。由于我国一直没能建立起一个把社会上的闲散资金转化为资本积累的有效渠道，再加上对外开放带来的发达国家的“消费示范效应”，以及近几年我们实施的不适当的通货和消费政策，致使集团和个人的超前消费和畸形消费现象特别严重。这极大地损害了国家、集体、个人的长远利益，影响了进一步发展的后劲。

3. 合理的发展是一种可控的发展。也就是说，人们能够根据反馈的信息，对发展的方向、速度、内容不断进行调整。这就要求有一个科学的、开放的决策机制，把发展置于人民的有效监督之下。

### 七、人和自然的和谐是合理发展的一个重要方面

在人和自然界的关系上，人类的根本利益体现在人类改造自然、从自然界获得物质生活资料和保护自然、改善环境两个相互联系的基本方面。发展不应以自然环境的毁坏为代价，相反，而是应保持和创造健康的生活环境。

### 八、“合理发展论”承认人类社会发展的共性

认为人们能够找到衡量各国家、各民族发展水平的基本标准。它否认越落后越光荣。它和其他发展思想的区别不在于要不要发展，而在于发展的目标、手段及道路的不同。

### 九、“合理发展论”所提倡的发展是一种以人为本位的波浪式推进的发展

在一定时期内，社会的发展速度可能较慢，但它能避免不必要的动荡和损失，为以后的尽快发展准备条件。因此，从一个更长的时期看，它的速度并不慢，而且，合理发展的最大特点在于它无论是在波峰，还是在波谷，基本上都是符合国家和个人的长远利益的。

## 十、“合理发展论”是针对目前存在的“不合理”的发展模式提出来的

任何关于发展的理论都必然要求对现存的关系、观念和政策作一定的改变，从这个意义上讲，它带有一种理想的色彩。但它却不是“乌托邦”。“合理发展论”有其现实的基础，尤其是在我们这样的社会主义国家，它是完全可以付诸实践的。

（原载《文史哲》1989 年第 2 期）

# 山东大学社会经济发展中心简介

为了适应我国现代化建设的需要，为了对当前改革开放进程中的一些重大问题进行有效的研究，我校最近成立了“山东大学社会经济发展研究中心”。研究人员由文科系所相关专业的师生 20 余人组成。该中心的研究方向有如下两个特色：

1. 在对国内外已有的发展理论进行广泛深入研究的基础上，针对我国具体情况，试图较为完整地提出自己有关发展问题的观点。之所以有这样的设想，是因为国外现有的几种发展理论如现代化理论、依附论、世界体系论等，尽管在许多方面对我国现代化建设有一定的借鉴意义，但这些理论与我国国情隔膜，存在着某种局限性因而很难直接搬用。同时，国内时下存在不重视发展理论的倾向以及单纯经济发展论的观点，亦不利于科学、有效、持续地推进我国现代化建设的进程。鉴于此，中心提出“合理发展论”这一观点。这个观点的实质在于强调合乎理性的、全面的合乎规律的发展，反对发展中的盲目、片面和狂热性的倾向，强调以人为本位地确定发展目标和途径，强调发展的适度性和多元性。

2. 对于发展问题进行跨学科的综合研究，我们认为，发展乃是一个涉及社会各个层面、各个部分的重大问题，任何一个单独的学科皆难以对之进行全面的研究。因此，很有必要联合几个学科的力量，对发展问题进行综合性的研究。唯有如此，才能取得更富有科学价值和可行性的研究成果。

该中心计划在一段时间内，将研究成果以论文、文集、专著以及研究报告等形式发表出来，参与国内外的有关学术讨论，求得专家们的批评、指正。这样，我校社会经济发展研究中心在即将出现的、持续时间较长的全国范围内的“发展研究热”中，或许能够充当一个角色，起到应有的作用。

[原载《山东大学学报》(哲学社会科学版)1989 年第 1 期]

# 第三辑　我与马克思主义

# 也谈“社会主义就是宣布不断革命”

## ——与辛仲勤、薛汉伟二同志商榷

我国理论界，对马克思在《一八四八至一八五〇年的法兰西阶级斗争》中说的“这种社会主义就是宣布不断革命”一语，有着两种不同的见解：第一种见解是多年来流行的观点，认为这句话中的“社会主义”就是今天所说的社会主义社会，并且根据这句话论定马克思把社会主义社会的发展看作是不断革命的过程。第二种见解认为，这句话中的“社会主义”不能理解为今天所说的社会主义社会，马克思这句话说的是“把民主革命进行到底，并转变为社会主义革命”，从而论定马克思没有把社会主义社会的发展看作不断革命的过程。《人民日报》1980 年 6 月 19 日第 5 版上发表的辛仲勤、薛汉伟二同志《怎样理解“社会主义就是宣布不断革命”》一文（以下简称《文章》），是第二种见解的代表。我认为上面两种见解，都不尽符合马克思的原意，提出个人一点看法，参加这个问题的讨论。

### 一

马克思这句话中的“社会主义”一词的含义是科学社会主义学说体系，不是社会主义社会制度，也不是革命发展的阶段。

在马克思和恩格斯的著作中，社会主义和共产主义概念使用的场合不同，含义是不相同的。在通常的情况下，它们的含义，一种是指学说体系或思想意见，另一种是指社会制度或社会形态。这两种含义既是互相联系的，又有严格的区别，因为它们各自反映着性质不相同的事物，二者是不允许随便混淆的。在《法兰西阶级斗争》中，论述不断革命思想的这段文字里的“社会主义”和“共产主义”的含义都是说的学说体系，如“空论社会主义”就是说的空想社会主义的学说体系，“革命社会主义”和“共产主义”就是说的科学社会主义或科学共产主义学说体系，也就是我们所说的马克思主义。因此，马克思这句话里的“社会主义”的含义，只能理解为科学社会主义学说，不能理解为他种意思。这句话的原意应是：科学社会主义学说宣布不断革命。

把这个“社会主义”望文生义地理解为今天所说的社会主义社会，或理解为马克思在《哥达纲领批判》中称之为共产主义低级阶段的社会，显然是不符合马克思原意，而陷入了双重错误。首先，它混淆了“社会主义”一词两种性质不同的含义，把本意是科学社会主义学说的“社会主义”，错认为社会主义社会形态了。其次，它把1850年时马克思还不可能有的观点，强加给马克思了，因为共产主义两个阶段的学说，直到1875年马克思才在《哥达纲领批判》中明确提出，并且马克思从未用“社会主义”一词表达共产主义低级阶段。用如此错误的理解作为论据，论证马克思把社会主义社会看作不断革命的过程，无论如何是站不住脚的。辛、薛二同志在《文章》中指出了这种见解的后一个错误。但他们未指出前一个具有本质性的错误。为什么辛、薛二同志的《文章》不能指出它的前一个错误呢？我认为原因在于《文章》没有区分“社会主义”一词两种不同的含义，没有把这个“社会主义”理解为科学社会主义学说。

辛、薛二同志所理解的这个“社会主义”含义是什么呢？《文章》虽然没有直接说明，但是《文章》在两处却间接地表明了看法，一处是在《文章》的第二段里，作者在论证把这个“社会主义”理解为共产主义低级阶段的观点的错误时，表明了这样一个看法：只有把这个“社会主义”理解为共产主义两个阶段的合体，才符合马克思原意。这就是说，《文章》也把这个“社会主义”理解为社会形态了。如果这样分析不错的话，我认为《文章》这种看法与第一种见解的错误，在实质上是一样的，也是背离了马克思的原意，把本意为科学社会主义学说的这个“社会主义”，错认为整个共产主义社会形态了。还需要反映出：如果把这个“社会主义”错误地理解为共产主义两个阶段的合体，并用这一见解来否定第一种见解的结论，也是站不住脚的。因为只要承认这个“社会主义”是共产主义低级阶段和高级阶段的合体，就不能否定它包含着共产主义低级阶段，既然不能否定它的论据，也就不能否定它的结论了。按照《文章》这种见解作逻辑推断，不仅不能证明第一种见解是错误的，相反恰恰证明了它的结论是正确的。

辛、薛二同志在《文章》的第四段里，把“这种社会主义就是宣布不断革命”一语，作为马克思在第二种意义（把民主革命进行到底，并转变为社会主义革命）下运用不断革命概念的证明，在这里又似乎是把“这种社会主义”理解为“把民主革命进行到底，并转变为社会主义革命”了，如果是这样理解的话，同样也是不符合马克思原意的，因为从马克思和恩格斯的著作中是找不到任何根据能证明：他们赋予“社会主义”一词以“把民主革命进行到底，并转变为社会主义革命”这一含义的。

总之，我认为辛、薛二同志对这个“社会主义”一词的含义所作的上述的两种见解，都是不符合马克思原意的，根据这些见解得出的马克思没有把社会主义看作不断革命过程的结论，也是站不住脚的。

辨明了“这种社会主义就是宣布不断革命”的真实意思，排除由于对这句话的错误理解，而导致的错误认识，对于正确认识马克思在《法兰西阶级斗争》中所阐述的不断革命思想是十分必要的。但是，对这句话的真实意思即使理解正确了，也不能仅仅根据这一句话来判断马克思是否把社会主义社会发展看作不断革命的过程，这是因为这句话本身只说了科学社会主义学说是主张不断革命的。至于这个不断革命是指把资产阶级民主革命进行到底呢？还是指从资产阶级民主革命转变为社会主义革命？或者是指从资本主义过渡到共产主义呢？还是把上述所有的内容都包含在内呢？解决这样的问题，单凭这一句话是不行的，要了解马克思是否在这里也把社会主义社会发展看作不断革命的过程，还必须考查马克思论断的全部内容。

## 二

马克思在《法兰西阶级斗争》中所阐述的不断革命思想，其简要的背景是这样的：1849 年 6 月 13 日，法国小资产阶级和自由资产阶级遭到镇压，金融资产阶级独占了政权。自由资产阶级和小资产阶级的失败，更显得无产阶级是革命阵营中最坚强的力量。“革命是历史的火车头”，它把农民、小资产者、社会的一般中等阶层逐渐地拉到无产阶级方面来了。自由资产阶级为了借用无产阶级力量，反对金融资产阶级的独占的统治，他们打着社会主义的旗号，标榜为了解放无产阶级，而实际上是有意进行欺骗，靠近了无产阶级。农民和小资产阶级为了反抗金融资产阶级的压迫和剥削，幻想抑制资本的发展，使他们避免破产的痛苦，也求助于无产阶级，不再信奉救世主而信奉起社会主义来了。这样一来，在反政府的阵营里就出现了各种各样的社会主义，除无产阶级的科学社会主义之外，还有资产阶级和小资产阶级社会主义。所谓资产阶级社会主义，实际上是自由资产阶级为了反对金融资本对他们的束缚，求得自身的更好处境和发展，提出的某些改良主义的要求而已；小资产阶级社会主义是空想社会主义体系，他们的理想，也不是消灭资本主义，而是小生产的一些改良主义要求而已。资产阶级和小资产阶级社会主义，“因一定阶级或阶级集团所处的经济条件以及由此产生的一般革命要求不同而有所不同”，但他们有一个共同点，都希望在实现了自己的理想以后把革命终止下来。这些非无产阶级的社会主义思想对一部分工人和小资产者起着影响和作用，对无产阶级的解放事业是十分有害的。为了与这些非无产阶级的社会主义思想划清界限，使无产阶级团结在科学社会主义周围，马克思写道：“当无产阶级把这种社会主义（指空想社会主义——笔者）让给小资产阶级，而各种社会主义首领之间的斗争又表明每个所谓体系都是特意强调社会变革中的一个过渡阶段以与其他各个阶段相对抗时，无产阶级就愈益团结在革命的社会主义周围，团结在被资产阶级用布朗基来命名的共产主义周围。这种社会主义就是宣布不断革命，就是无产阶级的阶级专政，这种专政是达到消灭一切阶级差别，达到消灭这些差别所由产生的一切生产关系，达到消灭和这些生产关系相适应的一切社会关系，达到改变由这些社会关系产生出来的一切观念的必然的过渡阶段”。(《马克思恩格斯选集》第1卷，第479～480页)

马克思是针对资产阶级和小资产阶级的社会主义者，要求把革命终止在民主革命的某个阶段上而提出这个不断革命思想的。因此，这个不断革命思想，首先是指把民主革命进行到底，并从民主革命转变为社会主义革命，这一点是无可争议的。不过问题在于马克思在这里讲的不断革命的终点，是不是像辛、薛二同志在《文章》中说的，就是《中央委员会告共产主义者同盟书》中提出的四个“直到”呢？我认为不能这样说，理由是：第一，马克思在这儿没有作这样规定；第二，马克思在这里清清楚楚地写明了不断革命的终点是四个“达到”。能不能说这四个“达到”与《中央委员会告共产主义者同盟书》中的四个“直到”是一回事呢？不能这样说，它们并不是一回事。四个“直到”说的是：“直到把一切大大小小的有产阶级的统治都消灭掉，直到无产阶级夺得国家政权，直到无产阶级的联合不仅在一个国家内而且在世界一切占统治地位的国家内都发展到使这些国家的无产者间的竞争停止，至少是直到那些有决定意义的生产力集中到了无产者手里的时候为止”。(《马克思恩格斯选集》第1卷，第385页)可以清楚地看出，四个“直到”是说不断革命到推翻了资产阶级统治，建立了无产阶级专政为止。四个“达到”里的不断革命进程，比四个“直到”是大大地向前推进了，在四个“达到”里不断革命不是到建立了无产阶级专政时为止，而是贯串在整个无产阶级专政时期，进行到在经济、政治、思想和社会的一切领域内彻底消灭了一切阶级为止。实现了四个“达到”的过程，就是实现彻底消灭一切阶级的过程，这个过程马克思在这里称为无产阶级的阶级专政的“必然过渡阶段”，就是后来他在《哥达纲领批判》中称之为共产主义低级阶段，也就是我们今天称之为无产阶级专政的历史时期，或社会主义社会阶段。

根据以上分析，我的结论是：马克思在《法兰西阶级斗争》中阐述的不断革命的思想，既是指把民主革命进行到底，并转变为社会主义革命，也是指社会主义社会的发展。根据马克思这里的论断，认为马克思把社会主义社会的发展看作不断革命过程是符合马克思原意的。

(原载《文史哲》1981年第1期)

# 马克思主义与其他社会科学的关系

马克思主义与其他社会学说，或者其他社会科学的关系。通常说马克思主义是领导的关系，一切社会学的其他学派都要在马克思主义领导下进行研究和发展，应该怎么理解。这个问题也要做科学的研究。对这个问题我曾经作过回答，那是在我主编的《社会调查理论与方法》（高等教育出版社 1964 年版）那部著作里。我认为马克思主义作为社会学，与其他社会学的学说是并列存在的，是共同发展的。学术研究不能说用一派的学术观点来领导或指导其他学派的观点，特别是不能认为其他的学派观点只能用这派的学术观点作指导的学术观点来进行研究，那么就不存在其他学派了，就剩一个学派了，就是指导的思想的学派。或者说，用马克思主义指导一切，那就是马克思主义可以代替一切。这恰恰是过去，特别在 20 世纪五六十年代、六七十年代，我们当时的一个极“左”思想，认为运用马克思主义，其他一切社会学都是伪科学，都要取消。那时我们取消了社会学的其他学派的学术研究或教学，实践证明这是错误的。马克思主义社会学与其他各派社会学应该互相取长补短，在辩论中前进，不能用一个学派代替另一个学派。这是一个方面。那么作为一个学者，他可能是更多地相信某一个学派，别管是相信马克思主义还是其他的。相信马克思主义的社会学是最正确、最科学的，他从事科学研究要用马克思主义原则、马克思主义的理论进行指导，这是无可非议的。但是不能要求别的学派的学者，都要按照自己的这种方式进行研究。有的同学曾经问我，我是哪一派的社会学家，我是不是马克思主义的社会学家。我的回答是：我不敢说我是马克思主义的社会学家，但是，我认为马克思主义是比较科学的，特别是他的前面说的发展观，我是始终遵守的。我的科学研究是用马克思主义作为指导的，但是我并不排斥其他学派正确的理论和方法。

（根据 1985 年作者录音资料整理）

# 探讨马克思主义相关理论问题

2015年12月，老朋友从国外回来，专程来拜访我。期间，老友谈及对中国国内问题的看法。在谈论中涉及以下几个理论问题，我表达了自己的看法。

问题一：马克思主义的精髓是什么？

马克思主义是一个庞大的科学体系，在许多问题上都有精辟的见解，但马克思主义最核心的精髓是恩格斯在他晚年著作中阐明的——他们（指他与马克思）的学说承认只有一件事是不变的，即一切都在发展变化之中，“一切”包括他们的学说，都在不断变化。

问题二：怎样看待毛泽东与毛泽东思想？

毛泽东是伟大的马克思主义者。之所以称他为“伟大的马克思主义者”，一是他真正了解马克思主义的精髓，而且在中国坚定不移地执行；二是他执行马克思主义精髓，并根据中国实际情况走自己的道路，在实践探索里不断借鉴，但不照抄，这一层是毛泽东思想的精髓所在。

毛泽东，在中国开启了一个时代。中华人民共和国的建立，中国共产党的成立，以及马克思主义在国际上的发展，毛泽东都做出了杰出贡献。但功与过、是与非都是相生相伴的，任何人都不可能隔离其中之一独立存在。毛泽东在经济建设、党内斗争等方面作出过一些错误性决定，这是后人应该吸取教训的。

对于毛泽东同志的功过是非评价，当前在国际上、国内、党内众说纷纭、莫衷一是。这种情况不仅是在当前，在今后百年千年恐怕都会如此。这是国内外学者受政治立场、认识能力、资料获取便利程度等因素影响，对毛泽东是非功过判断标准不同造成的。

问题三：何为修正主义？

修正主义作为贬义用之存在各种歧义。对马克思主义而言，则指歪曲或否定马克思主义革命性即否定马克思主义精髓。

历史修正主义，是指蓄意修改历史的思想和行为。在世界上一些重大事件或战争发生后，一些极端主义者为了美化罪恶行径，篡改历史，被称为“历史修正主义”。现今日本右翼人士企图否认国际关于二战日本定为侵略者案，歪曲二战历史，否认日本侵略行为，否认南京大屠杀的历史事实，否认慰安妇的罪恶行径，就可以称之为“历史修正主义”。

用于褒义的“修正主义”一词，则是人们对过去某种认识的缺失、错误进行修正，或对前人在某种问题上的认识错误进行修正。

在运用修正主义时，应该注意到这两种不同的含义。

问题四：如何评定一定时期实行的制度、方针、政策的优劣？

人类社会形成至今，由低级向高级不断发展。就整个人类社会看，大致经历原始社会、奴隶社会、封建社会、资本主义社会和社会主义社会，直到高级阶段——共产主义社会几大阶段。但并非每个民族都完整地典型地经历上述阶段，其具体历程千差万别，各具特点。

历史经验无数次证实，任何民族或社会共同体，若能持续不断发展，它必然选择合适它发展的社会形态，实施合适的方针政策，使其生产力不断提高，生存条件不断改善，不断适应周围世界和自然的挑战，否则它将消亡。任何一个社会共同体，包括现代中华民族共同体也不例外。

鸦片战争以来的一百多年间，中华民族共同体经历了生死存亡的变革，进行了无数次艰难的选择。今天我们终于找到了适用于我国发展的社会形式，就是中国特色的社会主义制度。事实证明这一选择是正确的，我国正从一个积贫积弱的国家走向世界强国之林。

看待某一制度、政策对某一社会共同体的好坏，不能单纯从定义上空谈，需有一系列的指标。

1. 生产力是否得到持续的发展。中国在社会主义初级阶段的根本任务是解放和发展生产力。适应社会发展的社会制度必然是围绕生产力这个中心任务制定的，制度、政策都应服从和服务于这个中心。

2. 在生产力发展的基础上，能否提升人民不断增长的物质、精神生活水平。生产力发展的目的是最大限度地满足人民日益增长的物质和文化生活的需要，好的政策方针应该保障人民群众的切身利益。

3. 人民物质精神需求得到满足后，国家的社会保障体系是否健全。社会保障体系关系到社会稳定与人民幸福，建立公平、公正、健全的社会保障体系，是国家繁荣稳定的基本保障。

4. 综合国力是否提升。综合国力强调国家力量的整体性和系统性，即重视经济、科技、军事、政治、文化、外交和国民素质等各方力量的合力所产生的系统效应；同时，也不忽视在其中具有本国特色的几项根本性的重点力量（经济、军事）上的集中突破。这是综合国力提高与发展的根本立足点。

5.国际地位和影响力是否提升。一国国际地位和影响力的提升意味着国家所具有的全部实力在国际社会中发生积极影响作用。国际地位提升的基础是综合国力的增强,一国国际地位的提升有助于该国深入参与国际体系调整,牵动世界格局走向。

上述指标不尽完善,但是能有效评定一定时期实行的制度、方针、政策的优劣。

（根据2015年对作者访谈资料整理）

# 第四辑　我与山东大学

# 关于新中国成立初期山东大学文科取得辉煌成就的一些回顾

## 一、山东大学“文史见长”是比较而言的，理科也有强项

山东大学素以“文史见长”，在其六十多年的发展历程中，这一提法似乎经久不衰。但事实上，“文史见长”这个说法还有待商榷。“见长”二字，本就是一个比较用语，即在某方面具有超过别人或一般水平的能力。但就山东大学自身而言，其文史专业虽说不弱但也不是最强的，与其他学科相比较，无论是早期山东大学，还是新中国成立初期，甚至现在的山东大学，绝不应该说其文史是“见长”的。事实上，新中国成立初期（1949～1955 年）山东大学最强的、站在前列的是理科的一些专业，像动物学、植物学、物理学、化学、海洋学等专业的综合实力都超过文史，特别是生物系教师的数量和质量在当时高等院校中也是名列前茅的，且富有特色。其中动物学系的童第周教授在动物胚胎学研究方面多有创见，是我国屈指可数的生物学家；植物学系的曾呈奎教授对海洋藻类有深入的研究。此外，物理系的师资队伍也有较高水平，其中王普教授曾在美国参加核分裂（原子弹）的初期研究工作，是当时我国少数的核物理学家之一；束星北教授在理论物理和相对论方面有深入研究，其学术著作一直深受物理学界重视。因此，就校内比较而言，说山东大学“文史见长”其实并不十分确切。另外，山东大学文史与国内其他几所知名大学的文史专业相比较，无论师资力量，还是教学科研情况，也不是排在最前列的。

因此，我个人认为，简单地说山东大学“文史见长”是不符合实际情况的，是不合理、不合适的提法。但为什么这一提法在校内外流传至今，而且还很少见到异论呢？我认为主要原因是山东大学师生和国内外有识之士，对新中国成立初期山东大学文、史、哲三个学科在教学科研等方面所创造的辉煌成绩的怀念，谈及山东大学那段辉煌的历史时，则用“见长”二字代述之，例如我曾在《中国高等学校变迁》一书关于山东大学变迁的文章中两次用到“文史见长”，就是表述对那段历史的怀念。

## 二、山东大学图书资料在抗战时期是如何保存下来的

新中国成立初期，具体来说是1949～1955年这个阶段。在此期间，中国出现了一个很奇怪的现象：在高等院校里，文、史、哲这三门学科的教学和科研成绩尤为突出。特别是山东大学，其成绩格外突出，在全国高等院校中声名鹊起，大家提到山东大学文、史、哲，都啧啧称赞。

谈及这一盛况，就不得不提起当时曾两度出任国立山东大学校长的赵太侔先生。尽管早在1936年，时任山东大学校长的赵太侔迫于政治和经济的双重压力已然辞职，但他的一些办学思想仍被后人承继了下来。赵太侔在任职期间，身体力行，颇有成就。一直以来，他都秉持这样的办学理念：要将大学办好，必须具备两个基本条件：首先，要有一批优秀的教师；其次，要有必需的图书和仪器设备。他十分重视师资队伍建设，记得他曾有一个小本子，专记各门学科的专家和学者，了解对方情况后亲自聘请。尽管当时山东大学经费非常紧张，教师的工资水平仍与其他院校基本相同。此外，他认为文科没有图书是不行的，而对理科来说要有仪器设备，他担任校长期间厉行勤俭办学的方针，节省行政费用，购置了大批图书和仪器设备，用于改善教学条件。这种重视教师、勤俭办学的精神，逐渐成为山东大学的优良传统。

抗日战争时期，青岛形势十分紧张，但就在那么困难的情况下，山东大学所有的图书和部分仪器设备都运到了四川。后来我与负责运送图书的那位同志相识，据他介绍，当时情况危急，学校人心涣散，但赵太侔校长认为抗日战争必然要胜利，山东大学现在迁至后方(抗战开始时，山东大学内迁四川万县，旋即停办)，但它最终必然要复校。赵校长对图书和仪器是十分珍视的，他认为图书和仪器是办学的重要物资，一旦被日本人俘获或损坏，以后复校想要汇集这些资源会非常困难。但在当时的情况下，交通阻滞，运输困难，要想将所有仪器设备运到四川已不太现实，于是他叫人将精华图书集装成90余箱，由四个人负责运至四川，几经周折终于顺利抵达。但图书存储仍是个问题，后决定暂时存放在中央大学的图书馆中，难料这一放就是八年，直到抗日战争胜利后，才将这些图书运回青岛。据说当时山东大学所有的教师都解散了，只给四个人发工资，就是看图书的这四个人。后来我任山东大学图书馆馆长的时候，发现大部分精华图书都完好保留了下来。所以说，赵校长对山东大学的贡献是不可磨灭的。当然这段历史是据当时相关负责同志的回忆所写，由于时隔太久，可能不太准确，我与王启新同志通信之后，考虑应以他的意见为准，特此附上王启新同志的信：

经泽同志：

文章写得挺好，我同意你的论点，提不出什么大的意见。我也认为，说山东大

学文史见长有片面性，是夸大宣传，不能正确反映学校的全貌。山东大学从建立就是多科性的，1930年在青岛重建时文理并重，以后又增加工科，1946年复校规模扩大，文、理、工、农、医五科并举，现在的学科更多，多科都有所长，文史学科只能占一小部分。如果把一个百年综合性大学的成就只局限于文史两科，那就太狭小了，应该逐渐纠正这种论调，全面体现出山东大学的本色。

你文章提到，抗战开始往内地迁运图书仪器之事，这些内容，建议最好再斟酌一下。

1937年抗战开始学校内迁，往内地迁运图书仪器，此事恐怕与赵太侔无关，你的记述是否有点疏忽。

赵太侔1936年辞去山东大学校长职务，接任为林济青，从此山东大学校政由林主持，1937年抗战开始，学校筹划内迁自然是林济青，而不是赵太侔。过去，我们以政治画线，强调分清敌我，因为林济青去台湾，对林贬低，有片面性。

学校内迁时，赵太侔已离职一年，怎么还能介入图书仪器的迁运，甚至具体到图书装多少箱，实际上，赵太侔离职后即到北京一所艺术专科学校当校长，不可能回山东大学介入往内地迁运图书仪器的事。

山东大学内迁，图书仪器有损失，不能说没有损失。我与张君侠等同志编校史，征集过负责图书馆工作人员曲继皋的材料，他提供的情况比较具体，说明了迁运图书的过程。

据曲继皋的回忆，抗战开始，山东大学的图书分三批运往内地。第一批运西安，刚运到蓝田，因为学校改变了内迁地址，奉命把这批图书交给蓝田师范学院。第二批运安庆，中途在芜湖转运时因日寇轰炸，江边难民很多，江中的船也不少，难民争先上船，很混乱，这批图书在混乱中丢失了。第三批运到万县，后又转到重庆，寄存在中央图书馆，才得到幸存。曲继皋把图书运到重庆，完成交接任务，到江津山东大学校产保管委员会留守。抗战胜利，又由他负责把存在中央图书馆的图书接回来。

以上情况请你考虑，因为时隔近八十年，当事人全不在了，很难说哪种说法准确、可靠。如果你所了解的情况准确、可靠，在文中的论述能站住脚，就保留，不用改动。我提供的情况，姑且存疑。

赵太侔在山东大学的功绩可以加重几笔，他第二次任山东大学校长贡献非常大，为学校的振兴打下了基础。

赵太侔很重视聘任高水平的教师，建立强大的教师队伍。1946年山东大学复校，他立足全国、放眼世界，没有地域和派系的偏见，聘请了一大批高水平的教师，其中全国知名的一流教授就有二十多位，教务长、总务长都是理科的知名教授。在聘任的知名教授中，理科多于文科，文科只有陆侃如、冯沅君、丁山等几位，理科有丁西林、杨肇燫、周锺岐、童第周、王普、刘椽、李良庆、何作霖等十多位。当时杨向奎、曾呈奎等人，还够不上全国的知名教授，只能算是学界新秀，他们的成名是在新中国成立之后。

《文史哲》杂志刊登李希凡、蓝翎的红楼梦文章，作为学术刊物，刊登不同观点的文章，值得赞赏。可是没有想到，由这篇小文章做导火线，引发一场大的文化思想的批判运动，造成那么大的恶果。这件事所造成的恶果，对山东大学和《文史哲》杂志来说，应该有内疚，不应该引以为荣来宣扬。

你的文章中，对这件事产生恶果的论述很好，是从大的方面着手，不涉及学校，不给学校和《文史哲》杂志泼冷水，显得很高明，很策略。

启　新

2013 年 3 月 2 日

### 三、抗战胜利后复校，赵太侔校长功不可没

正如赵太侔校长所坚信的，山东大学最终随着抗日战争的胜利而复校。1946 年 1 月，南京政府教育部委派赵太侔为山东大学代理校长，2 月份正式任命赵为校长，负责复校事宜。据山东大学校史记载，复校时，学校留存在青岛的物资早已荡然无存，内迁四川并入中央大学的图书仪器，陆续运回青岛，总计仪器 60 余箱，图书 90 余箱。60 余箱仪器多已残损，无法使用；90 余箱图书，计有西文书 3398 册，精装书 5166 册。此即学校唯一的教学设备。之后，赵太侔校长和总务长周钟岐据理力争，频繁交涉，终于陆续将美国军队占用的山东大学校舍收回。同时为了广育人才，将原来只有文、理、工三院八系的山东大学，扩建为文、理、工、农、医五院十四系。并聘请了一些知名专家学者来校任教。当时中文系从全国各地请一些有名教师来担任系主任和教学，像陆侃如、冯沅君、赵纪彬、杨向奎等人；物理系聘任王普为主任，教授有王恒守、郭贻诚等人；动物学系和植物学系则分别请到童第周和曾呈奎两位院士。还有一些知名学者甚至慕名而来。若不是赵校长品格高尚，一心办学，具有极强凝聚力，恐怕不仅新的人才吸引不来，而且原有的人才也会流失。如此高水平的师资队伍，为新中国成立后 20 世纪五六十年代山东大学的辉煌成绩奠定了坚实的人才基础。

我们不得不承认，赵太侔校长的办学思想很了不起，他所秉持的重视师资、充实教学设备、勤俭办学的治校理念，直至今天，对高校发展都有重要意义。另外，我始终坚持这么一个观点，要想将一所大学办好，必须要具备办学道德，要有全心全意为广大师生服务的精神。可以说赵太侔在两任山东大学校长期间，清廉为怀，淡泊自持，没有谋求任何私利，在青岛校舍那么紧张的情况下，他将较好的房子留给

聘任的教师，自己则住在条件较差的房子里。赵太侔就是这么一个人，他珍视得以重建的山东大学，1949 年青岛解放前夕，国民党海军司令桂永清令其乘军舰一同撤走，但赵没有接受，秘密住进山东大学医学院附属医院，见证了青岛的解放。

## 四、华岗到山东大学做校长

新中国成立前夕，华岗奉命从香港乘船赴北平，到中央某部担任领导工作。当轮船驶临上海港时，遭到国民党飞机轰炸，无法停靠，只好继续北上，开往青岛。1949 年 9 月 2 日，华岗抵达青岛，与时任军管会主任向明（旧时狱中难友）相遇。当时华岗旧疾发作，经请示中央，暂留青岛养病。后中共中央统战部部长李维汉来电，希望他担任中央统战部第一副部长，但他表示愿意留在基层从事教育工作，向明也希望老战友华岗能在文教政策的实施方面助他一臂之力，便极力挽留，于是山东大学以教授名义聘任华岗任教。1951 年春，在山东大学和华东大学合并过程中，教育部权衡各方意见，决定由华岗担任校长。

华岗校长对办学也颇有见解，他在对前人成绩予以肯定的基础上，秉承中央教育部的精神，成立院系调整委员会，领导全校院系调整工作。1952 年 9 月院系调整之后，山东大学进入了一个稳定的发展时期。最突出的一点是，华岗校长远见卓识，他认为，要想开创山东大学的新局面，必须要用马克思主义科学理论武装广大师生的头脑，只有这样才能使政治上获得解放的师生，在思想上也获得真正的解放。当时全校师生，无论文科还是理科，都有很高的积极性，自愿提出想学习马克思主义。现在回想，其根本原因就在于，中国共产党迅速夺取全国胜利，马克思主义作为其指导思想，必然有过人之处，这正是大家的好奇之处。然而在当时的条件下，能系统讲解马克思主义理论的教师屈指可数，比较有名的是时任中央党校哲学教研室主任的艾思奇同志，他所著《大众哲学》曾在解放区和蒋管区都广为流行，启迪了一代中国年轻人。再就是华岗校长。华岗在云南做地下工作的时候，同时负责党的宣传工作，对马克思主义颇有研究，出版了《中国民族解放运动史》《社会发展史纲》等一系列著作，激发起广大青年的革命热情，颇有威信。所以大家一致认为，在山东大学由华校长来教授马克思主义理论最为合适。

## 五、政治大课盛况空前

华岗领导学习马克思主义。从 1950 年 1 月起，华岗即以教授身份为山东大学全体师生讲授《社会发展史》大课，他系统地讲述了人的生物进化史和人类社会的起源、发展、变革及延续这一历史进程，引起很大震动。因为解放战争时期，美军驻军青岛，基督教盛行，受其影响，很多人都相信人是上帝创造的，现在突然接受这样的新知识，思想随之发生很大变化。我只听了几节课，便去中国人民大学读研究生了。当时高校教师紧缺，为了有计划地培养一批师资力量，教育部通知，由各高校挑选一些青年教师去人大读研究生，跟苏联专家系统学习马克思主义。山东大学共派了三个人去，我是其中之一。这里还有一个插曲：我们去报到时，人大的几个负责人就开玩笑说："全国的马克思主义理论家就在山东大学，你们还需要来人大学习吗？"可见华校长的影响力之大。我在人大读了两年半，1953 年回到山东大学，当时华岗校长已经开始讲辩证唯物论了。我们一回来，山东大学就成立了马列主义教研室，下分中国现代革命史、马列主义基础、辩证唯物论和政治经济学四个教学小组，另外还成立了大课办公室，以便系统地讲授马列主义。我在教授马列主义基础课的同时，负责宣传科的工作，而大课办公室就设在宣传科，我又是大课办公室负责人，主要负责安排大课相关事宜，所以记忆比较深刻。

华岗校长讲授的辩证唯物论，共分为马克思主义世界观、哲学上的唯心论和唯物论、质变和量变的发展规律等 11 个专题。从 1953 年 9 月至 1954 年 12 月，共作了 35 次大报告，通常是每两周讲一次（一般是周四下午），每次 3 个小时左右。每逢华校长讲课之时，青岛市委、市政府工作人员就来电话说，我们全体市委、市府的干部都去听课，请你们尽可能留一点地方。当时讲课在什么地方呢，就是山东大学校内广场上，一张讲桌，华校长在上面讲课，最前面仅有的一排椅子，是给一些上了年纪的老教授的。青岛市委、市府干部以及教职工、学生都席地而坐，几千人满满的一院子，鸦雀无声，在当时全国各处高校，这样的情形是很少见的。不仅如此，每到周四华岗校长讲课之时，济南《大众日报》、南京《新华日报》、上海《解放日报》，都会派记者来，我们负责接待，安排住宿。当时招待所条件相当简陋，就是学生宿舍，一张大床。政治大课结束后，他们仍留在山东大学直至下周二才离开，这是因为在没有录音设备的年代里，长达 3 小时的报告内容他们不可能完全记录，而我们的校报，到下周二会将华岗校长讲稿全篇刊登出来。为了第一时间拿到讲稿，他们只能这样做。华校长作报告时，没有讲稿，由 3～4 个老师负责做记录，我也是其中之一。通常我们是周四晚上通宵整理所记内容，周五上午交给华校长秘书王启新同志，由他负责统稿，周五下午或晚上再由他交给华校长修改，周一拿到校报排版印刷（这在当时条件下，效率已是极高了）。当时山东大学的校报特别受欢迎，一经印刷，几乎人手一份，来山东大学听课的各大报社记者拿到校报之后，就立即买火车票赶回去，然后即全版登出，作为他们干部学习的材料。后来我得知，不只是这三大报纸，其他一些报刊也纷纷转载。仅从形式上来看，这种情形在当时来说是空前的。

华岗校长讲授的马克思主义哲学的影响之大，不仅仅是形式上的大课盛况。从实质上来说，几乎在场的所有人都在认真听、认真记，而且通过学习，他们开始运用辩证唯物主义和历史唯物主义的立场、观点及方法来研究和解释自己的学科。

我举两个例子，从文科来说，中文系的陆侃如、冯沅君夫妇，他们在认真听过华岗校长讲课后，用马克思主义新观点改编他们之前所写的《中国文学史简编》，重新发表后在全国产生了很大影响，堪称新中国成立后用新观点、新方法完成的第一部系统的文学史；从理科来说，动物系教授童第周，在科学研究中，他自觉地从辩证唯物主义哲学中汲取丰富的思想养料，寻找有效的思想武器，并善于用哲学思想探讨科学问题。他曾同美国斯坦普尔大学牛满江教授合作，培育出有鲫鱼和金鱼两种性状的子代金鱼，开创了人类可以按照需要人工培育动物新品种的先例；并在《生物科学与哲学的关系》一文中指出："生物科学的发展与哲学的主导思想是分不开的"；之后他又在《谈谈生物科学的发展》一文中进一步指出："要建立正确的生物学思想理论体系，就需要用辩证唯物主义哲学思想去分析、综合生命自然界纷繁复杂的现象，才能从中揭示生命的本质及其繁殖规律。"另外，其他院系教师甚至部分行政干部，也各抒己见，纷纷发表文章。据校刊《新山大》记载，除了报道当时的学习情况和交流学习经验外，发表教师和干部的学习心得文章60余篇。可见，通过马克思主义唯物观的学习，全校师生不仅能够把握真理，独立思考，而且还实现了在教学和研究工作中思想的真正解放。

**六、创办《文史哲》，开展"学术大讨论"**

马克思主义哲学影响了很多学科，特别是文史。《文史哲》杂志最初是由文史系系主任杨向奎教授与文学、历史两科的几个老师共同创办的，初衷是方便教师之间的学术讨论，后来在华岗校长的支持下，正式出刊。《文史哲》杂志创办时困难重重，既无经验，又没有任何公家费用补贴，完全是由文史系的教授们自己出钱办起来的。为了办好这个刊物，他们写稿不取稿酬，有的甚至拿出自己的薪金，为刊物代付校外作者的稿酬，还无偿地承担了刊物的收稿、审稿、定稿、校对等一系列工作。靠着几位教师热爱刊物的精神，加之华校长自身的影响力和积极联络，得到一部分科研经费的支持，《文史哲》才得以顺利地成长起来。从创刊伊始，华岗校长就积极地发扬学术民主，提倡学术争鸣。他认为，杂志就是为不同观点提供一个论争的平台，而学术讨论、学术争鸣也是推进学术研究最为有效的形式之一。他曾说过："《文史哲》每期尽可能推出一个新作者，每期至少要有一篇论述现实的文章。"而《文史哲》近几十年来所享有的盛名，与它发起的一场又一场著名学术论战与重大讨论密不可分。

1951年《文史哲》杂志第2期，童书业发表文章《中国封建制的开端及其特征》，拉开了中国古史分期论战的帷幕。随后杨向奎、杨宽、吴大琨、赵俪生、王亚南、王仲荦等众多学者纷纷撰文发表意见，并就此引发了旷日持久、影响深远的全国性的"古史分期"学术大讨论。也正因如此，新生的《文史哲》迅速获得了全国学者的广泛赞誉。尤其需要指出的是，华岗校长特别注重发扬学术民主，鼓励学术争鸣，这使得山东大学文史两系的学术氛围空前活跃。例如，关于中国古史分期问题，他是“西周封建论”者，而历史系的童书业、王仲荦教授则坚持“战国封建论”和“魏晋封建论”之说，但鉴于华岗校长的特殊身份，加之大家对于学术和政治的界限尚不确定，开始之时颇有顾虑，不敢表述自己的观点。华岗校长知道后，就说学术问题可以自由讨论，不必拘泥，有不同的想法可以提出来大家一起讨论商榷，学术争论常常见仁见智，不必一一分对错。于是众多学者纷纷撰文，各抒己见，形成了历史学界的大讨论，推动了学术争鸣的开展。这样一来，《文史哲》杂志在全国的影响就更大了，一些知名学者纷纷投稿《文史哲》。新中国成立后 17 年里史学界的“五朵金花”论战，至少有“三朵”(中国古史分期论战、中国农民起义论战、中国资本主义萌芽讨论)是由《文史哲》发起并引发广泛讨论的。

**七、两个“小人物”将《文史哲》推向顶峰**

1954 年《文史哲》第 9 期，发表了山东大学中文系 1953 年毕业生李希凡、蓝翎(原名杨建中，曾是我的学生)《关于“红楼梦”简论及其他》的文章，文章以马克思主义的立场批评红学家俞平伯在《红楼梦》研究中的观点，引起国内外学术界的强烈反响，并由此在全国展开了一场关于《红楼梦》研究问题的大讨论。对于这篇文章写作的缘起与发表的经过，李希凡曾详述：1954 年他与蓝翎合作，写了这篇文章，在写信给《文艺报》询问没有得到回音后，又将它寄给母校山东大学，寻求支持，最终在校刊《文史哲》上发表了。本来这只是关于红楼梦研究不同意见的争论，但这篇文章却引起了毛泽东主席的重视，他亲自批示并写下《关于〈红楼梦〉研究问题的信》，赞扬了李、蓝两个小人物。信中写道：“这是三十多年以来向所谓红楼梦研究权威作家的错误观点的第一次认真的开火……看样子，这个反对在古典文学领域毒害青年三十余年的胡适资产阶级唯心论的斗争，也许可以开展起来了。事情是由两个‘小人物’做起来的，而‘大人物’往往不注意……”并指示先前拒绝发表此文的《文艺报》全文转载。在毛泽东的干预下，红楼梦问题的讨论顿时成了一件轰动文坛的大事，“两个小人物”一举将《文史哲》推向顶峰，那个时候，可能有人不知道山东大学，但几乎没人不知道《文史哲》。

**八、文科取得辉煌成就的原因与教训**

山东大学文、史、哲三个学科在新中国成立初期取得如此辉煌的成绩，我认为，主要是以下三个因素共同促成的。

其一，文科的教学与科研客观上适应了当时社会上学习马克思主义的需要。新中国成立初期，全国掀起学习马克思主义的热潮，教师、学生和广大人民群众都自愿学习马克思主义，特别是山东大学，在文史哲教学和研究方面取得特别辉煌的成就，这绝不仅仅是一个偶然事件，而是与当时的社会大环境和时代背景密切相关。从根本上说，这是在中国历史伟大变革过程中，广大人民群众以及学术界对新理论迫切需要的反映，是人们希望用马克思主义观点重新认识社会，剖析错综复杂的社会现象的需要，是学者希望利用马克思主义指导自己学科、重新认识现有研究方向、迎接新变化的需要。也正是各级校领导和广大师生自觉地从马克思主义哲学中汲取丰富的思想养料，并善于用哲学思想探讨科学问题的热情，造就了山东大学文史哲教学和研究的辉煌历史。

其二，华岗校长的正确领导是不可或缺的条件。山东大学之所以在新中国成立初期，得以顺利开展文史哲教学和研究，并且取得辉煌成绩，首先在于有华岗这样一位对马克思主义哲学颇有造诣，又尊重知识、爱护知识、一心一意办学的校长。华岗校长的治学治校风格对山东大学文史哲辉煌成绩的形成功不可没。他坚持学术讨论不能定于一尊，鼓励不同观点和意见的探讨和争论，也正是这种学术民主、百家争鸣的活跃气氛发现和培养了一大批青年学子，他们在《文史哲》刊发了他们的成名作或代表作，这些人后来都成为活跃在学术界的知名学者。再就是山东大学在新中国成立初期已经汇集了一大批知名学者，如陆侃如、冯沅君、赵纪彬、杨向奎等，他们也为山东大学文史哲教学和研究做出了巨大贡献。

其三，有中共青岛市委与中共山东省委的支持，不干预学术讨论。学术与政治是不同的两回事，两者关系密切，也很微妙。学术可以为政治服务，但前提是一定要保持其科学性，不能为了服务政治而牺牲真理。一旦学术问题政治化了，政治的声音往往会干预、歪曲甚至左右学术研究，使得学术讨论难以保持其独立性和科学性，最终成为配合政治斗争的武器。新中国成立初期，华岗校长在进行辩证唯物主义教学时，中共青岛市委以及中共山东省委都持包容开放的态度，对后来《文史哲》杂志的各种讨论也采取支持态度，这就使得《文史哲》在择取稿件时敢于以学术性为导向，而不受其他因素干扰，广大学者也纷纷投稿《文史哲》，并开展一场又一场的论战，所有这些都为山东大学文史哲的辉煌成绩的取得创造了条件。正如前面所提到的，“两个小人物”一举将《文史哲》推向顶峰，但也意味着学术讨论开始转为政治斗争（“胡风思想大批判”运动）。1955 年 2 月，全国性的“胡风思想大批判”运动展开了，这使得学术领域的讨论彻底变为一场意识形态领域的阶级斗争。8 月，华岗校长以“胡风反革命集团分子”的罪名突遭逮捕。华岗被捕后，山东大学许多著名教授纷纷离开学校，学界其他教授、学者也谨言慎行，《文史哲》杂志逐渐由学术讨论的平台变为政治斗争的舞台，1957 年 1 月，《文史哲》被迫停刊。

今天看来，山东大学在新中国成立初期文史哲的辉煌成就之所以不复存在，与把学术讨论变成政治斗争、“双百”方针不能被执行有很大关系。学术研究本应秉持这样一种态度：百花齐放，百家争鸣。学术界的是非对错，应该通过学术界的自由讨论去解决，一旦利用行政力量强制推行，必然会造成万马齐喑的可悲局面。原本《红楼梦》研究只是学术之争，却被党和国家最高领导人出面干预进行讨论，“两个小人物”的批示，使原本纯粹的学术问题迅速升级，发展成全国性的思想政治运动。一顶“胡适资产阶级唯心论代表者”的大帽子，将政治斗争的哲学引入学术研究的机制中，使最初的学术之争发展为政治问题，并且断章取义，随意捏造，在学术领域开展阶级斗争大批判。在强大的政治权力高压下，部分知识分子也随着权力意志，口诛笔伐，政治与学术的界限逐渐混淆，这些都为后来“文革”的发动开了风气之先，也致使学者人人自危，学术研究停滞不前。

（根据 2012 年作者录音资料整理）

# 第五辑　我的主要著作

# 社会学概论

## 一、教科书的一般品格

撰写一部基础性的社会学读物，其困难和复杂的程度大大地超出了最初的预料。仅是这类读物的名称，在重建后的中国社会学界就一直争论不休，是“社会学原理”妥当，还是“社会学概论”更名副其实？一些严肃的社会学家认为，在现阶段的中国，甚至就世界范围的社会学发展而言，它的学科体系还不成熟，特别是缺乏一套在逻辑上无可挑剔的基本理论体系。因此，这类基础性的入门读物，只能是社会学发展状况的介绍，或简单拼凑的、没有任何逻辑联系的“概论”，而不能称其为“原理”。

我们不想介入这种论争，但我们也绝不会放弃把社会学理论构筑成一幢科学大厦的努力和理想。无论如何，作为一门引导读者登堂入室的教科书，应该具备某些最基本的品格。

第一，社会学的教科书应该比较全面地介绍本学科的基本概念、理论和方法，并尽可能地反映出最新的研究成果，使读者对本学科的性质、目的和发展状况有一个初步的了解，为他们的进一步深造打下基础。然而，社会学领域百花齐放，社会学的理论潮流纷繁复杂，作者究竟应该以什么尺度为标准，来进行取舍界定呢？

第二，上述问题正是我们面临的第二个问题。客观性、精确性和系统性，应该成为解决这个问题的三条标准。传授知识是教科书的重要任务，只有客观才能精确，只有客观、精确和全面系统，才能接近科学，而只有科学的知识，才能充分显示出它的价值和生命力。

第三，一本教科书不仅要传授知识，而且还应该培养人们分析和解决问题的能力。就社会学的教科书而言，它应该培养人们洞察社会生活的能力，告诉人们社会的特征是什么，社会对个人的影响力，个人在社会中的地位和作用，以及社会是如何发展变迁的，以便帮助人们正确地认识自我和人生，理解和解释那些影响我们生活的社会力量和社会发展趋势。

第四，立足中国社会，体现中国特色。中国的教科书面对的是中国读者，为中国读者服务是它的最主要目标。因此，中国的教科书就必须紧密结合中国社会的特点，对以社会为研究对象的社会学来说，更是如此。一方面，它的理论、方法和概念范游与国际标准保持一致；另一方面，它应该适于对中国社会的研究，或者说，它又是对这种研究所作的概括和总结。

**二、本书的章节安排**

本书共有五编十三章。第一编是全书的引论，概括地介绍了社会学学科的性质及方法、历史和现状；第二编研究的是宏观社会诸方面；第三编描述了社会中的个人生活、个人的社会化、个人的群体生活、阶级属性等；第四编进入了个人的社会行动领域，从微观的人际互动入手，以了解集体行为、社会运动是如何发生的，宏观的社会结构是如何被建造起来的，以及个人又是如何离开主流社会或群体的（离轨）；第五编研究了社会发展，包括社区变革、城市化、现代化等问题。全书基本上遵循着从宏观的静态社会到微观的社会生活、社会过程，再到动态的宏观社会分析这一逻辑主线。当然，任何章节的安排都是人为的，都是为了学习的方便而设置的，因此，如果有更适当的框架结构的话，它们都是可以再调整的。

（据山东大学出版社 1991 年版“绪论”整理）

# 东营村:走向现代化

## ——一个农村社区的社会变迁研究

这是一部力求真实地记录当代中国的一个普通村庄所刚刚发生和正在发生的变化并被作者希望成为今人与后人在研究中国农村现代化时可以使用的一点素材的书。

我们不想采用惯常的著作模式。从绪言的第一页开始便对全书的标题作一番理论上的诠释。关于“现代化”一词究竟包括了什么样的内涵,读者和作者尽可以从林林总总的著作中去搜寻。对我们来说最重要的是,中国农村在最近十几年间所发生的变化,居然可以把过去数千年间笼罩在它头上的东方农业文明光环映衬得黯然失色。这样说,并不是处于我们对自己所处的这个时代的偏爱,恰恰相反,此时此刻的我们,却常常看到和感到现实中充满了矛盾。我们强烈地认识到,目前的中国正处于传统和现代的裂变之中,从个人到国家,一切生活方式处于传统和现代的剧变之中;从个人到国家,一切生活方式、道德标准、行为规范和价值体系正在剧烈的震撼中求得新生。这种社会急剧转型时期的全面躁动给我们带来了数不清的抉择和机遇。我们坚信,只要国人抓住机遇,未来就会比现在千倍、万倍的美好。正因为如此,作为从事社会发展研究的学者,我们切切实实地体会到了自己的幸运,因为我们的的确确在感觉、参与、承受、观察和思考着这个时代的中国社会所发生的以超过以往任何历史时期的速度呈现出来的真正进步,往往是我们才把刚刚发生的变化汇聚到笔下,新的变化便又发生了。

然而,我们又总是怀有无法抹去的惋惜:在中国,这个变化来得似乎太迟了一点。

无数的国内外事实已昭然若揭:再不发展经济,国家将更加落后,摆在我们面前的只能是死路一条。改革,成为我们绝处逢生的唯一途径。20 世纪 70 年代末,以邓小平为代表的中国共产党人终于彻底抛弃了“阶级斗争为纲”,明确提出了以经济建设为中心的路线,现代化建设全面展开。

以工业化为先导的现代化首先要摆脱传统农业社会的束缚，所以，现代化要从农村开始。现代化要把大批交出土地的农民改变成工人，而且，还要确认是谁取走了农民手中的土地，就要由谁把他们变成工人。在20世纪70年代末期的中国，国家控制着全部土地，但却无法把所有的农民都变成工人，所以这项历史使命只能由农民自己来完成，而这就需要首先把土地交给农民，把商品生产市场经济的体制引入农业。于是，家庭联产承包责任制产生了，继而一批农民变成乡镇企业的工人。随着这个过程的演进，国家控制土地的手段和以产品生产、计划经济为主要内容的人民公社也随之瓦解了。然而，家庭联产承包责任制只是在那个中断经济发展的扭曲时代结束之初对千百年来延续不断的小农经济的续尾和农业现代化的序曲，在社会主义市场经济体系发育和完善过程中，它必然要遵循农业现代化的一般规律，即土地经营由分散趋于集中。与西方国家现代化有所不同的是：中国土地集中的主流方向将不是趋于个人，而是趋于农村社区，因为几十年来的计划经济为农村留下了两件宝贵的遗产，即农村社区组织的有力力量和农田水利基本建设的集体化。

农村现代化一直是我们所倾心的课题。本书作者之一徐经泽教授在创建山东大学社会学系之前便致力于这项课题的研究，而这个时间恰好与农村现代化的启动时间同步。山东大学社会学系成立以后，先后又有多位中青年学者参与了这一课题。1985年，在中共山东省桓台县委、县政府的大力支持与帮助下，社会学系在该县设立了第一个研究基地。

在建立起研究基地之后，山东大学社会学系的师生多次到该县多个乡镇进行各项专题调查研究。但是，对邢家乡东营村的关注，则是由一位研究中国农村文化的外国学者——韩国汉城大学社会科学院社会人类学系主任金光亿教授的到来引起的。多种机缘巧合促使金教授接受了徐经泽教授的建议，先在桓台县选点进行联合调查，于是就选择了东营村。

也许是由于价值观的差别，也许是出于研究目的和方法的不同，中、韩两国学者在研究同一个村庄时却选择了不同的角度。早年曾经在英国剑桥大学留学并获社会人类学博士学位的金光亿先生始终采用了正统的西方人类学方法，他最感兴趣的是中国农村传统文化中迄今为止没有被现代化“污染”过的一段又一段残留，而在我们中国学者的眼中，现代化却比什么都重要。这时候，我们虽也重视对传统文化的研究，但研究传统文化的目的是为了探索为何在原有基础上实现现代化，因为我们太希望促进和看到我们这方水土上人类文明的进步了，我们可以为发现农村挣脱了一丁点小农文化的羁绊而感到由衷的高兴。正是在这个角度上，我们发现东营村在此时的中国具有很大的代表性。在我们注意到东营村的时候，它刚刚从混乱状态中走出来两年多时间，村办企业进入正规化经营管理的时间也不长，但就在这短短的时间里，它的面貌便发生了巨大的变化。虽然它也只能算是处于中等偏下的水平，但是它的起步却非常迅速，跨度也非常大。这使我们意识到，我们所注意到的是现阶段中国农村发展的一个典型，至少是中国北方一部分农村社区的发展模式。于是，对东营村的调查研究，被列入山东省“七五”和“八五”规划中社会科学重点研究课题，山东大学社会学系的几位老师和同学先后与金光亿教授协作对东营村进行了调查，尤其是叶涛老师带领学生进行访谈、调查，取得了大量珍贵的第一手资料，为我们的研究提供了确切、丰富而真实的素材，使我们对东营村的过去和现在有一个比较充分的了解。

东营村迅速走上现代化，首先是由改革开放逐渐发展市场经济而引起的经济腾飞带来的，而经济腾飞的关键在于村庄的工业化。东营村从他们最为熟悉的传统优势行业——建筑业开始，一幅幅地展开了工业化的壮丽画卷。村办企业的振兴，也为农业提供了巨大的资金支持，使粮食生产很快实现了建设“吨粮村”的目标，而粮食问题的解决又为下一步增加经济作物的种植比例，发展高产、优质、高效农业奠定了基础。在这个过程中。他们始终坚持了集体经济的主导方向，有效地避免了农民收入差距的拉大，从而使全村农民都从经济发展中获益。于是，村领导核心的威望树立起来了，公共事业的建设迅速铺开了，良好的社会风尚在全村形成了，现代文明在领导核心的正确规划与引导下，稳扎稳打地扎下了根。

现在我们终于欣慰地看到，这个典型，我们选对了。

文学作品可以夸张，但学术著作却容不得半点虚构，所以我们力求真实。真实，意味着成绩与问题并存。我们并不回避问题，在现代化的道路上，东营村毕竟刚刚起步，他们面临的问题还很多——事实上，这些问题也是大多数中国农村所共有的——但总的趋势是在发展。我们所要记录的，就是现代化的新鲜血液怎样一股一股地流入东营村的肌体，传统的东西又是怎样一点一点地被排除到体外。

我们是在对历史也对未来负责地记录一批同样对历史也对未来负责的平凡而又伟大的农民正在创下的业绩，同时，我们也将自己的一些研究所得融合其中，既让东营村的实践来检验其现代化的道路是否正确，也可以为其发展提供一点力所能及的帮助。我们希望未来有一天，东营村以及其他许多像东营村这样的中国农村社区的子孙后代们在更高的起点上创造文明并享受进步带来的果实时，回过头来能够真实地看到，他们的先辈究竟是怎样从一个传统小农经济的积淀中迈出走向现代化的第一步的。

历史，将再度赋予华夏以辉煌。

（据山东大学出版社 1991 年版“绪言”整理）

# 现代化:乡村的选择

## ——一个村级社区的综合研究

对一个村级社区进行综合研究,其困难程度远远地超出了最初的想象。这不仅是指我们学力的局限,而且还在于搜索材料和研究的实用性方面。作为一个学者,要求我们全面地收集材料,用最客观、公正、不带任何感情色彩的语言去描述我们的发现;但是,作为一个普通人,作为一个长期在冷水沟进行研究并与之发生千丝万缕联系的人,有时又难以抑制满腔的激情,特别是在对社区的检讨与评论中,更不敢保证得到所有人的认同。作者的企望,只不过是以此为开端,能有更多的专家学者去注意农村,研究农村,为中国农村也是为整个中国社会的现代化做一点踏踏实实的工作,为中国社会学的发展打下更坚实的基础。

### 一、为什么要研究中国农村

农业和农村是中国文化的源头。虽然中国现代的许多地区已经城市化,但城市人并未完全放弃那些来自农村的价值观念。城市只不过是漂浮在乡村海洋中有限的几个小岛,要理解它,认识它,发展它,就首先必须理解、认识和发展那更为众多的村庄。

中国农民占总人口的80%,但是,在整个中国社会中,他们声音微弱,占主导地位的社会舆论经常逆光来刻画他们,把他们描述成懒惰无知者,反对变革者。现在的农民究竟如何?农村的生活又是怎样一幅图画?尽管我们在头脑中很容易区分农村和农民,但我们缺乏对农村和农民整体的、科学的、可靠的了解。而在我们国家要发展进步,就必须研究农村和农民。

农村在中国现代化建设中具有举足轻重的地位。中国现代化的起步和发展必须以农业为支撑。如果农业发展停滞,农民的收入不能稳定地提高,中国的工业化、城市化、现代化将举步维艰。另外,中国社会现代化的最终实现,有赖于农村现代化的完成。如果8亿农民仍生活在传统的、贫困的状态,如果农业仍依靠人力和畜力来维持，如果农村仍道路泥泞，房黑室陋，中国现代化的实现又将从何说起？

1954 年，美国经济学家威廉·阿瑟·刘易斯提出了城乡二元经济结构的理论。刘易斯认为，发展中国家经济的特点是二元的，现代工业部门为一元，传统农业部门为二元。与二元经济并存的是二元社会结构。在这种体制下，农民在医疗、住宅、教育等方面都处于极其不利的地位。二元结构不仅不能体现社会公平的原则，而且还使经济发展丧失了它应有的效率。不消除二元结构的社会鸿沟，中国将永远不会有整个社会的现代化。

促使我们对农村进行研究的，不仅仅是农村的重要性，还在于我们对社会学学科建设的关注。

中国社会学自 1979 年恢复重建以来，虽然取得了长足的进步，但想要建立起中国特色的社会学理论体系，却还有许多重要的工作要做。而对中国农村社区的实地研究，就是其中一个方面。中国特色的社会学理论的建立，既要求用科学方法去观察、探讨、研究乡村社会的情形与问题，借以改善乡村生活，增加农民的福利。同时，它还需要在这种研究过程中，使经验升华为一种理论，用实践去检验假说。

本课题是对一个农村社区的经验研究。经验研究可以检验和证实社会学理论假设。从理论上讲，逻辑也能也能检验理论，但对社会学来讲，逻辑的作用是有限的。因为逻辑是从事件的时间顺序中抽象出来的、纯粹形式化的，它并不描述实践经验的实际情况，而且在抽象概括、提纯净化实际情况的时候，还很可能对事实有所歪曲。因此，外来的社会学理论的可靠性不仅需要逻辑，而且还需要实践经验的检验。再则，经验研究中不期而遇、异乎寻常而有关全局的新资料、新发现，会使我们重新界定原有的概念范畴，发展出新的理论。虽然，我们在这方面的工作，还有待专家们的批评。

## 二、课题的选择：目的、意义和方法

本书对中国农村的研究不是宏观的、纯理论性的。我们仅仅是选取了山东省济南市郊的一个普通村庄作为研究对象，希望通过微观的剖析，透视存在于广大中国乡村的一般性问题。

作者之所以仅仅选择个别乡村社区进行研究，是因为中国的农民绝大部分都生活在这样的社区里，并且，社区生活正在发生深刻的变化。人口不断向城镇转移，工厂在玉米田中出现，城市化的进程已经开始……在此情况下，社会学家有义务观察、研究和记录这一历史性的变革，并希望以自己建设性的思考和探索，帮助社区减少变革的代价，以实现其最终的宏伟目标。

选择济南市郊的冷水沟村进行调查研究，有其特殊的意义。1940 年一批日本学者对其做过系统的调查，调查资料后来在日本出版，即《中国农村惯行调查》第四卷《山东省历城县冷水沟庄》。受此影响，1984 年来山东大学留学的日本学生中生胜美先生，又对冷水沟的社会状况进行了系统的调查研究，回国后出版了《中国村落的权力构造和社会变化》。以上两书在日本和韩国的学者中间产生了一定影响。

外国的学者研究中国农村，其调查研究的方法往往有其独到之处。由于文化历史背景的不同，认识问题的角度不同，他们常能发现一些中国人已习以为常或未曾重视的问题。即使同一问题，放在不同的价值体系中去思考，也会得出一些不同的结论。但是，另一方面，由于语言不通，时间仓促以及文化的隔阂，甚至曾经存在的敌对情绪，又影响了他们对材料的收集以及研究结论的科学性。

基于此，1986 年山东大学社会学系成立以后，系主任徐经泽教授一直希望能亲自对冷水沟进行一次全面系统的调查研究。一方面能使冷水沟的追踪式调查延续下去，另一方面也能在冷水沟的研究中留下中国学者的声音，这种想法 1990 年得以付诸行动。

1990 年，韩国汉城大学人类学系系主任金光亿教授来山东大学社会学访问。金教授一直关注着中国农村的变化，特别是冷水沟的变化，想进一步对冷水沟作全面的调查研究。两位教授的想法不谋而合，便立即着手准备工作。

1990 年秋，在两位教授的指导下，山东大学社会学系的杨善民讲师带领社会学专业的本科生，进驻冷水沟，进行为期一个月的调查。1991 年春，再次带领学生到冷水沟进行为期两个月的调查，此后，又进行补充调查，整个调查历时一年。

对冷水沟的研究是综合性的，目的是使人们对冷水沟有一个全面的认识和了解。因此，调查者综合采用了社会学和人类学的某些方法，其中主要是参与观察法、档案分析法和问卷法。

本书是一本研究性的著作。它的目的不仅是客观地描述冷水沟的社会现况，更重要的是希望追踪冷水沟的社会变化，并为此提出理论的阐释。在整个的研究过程中，作者试图把定量和定性、经验与理论有机地结合在一起。当然，这种综合研究对我们来说仍是尝试性的，我们希望以后有机会把这种研究继续下去，以使其不断地完善成熟。

（据山东大学出版社 1991 年版“绪论”整理）

# 第六辑　暮年兴趣

# 八卦符号系统与数学上的二进制

## 一、对八卦符号中二进制的几点认识

英国学者李约瑟先生在《中国科学技术史》中说："数学上的二进制，起源于中国的《易经》。"二进制计算法是现代电子计算机的运算基础。这就是说中国古《易经》中存在着二进制计算方法。古老的《易经》与现代最先进的计算工具有着渊源关系。

对《易经》和易的研究形成的观点与阐述叫作"易学"，最早流传下来的易学著作是伏羲氏的八卦系统，八卦符号系统是一种特殊文学，它对易的思想观点作了全面深刻的表述，其后有人凭借对八卦阐述的思想以及易的研究形成了伟大的著作。其中成熟年代距今已有 3000 多年的中国古代占卜术的《易经》，其中最重要的有龟卜和易卜，甲骨文记载着龟卜种种，《易经》是易卜的经典，据《周礼·春官宗伯·卜》记载，周代设有大卜的官员，依据《三易》职掌占卜。《三易》是指《连山》《归藏》和《周易》，它们是三种不同的系统的易学。《三易》的内容虽然有许多差别，但三者占卜所用的工具——八卦则是相同的，"其经卦皆八，其别卦六十有四"。由于《连山》《归藏》已佚，完整保留下来的只有《周易》，因此通常学者们包括李约瑟讲到《易经》就是指《周易》。《周易》由"经"和"传"两部分构成。经又由卦象、爻象（"⚋""⚊"符号组成）和解说卦象、爻象之卦辞、爻辞（文字部分）构成；传则由十篇解说卦辞、爻辞以及论述八卦制作的原理、过程、方法、特点、功用等文字组成。二进位制计算，主要存在于卦爻象之中，而卦爻之二进位制理论方法的阐释主要在"经""传"的文字部分，因此研究《易经》中二进位制数学计算，必须将两者结合起来进行。由此不仅可以探究出《易经》中数学二进制的面目，而且还能探究出八卦符号系统和这个系统的数学二进制运用全貌。

## 二、进一步探究八卦符号系统的依据

1. 前人研究成果。从今本《易经》六十四卦的卦形及其序列中（见附图），我们能够看出数学二进位制的某些迹象，却看不出数学二进位制计算的完整形式和方法。但是如果我们运用二进位制计算的知识，将八卦、六十四卦重新安排，八卦、六十四卦的二进制的计算数序就会完整地出现在我们眼前。即使不知道二进制方法，有人用别种方法重新安排八卦、六十四卦卦序，也能将八卦、六十四卦二进制数序排列出来。如北宋邵雍依据《易传》的"易有太极……"八卦生成原理用"阴阳消长"和"一分为二"的方法，绘制出"伏羲六十四卦次序图"。元人绘的"天根月窟图"，清人在《周易折中》中更明确绘出二进制和十进位制的对比关系。前人这些研究成果对认识《易经》中二进位制计算十分有价值。但是他们这些成就只解释出了八卦系统中二进制局部表现，还不足以完整地说明八卦符号系统中二进位制计算法的全貌。要搞清《易经》中二进制计算法的全貌，我们有必要在前人研究基础之上，从《易经》的完整的八卦符号系统中进行探索。

2.依据《易经》中保存的六十四卦的模式（这是易卦作者遗留给人类的伟大杰作的真迹），所显示的二进位制计算方法之存在。

3.依据《易经》中有关八卦作者创造八卦的指导思想——阴阳互动的发展观——天地间万事万物由于阴阳两个对立统一面相互作用而永远处于发展变化之中的等思想的论述。八卦符号系统正式为了表述这一伟大思想。

4.依据《易经》中有关八卦制作的方法"易有太极，是生两仪，两仪生四象，四象生八卦"的论述，还运用了现代数学二进位制方法和科学知识对这个问题进一步作了探讨，初步研制成八卦符号系统（易的符号系统）中数学上二进位制的图表。这个图表表明：①《易经》中的数学上二进位制计算方法从理论到实际都完整地存在着。由此，我们可以说数学上二进位制计算法的最早发明者是中国古代八卦的作者。②八卦符号系统是以"- -""—"两个符号，将数学上二进位制与十进位制巧妙地结合组建起来的一个特殊的用数码表现象形、象意和数理逻辑的周密的信息系统。

## 三、八卦符号系统图

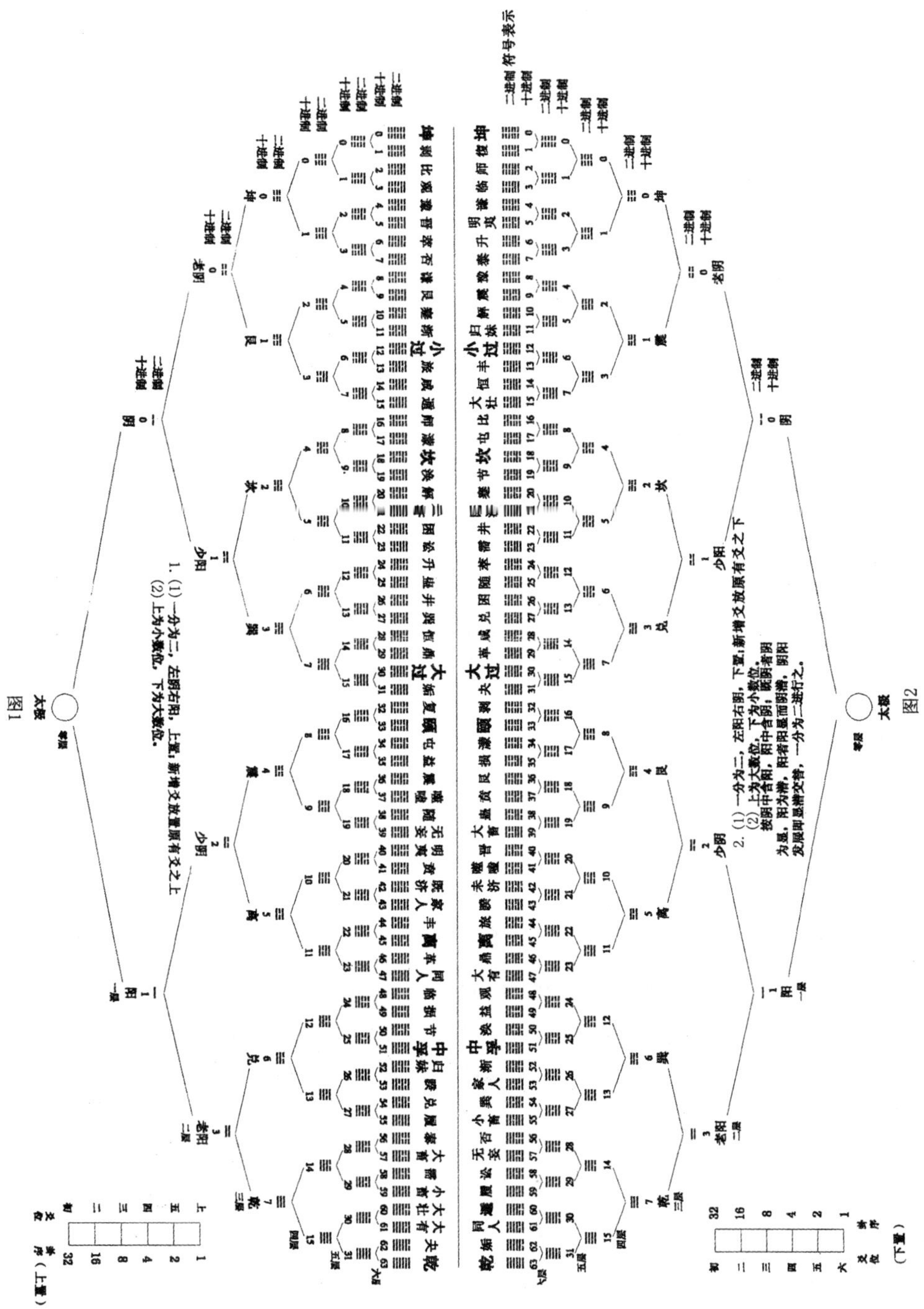

图1 图2

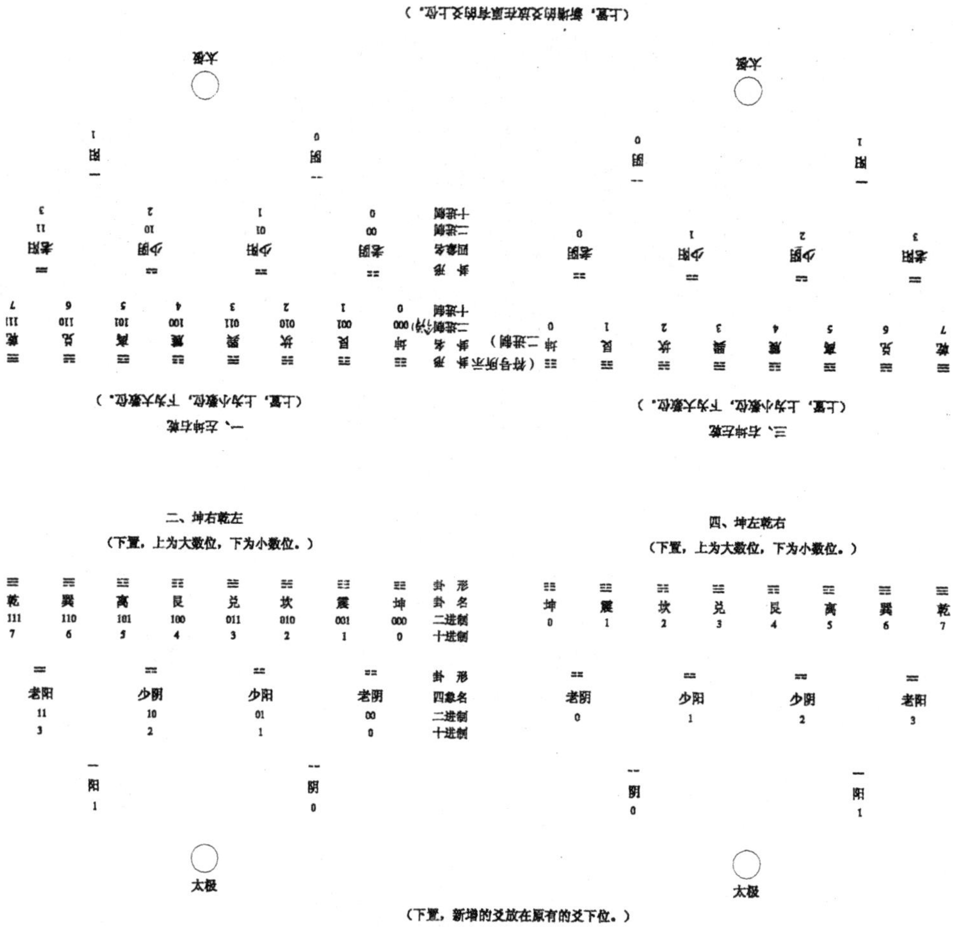


1. 上置、下置形成内部结构有所不同的两个模式。四象：少阴少阳易位；八卦：震艮互变，兑巽互变。

2. 置位相同，坤左乾右（坤右乾左）不同，表示以坤（太极）为圆心，向四面八方膨胀。

3. 八卦符号系统四个模式，以一式（正）（图1）和二式（负）（图2）为正负基本模式，三为一的反方向，四为二的反方向。一和二互为综卦，一和四互为错卦；三和四互为综卦，二和三互为错卦。

综卦：是一卦中之爻位颠倒，卦的性质相互发生变化者。计数方法在一式上为小数位，二式上则为大数位。

错卦：两卦阴阳性相反，卦序数相加皆等于7（八经卦），64位卦皆等于63，或者湮灭，即卦形消失，成为极大数或极小数。

## 一、左乾右坤

（上置，上为小数位，下为大数位）

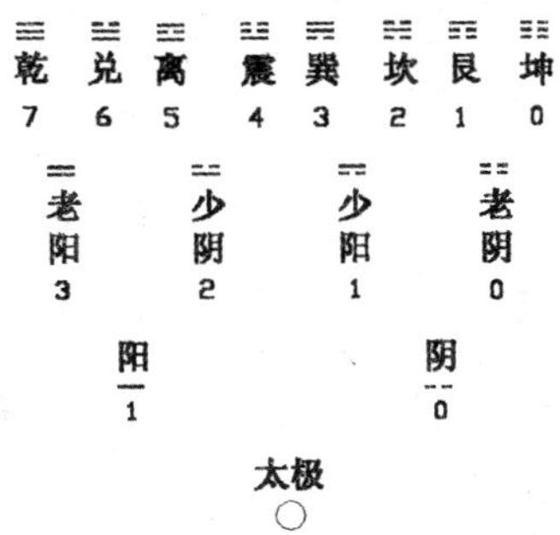


（下置，上为大数位，下为小数位）

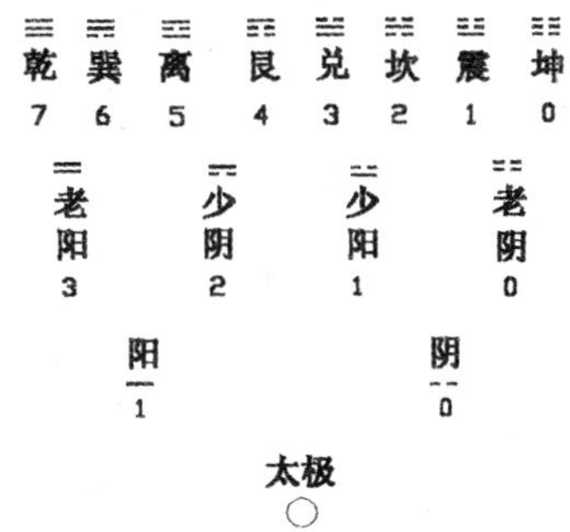


## 二、左坤右乾

（上置，上为小数位，下为大数位）

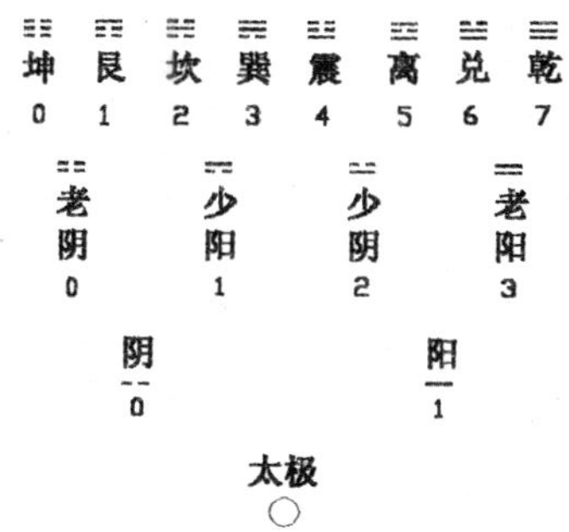


（下置，上为大数位，下为小数位）

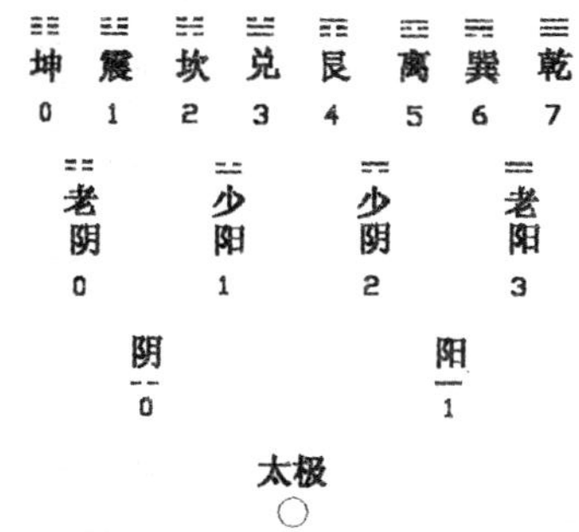

## 四、八卦符号系统几点说明

1. 易符号系统，又称“八卦符号系统”。按照《易传》说的“易有太极，是生两仪，两仪生四象，四象生八卦”的精神，这个系统不仅包括八经卦，而且还应该包括太极、两仪、四象、八卦、十六卦、三十二卦直至六十四卦，以及六十四卦以后的卦，若以数字代码表示可用 $2^n$ 以示其为无限发展系统，这正是易经发展变化的思想表现，故称之为“易符号系统”。这个符号系统中八经卦居于一切卦型的基础地位，为强调其地位的重要，又考虑到习惯的称呼，称之为“八卦符号系统”。

2. 太极以○表示，与卦位数序 0 相同。

3. 阴阳两个符号有多种画法，现一律写为“- -”“—”(或竖写为¦|)。

“- -”“—”两符号作为计算数码时，在计算爻层或爻位时两者都表示数字“一”，如两仪由一层爻组成、四象由两层爻组成、八卦由三层爻组成、六十四卦由六层爻组成等。

用在二进制计算“—”代表 1，“- -”代表 1，其数码指示作用。“- -”表示无数字，“—”表示有数字，数字大小由所在爻位决定。先出现的爻位为大数。上置时上为小数位，下置时下为小数位。横者左为大数位，右为小数位。其增长按 $2^n$ 进行。

4. 爻层爻位。爻层系指两爻发展的层次，也就是指由几层爻组成的卦，如八卦由三层爻组成，六十四卦由六层爻组成。爻层指一个卦中爻的位置，如八卦之三位爻，六十四卦之六位爻，按出现先后以一二三、初二三四五上次序记之。

5. 有关数码运用。

自然数一律用一、二、三、四、五、六、七、八、九、十或 1，2，3，4，5，6，7，8，9，10。古卦中没有零，用“- -”爻、无或太极等概念表示，现一律用 0 代之(系统中出现 0 可能表示为太极、阴性爻，零或无数字之爻位)。

6. 伏羲画出的八卦或六十四卦，是否同时起了卦名，历来学者见解不同。为便于识别八卦系统，依《周易》写上卦名，但卦序是依卦的数字次序。

## 五、八卦符号系统的主要概念简介

八卦符号系统是认识世界的工具，“古者包牺氏之王天下也，仰则观象于天，俯则观法于地，观鸟兽之文与地之宜，近取诸身，远取诸物，于是始作八卦，以通神明之德，以类万物之情。”《易经》这段话说明：古人在长期的生产和生活实践中，客观世界发展变化的种种现象和规律，反映到他们大脑里，逐渐形成了一种自然主义的发展变化的观点，即认为天地间的事物都处于发展变化之中，正是在这种观点指导之下，古人创制出了八卦符号系统。八卦符号系统又作为工具用之表现发展变化思想和认识正在发展变化之中的客观世界。

1. 太极

太极又名“大极”，指天地（阴阳）之首，元气混而为一的状态。老子称之为“无”，庄子称之为“太一”，列子则名之为“太初”。现代有的天体物理学者称宇宙在大爆炸前的状态也为“无”，这也许不是偶然的巧合。八卦作者的发展观，很可能类似于老子“有生于无”的观点，认为现实的阴阳对立统一的宇宙是从阴阳未分之前宇宙发展来的。在八卦符号系统中，最初可能是用“⚋”表示，后人有用黑圆圈●或白圆圈○表示，表示宇宙发展变化的起点，因此也是八卦符号系统的起点。

2. 生

《易传》说：“生生之谓易。”“生生”是新的事物不断产生，“易”就是这种发展变化的思想。庄子说：“易以道阴阳。”更说明这种发展变化思想的核心是阴阳互动。这些说法，正揭示了八卦模式所表示的发展思想；阴阳对立面按照一定规则在不同层次上进行不同模式的变化，产生无限多样的事物。尽管事物是无穷的多样性，但归根结底是阴阳互动的产物，并且都是在某个层次上进行的阴阳互动。

3. 两仪、爻存在的基本形式

由太极内部运动产生了阴阳对立面，形成统一体内两副仪容。用符号结合文字表述即为“⚋”“⚊”。作为八卦系统层次，如果以太极为起点是 $2^0=0$，则两仪是 $2^1=2$，是一爻层上两个爻象。⚋阴爻，⚊阳爻。

《说文》：“爻，交也，象六爻头交也。”也就是《易传》说的“爻也者，言乎变者也”，“爻也者天下之动者也”变动的意思。《易传》又说“刚柔相推，变在其中矣”，“参伍以变，错综其数，通其变，遂成天下之文；极其数，遂定天下之象”。

《易传》的内容多数篇幅是论述八卦符号系统系列中爻的系统、功能和作用，因此，对爻的各个方面的正确认识是认识八卦符号系统的关键。

阴阳“⚋”“⚊”是组成八卦符号系统的两个基本符号，它反映宇宙间万事万物的根本规律：对立面的统一。现代天体物理学证明，宇宙大爆炸后就形成正物质与反物质的对立统一，在宇宙发展各个层次上，虽然具体形式有所不同，但对立面统一是始终存在的，正如阴阳两个符号在不同层次上组成不同卦式。

它们在系统中的第一个功能是标示对立统一体中对立面的性质及其相互作用而引起的变化。

“⚋”称为“阴爻”，“⚊”称为“阳爻”。八卦符号系统从最低的两仪到六十四卦的模式，都由阴阳两爻按一定规则组合而成。

第二个功能是计数的数码。

在10进位制计爻位层次时，阴阳两个爻都表示为“—”，如两仪为一层爻，四象为二层次，八卦为三层爻，六十四卦为六层次。在计爻层次时“- -”“—”两个爻起同样作用。

在二进位制运算中作为数码时，“- -”为零数或无以0代之；“—”表示数字，但具体代表的数字因在爻位的层次不同而不同，增长按$2^n$进行。以六层爻位为例：按先出现的爻位为大数位规定。

| 爻位 | | 数值 |
|---|---|---|
| 上 | | 1 |
| 五 | | 2 |
| 四 | | 4 |
| 三 | | 8 |
| 二 | | 16 |
| 初 | | 32 |

上置型

在上位为1，在五位为2，在4位为4，在三位为8，在二位为16，在初位为32。

第三个功能：阴符号在爻的任何层次上，其卦序号为0者，既表示数字次序的零数，又表示为太极点，即球形的中心点。因为八卦图形是一条从球形中心点按一定层次向球的外延无限扩展的线。围绕每一中心点汇集所有的线就是一个球体，八卦由此呈现出无限多球体的结构，也是八卦表示的宇宙结构。

由太极生两仪的球形体，后人十分形象地以阴阳鱼☯表示对立统一体中阴阳两个对立面：阴中有阳，阳中有阴，或者说，阴者，阴的属性占主导面为显性，阳为非主导面为潜性；反之亦然，阳者，阳的属性占主导面为显性，阴为非主导面为潜性。在阴阳对立面相互作用过程中，阴由显转为潜的过程就是阳由潜转为显的过程，阴阳这种显潜或者潜显转化，也就是不断地分阴分阳，即阴一分为二为新的阴和阳，阳一分为二为新的阳和阴，即所谓的老阴、少阳、少阴、老阳。由此球体不断扩展，不断增多。

若将阴爻、阳爻上述变化的特性，用二进位制和十进位制结合起来。用数字表示，可以设计为：按在左为显，在右为潜的规定(反之右为显左为潜亦可)。

“—”可用10表示其阳显阴潜，“- -”可用01表示其阴显阳潜，如果再表示阳中有阴和阴中有阳。阳爻可用1001表示之，左为小数位二进制位读数为1+8=9；阴爻亦又以0110表示之，按右为小数位二进制位读数为2+4=6.这可以说明为什么阳爻称老九、阴爻称老六的原因。

4. 四象

⚏老阴　⚎少阳　⚍少阴　⚌老阳

（上置）

由两仪按分阴分阳（各自一分为二）原则产生出来的，它是由两仪向八卦发展的不可缺少的过渡阶段。

5. 八卦——六十四卦

八卦：由四象再一分为二产生出八个基本模式，称八经卦。每卦均有卦名。

十六卦：八卦各再一分为二，产生十六卦。它是以某卦为基础的新的两仪，如坤卦两仪、艮卦两仪等。

三十二卦：由十六卦再一分为二，产生三十二卦。是新的层次四象。如坤卦两仪生坤卦四象、艮卦两仪生艮卦四象等。

六十四卦：由三十二卦再各自一分为二产生之，每卦有六爻，六爻分上下两个经卦。因此六十四卦也可由八经卦重叠而成。每卦有卦名。

6. 卦

卦：由爻组成的符号系统。

卦的作用：一是象的思维即形象思维和意向思维；二为数理思维，每卦有一定的数字次序，卦与卦之间（上下左右）有严密的逻辑关系。

爻层数与卦数关系：爻的层次按10进位制计数。一爻层组成一卦者有2（两仪），二爻层组成一卦者有4（四象），三爻层组成一卦者有8（八卦）。六爻层组成一卦者有64（六十四卦），其关系如下：

| 六 | 64 |
|---|---|
| 五 | 32 |
| 四 | 16 |
| 三 | 8 |
| 二 | 4 |
| 一 | 2 |
| 爻层 | 卦数 |

卦的数序（上置）由该卦之爻位由上而下，上位小数位，按二进位制计之。（见图一）

爻位与卦的数序位之阴阳性规定。以奇数为阳，偶数（包括0）为阴。以六十四卦爻位为例，初、三、五位为阳位，二、四、六位为阴位。以八卦之卦数序位为例：

则坤(☷)、坎(☵)、震(☳)、兑(☱)为阴,艮(☶)、巽(☴)、离(☲)、乾(☰)为阳。但在《周易》中,以震(☳)为阳,巽(☴)为阴,看起来似乎不符合规定。这可能是混用了(上下置)的原则造成的。(见图一、图二)

奇为阳,偶为阴,也是数码与象形结合的一种方式。河图、洛书都是这种结合方式的结果和表现。

## 附件

### 图1(模式一)和图2(模式二)比较分析

八卦创造者若用太极生两仪,两仪生四象,四象生八卦……这个方法,可以一次成六十四卦,由于在制图时采用上置或下置的规则不同,则可制成两个模式,即图1(上置)和图2(下置)所表示的模式(见图1、图2)。

相同处:

1. 以太极为起点,为中心,向四面八方发展,如果将图立体化(三维化),则都是球体。

2. 每个卦都能成一个层次的太极,如两仪可成为两个太极,四象成为四个太极,八卦称为八个太极,六十四卦就是六十四个太极,它们各自发展为球体,大球套小球,以至无穷。

3. 任何层次的球体,其极大数为阳为奇数,其极小数为0为偶数。在不同的层次出现次级稳定的卦。如八卦中除乾坤外,出现坎、离,在六十四卦中除坤、乾、坎、离外又出现小过、大过、颐、中孚等。所谓稳定即在两个模式中其卦的数序是相同的。

不同处:

造成两者不同的原因,由于图一是上置,图二是下置。

1. 在图一为内卦,图二则为外卦,反之图一的外卦则为图二的内挂。

2. 因内外卦位置变动,卦型也发生变化,与图一对应则图二各变卦实为图一之综卦,在图一中卦位为奇数,在图二中则变为偶数,反之在图一中为偶数,图二则为奇数,不变者亦有。卦序除坤、小过、坎、大过、颐、离、中孚、乾等八个卦(由上为小数位向下数和由下为小数位向上数,正反都是一个数目)卦位不变,其余均发生变化,或由大数位变为小数位,或由小数位变为大数位。

3. 方向相反。图一为坤左乾右,图二则为坤右乾左。

4. 两者球体内部结构成正反等性质上的差异。

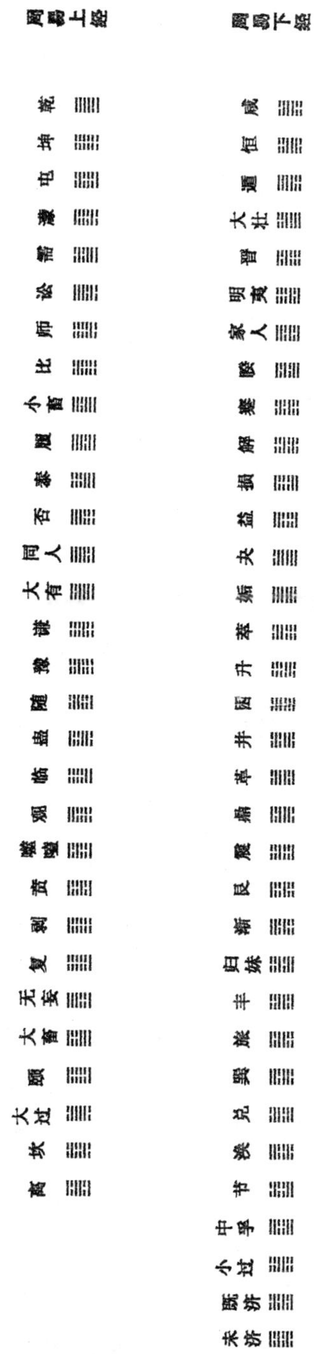
周易上经
乾 坤 屯 蒙 需 讼 师 比 小畜 履 泰 否 同人 大有 谦 豫 随 蛊 临 观 噬嗑 贲 剥 复 无妄 大畜 颐 大过 坎 离
周易下经
咸 恒 遁 大壮 晋 明夷 家人 睽 蹇 解 损 益 夬 姤 萃 升 困 井 革 鼎 震 艮 渐 归妹 丰 旅 巽 兑 涣 节 中孚 小过 既济 未济

周易今本卦序

我们可以得出两个结论。第一个结论:《易经》中数学上的二进位制计算方法从理论到实际都完整地存在着。我们可以说数学上的二进位制计算法最早的发明者是中国古代八卦的作者。八卦符号系统是以"- -""—"两个符号将数学上二进位制与十进位制巧妙地结合组建起来一个特殊的用数码表现象形、象意和数理逻辑的周密的信息系统。第二个结论:实际上是说,八卦符号系统或易的符号系统是一个特殊的信息系统。所谓特殊的信息系统,一方面它本身包含着信息,另一方面说明人们运用这个系统可以进行形象的或者意向的思维,并且这种思维是通过数理的逻辑来表现。那么最简单地说它可以用这种符号系统来表达自己的思想,表达自己的认识,甚至于来探索宇宙间的规律性的东西。第二个符号系统用一张表叫作易的符号系统表或者八卦符号系统表来表现,那么这样引出了一个问题:这个符号系统的性质是什么呢?在我看来它是一个工具。这是我们古人发明创造的一个特殊的系统,有的人说这个发明者是伏羲,有学者不同意这种说法。总之,它作为我们思考问题、认知世界的一个工具,是我们古人创造的一个系统。后来发现了算盘的计算,发明了计算机来帮助我们思考问题、认识问题、研究问题。对于工具来说,包括以后发明的进行科学研究的各种仪器,它们的性质是一模一样的,性质上没什么差别,特殊之处在于它是一种帮助我们思考问题、表达思想的一个工具。

在《周易》的研究领域内,人们对八卦的创造,有各种各样的论述和意见。这个研究是撇开了这样一些问题:第一,不太重视谁发明的这个符号系统。伏羲、伏羲前人或者伏羲的后人,或者是从伏羲发明开始后来又经过很多人的完善才完成了这个系统,总之这个系统的存在是客观的。主要的证据就在我们《周易》这本古代的占卜书里面完整地记载下来。它是用六十四卦的形式,按照《周易》的次序排列,是完整的次序。有了六十四卦,我们就可以很容易看出八个基础的卦,这是客观存在,我们用一个表来搞清楚创造者是谁。这个研究对象是一个在我们主观意念之外的客观存在,如何研究,应该从这开始。怎么研究呢?我认为应该利用现在的科学手段解开它的秘密。方法之一是运用现代的二进位制的知识,为什么这么说呢?因为六十四卦每一卦的形式都表现出有二进位制的表现,它有些次序摆得不对,二进制的完整的体系看不出来,只要稍加甄别就可以看出来。这是应用现代科学知识来破译当时的工具,发现其内部结构的特点。其实我们的先人不用二进制,而是用另外的方法,也就是宋朝的邵雍大学士邵康节,用分阴分阳的方法即用一分为二的办法制出了当时所谓的先天八卦图,那些图里面比较明确、清楚地表现了二进位制的存在,而且这个体系都表现出来了。到了清朝,清人在编《周易折中》时,更明确指出了二进位制和十进位制的对比关系。就是说它的二进位制是客观存在的,我们可用不同的方法解释出来。那么今后的研究可用现代的科学手段,进一步结合到我们其他的科学成就以及我们的认识成就来进一步归纳。

现在我们认识的八卦或者周易实际上是表现以太极为中心的一个圆球的状态，而不是平面图，也不是平面圆圈图，而是立体的圆球图。这个圆球图恰恰与现代的宇宙大爆炸类、现代的宇宙物理学所认识的世界相吻合。现代宇宙物理学认为，宇宙大爆炸之后世界是在不断地膨胀，我们的现实世界是一个球体，而且是大球套小球，并不断扩大。我们所画的易的符号系统一定恰恰也就是这么一个事情。这给我们启发，在研究八卦系统的时候不要受周易研究的局限。我们可以参考它，因为《周易》假如是文王创造的，各方面对文王演周易有不同见解，《周易》很可能在以前就存在。早就存在所谓“三易”，就是《连山》《归藏》《周易》，文王没有用《连山》《归藏》，而是用《周易》演八卦的。所以《周易》有周易的八卦，什么意思呢？我认为是他在《周易》基础上，重新调整了八卦的顺序，重新用八卦的符号系统来说明他的一些认识。别卦，他把八宫卦的卦形就每一卦的图还有他自己的说法，他理解为象什么，首先就是把它形象化，用形象思维观察像什么，然后就是从这出发推论可能引起什么样的结果，那就是意向的思维，最后进行判断。很显然，这确实是一个占卦的形式，不管怎样，它是文王利用这个八卦，通过占卜的形式来表现他的宇宙观，来表现他对当时社会变化的认识，表现他的愿望和他的行为达到的目的，想从中得到启示。这里面不排除文王有迷信，认为八卦里面有什么神秘的能量在启示他。实际上是他个人的推测，他个人的思维在想象，形成这么一个体系。所以《周易》的体系，无非是作者利用这个体系，这个符号，当然也可能在前人基础上运用这个符号建立这个体系。大家比较一致认为，每一卦里的卦辞、爻辞，据说是文王或是文王的儿子周公或者另外一些人记录下来的认识，但这点我刚才说也不排除文王以前的一些人的研究成果，是运用一种象形的思维、象意的思维再加进自己的判断得出的结论性的东西，是运用八卦的结果，塑造这么一个认识。当然，后人在做《周易大传》的时候，也就是注释这些卦辞、爻辞的时候又作了发挥，有人说是孔子他们对八卦的认识，有人说是孔子弟子，也有说是老子一派。不管是他们哪一派，都是他们的发挥，他们的认识，他们对文王对周公或者他们前人的结论的认识、注解甚至是发挥。这是一个很庞大的体系，这个体系包含着中华民族古代的哲学思想，保留着我们民族在西周以前各方面的记录。不只是占卦的记录，还有社会的、经济的、生产的、社会结构的各方面的记录，虽然内容很简单，但是都记录下来了。我们除了这本书中文字的记录，我们几乎找不出其他的记录。现在考古学在地下发掘又找到了其他的事情。但是毕竟把中国文化都记在这本书里面了，属于文化的源头。这是研究《周易》是不是这么来研究的问题。

八卦符号系统文王可以利用，《周易》可以利用，其实后人也不断在利用，把卦序重新调整来说明问题。用它来记载月亮的圆缺，记载时间，记载一年四季的变化或者记载他的某一个思想，都有相应的发挥。不过，后人这样做，不敢说是他们自己的创造，都用名为《周易》的一种间接办法来说。其实是他自己的思想，以后我们不妨也这么办，我就用八卦来说自己的思想。文王是说自己的思想，邵子、邵康节伟大的地方就在于摆脱了原来的模式，据说从陈抟那里继承了先天八卦的思想，摆了八卦图，说明天圆地方，说明他对宇宙的认识，我认为这是一个创造。现在我们更应该越出范围，用科学手段剖析八卦的构造、功能，然后运用它为我们现在服务。事实也是这么做的。比如莱布尼茨看到邵康节的八卦图，受到启发，创造了二进位制，最近林忠军同志告诉我，他手里有一个莱布尼茨当时给他的在中国的一位传教士朋友的一封信，这封信完整地保存着，信里说，他看到邵康节的图，他的文章不敢发表，意思就是二进位制中国的老祖宗已经发明了，不是他发明的。以后我们说邵康节看见八卦图受到启发，我们也说是看到八卦图创造了二进制，因为邵康节的不明显，甚至没有提出来，只是讲了一点。但是根据我们现在的破译，我们应该毫不含糊地说，在易的符号系统里，我们要把这个系统恢复起来，就很清楚地表现了二进位制。在《周易大传》里面，实际上在破译文王的成果，同时也在破译八卦的思想。有关于八卦创造的理论，如何创造八卦，它都有论述，在那里面从理论上已经说明了二进制，“易有太极，是生两仪，两仪生四象，四象生八卦”，实际上反映了最基本的一分为二法，没有一分为二，就没有二进位制。这是我对今后研究八卦的一个建议。我们不妨组织文科或理科有兴趣的同志，从各个方面来破译一下八卦的信息，或者说是详细地从科学的角度把八卦的功能，把这个符号系统的功能、特点作透彻的分析，并且运用它们为我们今后的科学研究，为我们今后的认知提供帮助。

下面我想介绍一下我所绘制的易符号系统图。

首先要说明一下，为什么命名为“易符号系统图”（八卦符号系统图）。这个命名是我绘图的主要根据，就是《易传》里面说的，“易有太极，是生两仪，两仪生四象，四象生八卦”，在我看来，这就是《易》的作者把所谓的八卦制跟无为的说法相结合。基本上符合八卦的创造者创作八卦的原理，根据这个原理，显然他说的是易，这个易不一定讲的是《周易》，在我看来，它就是讲的一种思想，或者是在八卦创造以前的一个思想，由这个思想创造的八卦。作为易的系统，它包括太极、两仪、四象、八卦，进一步发展为十六卦、三十二卦、六十四卦，以及六十四卦之后无限发展的卦，基本原理就是这个，为什么括号里要说是八卦符号系统呢？因为在易的符号系统里面，从两仪、四象到八卦，通常说八经卦是以后无限的卦的最基本的卦形，超不出这个基本形状。六十四卦是八卦的乘除，在我看来，十六卦也都是八卦里面的各自的两仪、坤卦两仪、艮卦两仪、坎卦两仪、巽卦两仪、兑卦两仪、震卦两仪，这是属于以某一卦为起点。以太极为发展的起点，两个经卦它要发展的话必须经过两仪阶段，十六卦，三十二卦，三十四象，就是各个卦的四象，到六十四卦完成一个大阶段，也就是各个卦的重合，也就是两个的经卦的重合，表面上看是重合，将来六十四卦再向前发展，也要经过以六十四卦某一卦为起点向前发展，也要经过两仪、四象，最后到三个经卦组合。现在这是一个规律，因此也可以说这个系统，又要考虑习惯的称呼，理解的需要，简称之“八卦符号系统”也行。这个卦、这个图的命名的来源在于此。

下面我再谈一谈我为什么画这个图、怎样画这个图的问题。我在画这个图以前，我个人对《周易》、对八卦，也不能说一无所知，但是知道得很少很少。青年时代，我曾经得到过我们学校中文系教授高亨先生的一本《周易大传今注》，也看了其他的有关八卦的著作，但是当时看和学这些著作，是从哲学史的角度学的，也可以说当时学的是很皮毛的。

刚才说是图层，八卦是最初步的。20 世纪 80 年代中期我从教育部回到学校哲学系筹建社会学系的时候，刘大钧同志被调来山东大学哲学系从事八卦研究，他还写了一本《周易概论》，送给我一本，我从头到尾把八卦文法看了一遍，远没有认真地学下去，后来也买了一点有关八卦的书，其中有一本翻得比较多、比较细，那就是孙振声的《白话易经》，总之都是非常皮毛地对八卦的一点了解。为什么会忽然想起要研究这个图呢？当时，看到英国学者李约瑟先生，在《中国科学技术史》这本书中说过数学上的二进制起源于中国的《易经》，以前，在我们上中学的时候，就听老师说过，德国人莱布尼茨受到我们中国八卦图的启发，他发明创造了数学上的二进制，二进制是很先进的方法，用两个数码 0，1，两个二进制位，按照向 $2^n$ 向前计算，计算很快。二进制计算法是现代电子计算机的运算基础，就已经提起我的兴趣，中国古老的《易经》里面存在着二进制的计算方法，把古老的《易经》和现在的最先进的计算工具联系在一起，二进制究竟是怎么存在的，这就引起我的兴趣。想搞清楚这个问题，这就是我研究绘制这个图最早的动机。当然当时我还不知道用图来说，只是想先看清楚究竟是怎么回事。这时如果说动机存在的话，那么一着手研究就碰到很大问题，首先对《周易》学说重新研究，或者说开始研究，《周易》究竟是怎么回事，这就迫使我花许多时间把《周易》从头到尾看一遍，已经看了《白话易经》，还看了其他一些著作，重点是我对这些内容要完全理解很困难。刘大钧同志开始创办《周易研究》，前几期送给我看了一些，当然要搞清楚《周易》的这些广大博学的内容还是困难的，但研究点是从中找二进位制，我的方法除了文字解释部分，重点要找一个有关二进位制的、八卦制造的原理。甚至于我后来做一个实验，我的研究大不大，八卦的用处有哪些？当然最引起我注意的就是易有太极，是生两仪，四象生八卦，到底有什么？能理解这句话的时候，我已有一定知识基础，特别是宇宙物理学。宇宙大爆炸后，宇宙一定是从无到有来的，这样就是很自然地把太极联系到八卦的发展过程，联系我前期物理学的研究中，这是在文字的方面。

我对八卦的理解分成两部分，一部分叫符号系统部分，八卦、八经卦的符号，由“—”“- -”两符号组成的八经卦，按照《周易》卦序组合成阴阳两个符号，也研究了六十四卦，看久了，每一种卦形实际上是一种数码，后面会详细介绍。运用现代二进制的知识，结合两个数码0，1，把“—”“- -”换成0，1就会发现，六十四卦中每一卦都可以用二进制说出它的数目，二进制的系统在这里是零零碎碎地全部体现出来，这是对于符号系统与这种思想的结合。那么要在《易经》找到二进制，必须把符号系统的研究和文字符号的研究结合起来，看看《易经》中二进制到底是怎么存在着，这是在我开始学《易经》时把它区分开来，我就不强制讲怎么区分，我就从大的方面讲符号系统，我认为二进制表现在符号系统，二进制的理论和方法在一大段文字里面有许多表述，两者要结合起来可能就解开了。

那么在这个思想指导下，当然也用到现在的哲学知识和天体物理学的知识。宇宙大爆炸之后产生包含阴阳的世界，那么对于一阴一阳的世界，阴阳再分，实际上是运用一分为二的方法，也就是现代的宇宙观。对于一分为二，分成阴阳，阴阳再各自一分为二就成了八卦，八卦再经过两次分就变成六十四卦。在这里可以制成简图，制图过程中我发现，分阴分阳，分增加的爻位，爻位怎么分，分阴分阳怎么分，是不是把原来的两个阴阳加在一起的，还是把原来的两个阴或阳都一分为二呢？采取后面的办法，而不是加法，把阴阳重新排列组合。在《易经》中我得到启示，因古人认为阴阳是统一体的对立面，它是不可分割的，阴中有阳，阳中有阴，向下分永远如此，向上也是如此，它是永远搅和在一起的。所谓分阴分阳必须是有一阴一阳才叫分别，如果不分，实际上没分开，还是阴是阴，阳是阳。那么所谓的阴就是阴的属性，占主导面是显性；所谓的阳就是阳的属性，占主导面是显性。分阴分阳就是阳的里面阴变成显性，很可能阳还是阳，阳的显性变成阴的显性变成阴，属于一分为二，分裂就是一阴一阳，不然就不叫分裂。采用的不是加法，而是内部的分裂。分裂是原来的显性变潜性，或原来的潜性变显性，是一个复杂的互相转化的过程。阴一分就变成老阴少阳，阳一分变成老阳少阴，这个老阳里面有阴，阴不过还是显性，老阴里面也有阳，阳是潜性。老阳有阴，阴也是潜性，阳分出少阳，阳变成显性。“阴中有阳，阳中有阴，阴阳显潜的变化”是在制图的时候必须要有的思想。在制图中又发现，分开增加爻位，是放在原来爻位的上面，还是下面，会得出不同的结果，不同的图示。虽然从阴爻阳爻开始都能得出四象，但是四象少阴少阳位置不一样，它们的位置发生颠倒。到了八卦的时候，八卦的里面有四个是互相颠倒的，艮或震，兑或巽位置颠倒，不变的是坤、坎、离乾，这四个倒过来倒过去是一样。只是放置的方法不一样，结果形成了不同的卦型，那么最后发展到六十四卦是两个，实际上是四种不同卦形。我认为是两种，还有坤在左，坤在右不同，上在下不同，但是坤在左右放都不同。

这是在制图过程当中的一个发现，那么传统的说法是六十四卦。有太极、两仪四象、八卦、十六卦、三十二卦、六十四卦以及以后的发展，是由少变多的问题。形式上看，是从两仪，然后四个变八个，八个变十六个，好像数字上多了。我认为，这个发展它实际上是一个层次的问题，从太极发展到两仪是一个层次，两仪到四象是一个层次，四象到八卦又是一个层次，层次的不同，阴阳组合的形式就不同，也是有一定规律，按照我这个图上说的，按照十进位制，一二三四五六七八这样上去。那么每一层它所产生的卦，我们习惯于将第一层称之为两仪，第二层称之为四象，第三层才是八卦，第四层为十六卦，第五层为三十二卦，有的学者认为这不是卦，按这个层次上去，八卦、六十四卦都是层次，总之是有层次，而不是增多。每一层、每一卦里面出现的图示，是按照 $2^n$ 增加的，2 层是四个，3 层八个，4 层十六个，按照这个层序上去，那么这个层序说明，事物发展越来越多样性。从一种形式上说，从事物的多样性上来说，数量确实是多，但不等于说，从原来很少的少数，增加了大数，不能笼统地说。因为原来的无极、太极是无限大的能量，从能量上太极是总能量，应该是这么来看，其他的各种发展越来越小的模式从能量上来说只是总能量的一部分，能量还是太极的能量，没有增多。从现代科学来看能量恒定，太极假定是无限大的能量，宇宙爆炸后产生两仪、四象，发展出不同层次、不同形象和不同论述，但是它总没有超过太极。两个里面比，四象形成了八卦，从单个比，从四象比，这是在制图过程中有这么个认识，质量不变，发展的层次不一样，只是形式上来说总体事物的多样性增加了，总能量没有变。

第二，太极只是相对的。总的来说太极发展到阴阳，以阴阳为基础再分的时候，阴阳都是太极点。从四象来说，四象中每一象都是太极点，八卦每一卦也都是太极点，这样形成怎样的状态呢？就形成一个无限发展的状态，而每一阶段里面都有一个太极，所以太极也是相对的，

第三，从制图过程中发现，这部分拿《周易》的名词说它是坤的部分，阴的部分，它始终也是太极，相对于其他卦来说只是个起点，都是 0。从两仪说是 0，1，从四象说是 1，2，3，从八卦说是从 0～7，六十四卦是从 0～63。从横向来说，实际上，坤就是一个太极，所以太极是错综复杂的状态。而且还显示出，总是从坤出发。总体来说，太极就是坤，从各个层次说，所有的坤都是太极点，那么这样形成了什么呢？形成了一个网状的东西，立体化就是球，而且是大球套小球。球形体，那么球形体从哪里开始的，从太极开始，那么球形体，太极里是不是还有太极，很难说。太极有一个祖先，庄子说无极里还有无极，从无而来，太极假设是无穷小的点，但是能量又是无穷的，到了每一个小太极时，差不多相对来说它都是一个中心，从中心向四面八方发展，发展实际是围绕一个中心向四面八方发展的一个小球体。我们古人说一个人就是一个小太极，他的发展也是向四面发展的，从八卦图示来说，能够发展到

更高层次。这是制图当中的另外一个发现。

关于看图和比较，有几条说明，说明不出来，这是第二点。第三点，这个图非常清楚地显示了二进制与十进制紧密结合的一个网络、一个模式或者一个符号系统，太极开始是 0，两仪是第一个层次，是十进位制，那 01 就是二进位制，0 或 1 这两个数字。接下来两个层次是十进位制 2，但是它的横向从十进制来说到 3，是 1，2，3 的思维，那么为什么从 1，2，3 这里面，0，1，2，3，必须用二进位制的办法来确认它。老阴是零，少阳是一，少阴是二，老阳是三，这是必须要用二进位制才能表现出来。八卦也是如此，八卦是发展的第三个层次，第三个层次是十进位。横向是 8 个，发展第三个卦象。卦序是 1，2，3，4，5，6，7，0，1，2，3，4，5，6，7 是 8 个，那这个数字怎么来的，也是用二进位制办法。因为坤卦是 0，那么导致坤卦后面有的是震卦、艮卦，按照上置方法是一种说法，上置、下置说法不一样，总之一直到六十四卦都是用二进制的方法计算的。图上表明，每一卦的卦序为什么是零一不是二，是以位置来确定的。那么困难之处的奥妙之义在于八卦的两个符号，它在系统里面有三层含义。第一层说明阴阳，说明事物性质，没有数的关系。第二层含义作为数码来说它有两种意思，在十进位制的时候，一或二，不论阴阳，都是按数字的 1 来算，就是 02，3 就是 3，不管阴阳。那么作为二进制的时候是不一样的，按照现代二进制的数码阴都是 0，不管在哪个数位都是 0。阳代表一个有数字的，因为数字在各个数位上不一样，表上表明上置下置都不一样，上位小数位，下位小数位是不一样的。但存在一个规律，不管从上从下，先出现的爻是大数位，后出现的爻是小数位。大数位为小数位的规律按什么进行？是按照 1 在最小的第一位是 1，第二位是 2，第三位是 4，第四位是 8，第五位是 16，第六位是 32，这是一个要害，这是二进制。

它的第三个作用是在系统当中代表太极、0 或者无，因为中国古代没有 0 的概念，而是用无或者太极来表示。那么在八卦符号系统中用零符来表示，这点有一点混乱，把 0 符说成是 8，是从乾卦开始，这样产生了许多矛盾，对零符的作用认识不同。这一点我们还要作进一步的研究，包括八卦符号系统对阴阳两个符号代表的含义的研究，以及它在这个系统当中的作用的研究。研究这个系统的基础组成，搞清楚了它们的含义也就基本上搞清了这个系统的本质的东西。这是这个系统发展为阴阳的时候有这么重大的研究，研究者在研究它的时候有个关键性的问题必须要搞清楚。从两仪发展为四象，是在系统的一个重要阶段，所谓四象是由两仪按分阴分阳（各自一分为二）的原则产生出来的，最后成果是老阴、少阳、少阴、老阳四种模式，它是由两仪向八卦发展的不可缺少的过渡阶段。为什么是必经的阶段呢？因为四象中老阴、老阳实际上还是阴阳，只是当中的少阴、少阳发生了变化的，可以这么说，而且还是互相可以变化的。又通过这个阶段，才能得到第三层的变化，就是八卦。按照阴阳一分为二的变化经过两仪、四象就得到了八卦，八卦是八种基本的模式。所谓基本的模式就是以后再向上发展，不管发展多少卦，都超不出这八种模式，所以这八种模式是在古代用它来进行各种各样的思维活动的基础。就是运用这种模式来进行各种各样的活动，象形思维、象意思维甚至数字的推理。由八种再向上发展，就是十六种，到四个爻层的时候是十六卦，十六卦也无非是以分别以八卦为起点各再一分为二，也可以这么说，以坤卦为起点，首先是分阴分阳，坤卦的阴阳，然后再向上发展为坤卦的四象，再发展为坤卦的八卦，就是坤宫的八卦。六十四卦的坤宫，或者以坤为下卦，上卦是其他的，包括坤卦在内，再加上其他七卦。上置下置是上卦为坤卦，下卦为其他的卦，艮卦也是如此，离卦也是如此。以它们为起点，就叫作以谁为起点。艮卦为起点就是艮宫八卦，震卦为起点就是震宫八卦，巽卦为起点就是巽宫八卦，坎卦、离卦、兑卦一直到乾卦都是如此，所以十六卦和三十二卦也是不可缺少的，它是发展的必要阶段。

当然有人说六十四卦是八卦的简单的重复，不是不可以这么说，也可以。但是从发展观来看，应该是有这个过程，不然这些卦的来源就不是自然形成的了，就是人为改动。从八卦到六十四卦形成的规律，关于这个系统的形成，我现在还要补充一下。六十四卦之后以六十四卦某卦为起点或者为太极点，再向前发展也要经过阴阳、两仪、四象，再得到高层的八卦，还有八种，也就是有三个基本卦，即八卦组成的卦，现在很少有那样的卦，现在还没有运用上，将来可能运用上。对这个八卦的符号系统的基本的结构或者基本的框架的情况，在我们这个图里分为两种，一种上置型和一种下置型，实际上是它是两个相反的卦，相反的变动模式，就是一正一反，我们这正反这也不是随便地变动，在我看来，古人也可能没有完成这个任务，但是它是客观存在的，发展不是一个直线，确实是有正有反，那么现代物理学证明宇宙大爆炸后形成正物质反物质的统一，有正必有反。这两个图分了这两种情况，这一正一反的比较就产生了很多问题，这在以后的八卦研究中，在《周易》卦中有总卦、从卦等等，都在这里面有所反映。这是总卦，以前在《周易》看来只是一种相反的卦，但实际上是正物质变反物质的问题。显示着一个在我们宇宙中的问题，找一种反物质很难找，其实反物质就在正物质里面，不过改变了形式，在发展过程当中，某种气质发生了变化，将来物理学可能会解决这个问题。因为我们现在形成了一个概念，实际上我们的世界是正世界，与这个世界相反还有个反世界，有个正我，就有个反我，在过去我不太理解这个反我在什么地方，反我实际上在正我里面。过去报纸里还说有正元量、反元量，反元量跟着正元量，反元量就在正元量里面。阴阳本来就在一块，阴中有阳，阳中有阴，以上是关于这个图和这个模式的介绍。

八卦作为符号系统是一种工具，由人创造出来。人之所以创造这个工具，是根据事物一分为二的客观规律。它一旦形成以后，它的功能就十分巨大。按阴阳两个符号的组合，按照一定规则组合起来。我们在前面曾经下过这样一个定义，它是以阴阳两个符号，用十进制或者二进制这种数学上巧妙的记号，组成了这么个符号系统，这个符号系统能够帮助人们形象思维，也就是人们看他像什么，它可以像各种各样的东西，也就是形象思维，也可以帮助人们意象思维，不只是形象，而且在意念上能够表示人们的某种意念，同时它也是数学的逻辑的一种表示。因为它是这么一个综合的一个很巧妙的工具。人们在制造这个工具过程中，赋予了它许多信息，比如，赋予了它的发展变化的观点，赋予它对立的这种意象的观点，赋予都是很多，随着科学技术的发展，人们智力的提高，对这种信息的破译会越来越多，我们应该重视，运用它的时候可以突出在破译它的信息中不断提高它的作用，得到启发的作用。没什么过时，为什么没有过时？因为对立统一没有过时，在任何时候任何时间里都是对立统一。另外，人们在运用这个工具的时候可以赋予它，就是根据上面特点，可以用它的某个方面，赋予它许多信息。这是在那就是说有特定的人在运用它的时候，可以编成许多信息放进去，自己产生一些软片，实际上就是一个软片，这个软片有特殊作用，用它来做音乐时就起音符的作用，用它来计时计日的时候它就起符号的作用；用它来观测日月运行、一年四季的时候它就变成一个带有钟表作用、日历作用的工具。或者可以编成很多软片进去，古人已经编了大量的软片进去，现在我们还可以继续凭借它来实现各种各样的用途。

下面我们重点来谈一谈，文王演《周易》的问题。在我看来，文王演《周易》，就是文王编了一个软片，就是运用八卦符号，编了一个他自己特有的软片。文王演《周易》，种种迹象说明不是文王把八卦的空白的符号，对它们进行信息灌输，制造一个软片。而是在前人基础上，也就是说周易早就有人运用八卦符号系统，注入了特殊的信息，这些信息到底怎么样现在不清楚，现在留下来的《周易》，据说是经过文王改造以后的片子，文王改造了哪些东西呢？现在也不很清楚，准确说是很多方面。把六十四卦的次序重新做了安排，安排八卦的次序，实际上就是要通过这个系统即八卦符号的系统来表明一种思想，现在《周易》是用乾坤开始，到六十三卦是既济，到六十四卦是未济，从总体上说明，世界是永远发展变化的。文王对变化有自己的想法，从天地定位、天地交合引起一系列变化，这是他的思想。另外六十四卦每一卦的名称，《周易》里面现在这个名称可能很早以前就有了，文王也可能做了些变动，变动以前我们不太清楚，变动的是什么我们也不太清楚。他给予这些卦的卦名也能够反映他的思想，那么通过这些卦名我们可以看出，文王有的是运用形象，就是这个卦像什么给它起个名字，有的是像自然界的一些事物，有的是像人身体的一些部位，有的是像当时人制造出来的一些东西。一是运用形象的思维，二是运用意象的思维，如既济和未济，这些都是代表意象。三是大量运用了社会或人的行为状态，甚至于思想状态，所以六十四卦的卦名，它把形象思维、意象思维充分地进行了运用，表明了文王当时的思想、认识，总之表明事物是在发展变化的，其目的是运用八卦的形式最终追求人的行为吉凶、求救的问题，他的目标是很实用的，不是无目的地进行思考，而是有目的地思考。这是从这些方面对卦的演绎。

当然它每一卦，爻位的作用，爻位在当中的变化，文王究竟作了哪些解释，我们现在也很难说，但是看来他是运用了六位，初、二、三、四、五、上，这个六位变位，把每一位的爻，在每一个爻位上的作用，看来当时也定下来了，究竟是君位、臣位、阴位还是阳位，这一点也定下来了，因为它要反映0当时社会的情况。按照后人解卦的认识，卦与卦之间是可以变化的，这个卦变一个爻位会变成另一个卦。当时他已经认识到了，他要把各种因素都考虑在内，来最后推断行为最后的结果，这是从六十四卦方面看。从八卦看，即赋予每一卦的各种性质，是不是从文王开始很难说，但是至少在文王时代，可能又赋予它一次新的内容，这个地方今后我们可以根据考古不断搞清楚，即使它没有赋予新内容，它运用了旧的以前人们习惯的用语，给八卦基本的一些信息，然后运用这些信息进行推断，进行预测、占卜，进而散发他的世界观，散发他对各种事物的看法，这个可以肯定。卦辞爻辞，准确说不是他一个人，可能是由他的儿子或者由后人加进去的东西。总之，主要的是，这些卦辞爻辞很可能是他在前人基础上做了散发，我们现在笼统地说卦辞、爻辞都是文王所做，这些卦辞爻辞反映他的各种各样的思想，反映他的世界观，反映他的人生观，反映了一些社会的情况，反映了军事思想，反映了他的社会思想，总之它是反映了各方面的认识。那么这些认识恰恰是把我们古人的思想作了总结，因此有些人说《周易》是我们民族文化的源头，因为它里面反映了各种各样的思想。当然这里面反映的各种各样的思想，也做了记录。有些事物、事件甚至于记载下来，比如汤武革命，在这里就有记录。另外，在这个卦辞、爻辞当中也反映了他对八卦符号系统的一些认识，易卦，这个卦辞，作了一次反映。

那么这本文献，我们拿现在话说，弄这个软片它的价值是十分大的。问题就是这些话有时候不容易理解，因为他当时是用占卜的形式。占卜是古代一个重要的活动，特别是在当时科技不发达的情况下，他要预测自己的行为只能靠占卜。占卜有很多方法，有龟卜，《周易》用易卜，就是用八卦的思想进行占卜。这些术语可能都是占卜的术语，里面有特定的含义，把这些特定含义搞清楚，那么对文王的思想就会迎刃而解。可惜到现在为止也很难搞得非常清楚，后人要搞清楚加以注释，这就是释《易》文字的发现。释《易》，传说是孔子或他的学生的著作，现代有些学者反对这个意见，有的学者说是老子学派一些人的注释，总之是后人来注释卦辞爻辞，也就是注释文王的一些思想的。这些注释的价值也非常大，一是注释了文王思想，二是发挥了他们对自己的认识，他们对八卦本身的认识甚至八卦怎么来的、八卦具体产生的方法都有很多很多的记载。当然，这些记载不一定都是真实的。

前面我们讲了文王演《周易》，介绍了他如何运用八卦符号系统阐发了他的思想。当然这是通过占卜的形式表现出来的，体现在《周易》这本伟大著作中。对于文王演《周易》，根据《周礼》记载，与《周易》同时存在的，还有《连山》《归藏》这两种易卜的经典，《连山》《归藏》又是谁的著作呢？现在说法不一样，有的说《连山》是夏朝就有的，《归藏》是秦人研究的，也有的学者认为，《连山》《归藏》《周易》是同时存在的，很可能在古代就有这三种，到西周时肯定这三种易已经存在，当时占卜的人还运用这三种易来占卜。对于前两种易，谁通过占卜的形式留下来的搞不清楚，总之有人，而且是一代人，很多人经历过这个东西，他们与《周易》比较起来，现在我们不能全面地来说明，因为前两种《连山》《归藏》来自于后人从古书上零零碎碎的记载积攒起来的一些材料。从这些材料来看，这三种易都是运用八卦符号系统写的，经卦都是八个，他们的别卦都是六十四个。经卦里面的卦名几乎都是相同的，别卦的卦名也基本上相同，只是排列的次序不一样。《连山》开头是以艮卦为首，《归藏》开头是以坤卦为首，《周易》开头是乾卦为首，这反映了他们的宇宙观或者某种思想的不同，不是偶然的随便排的次序。对于《周易》，乾在前反映他们的宇宙观，而其六十四卦命名的不同也反映了它们的思想的差别。卦为什么命这个名，不命那个名，是有区别的。每一卦的卦辞爻辞有相同的也有不同的，不同的地方也反映着他们不同的认识、不同的思想。但有一点要特别注意，根据现有的材料看，他们也有相同的地方，包括八卦、六十四卦，它们的卦名相同，那些卦辞也是相同的，里面爻辞也是相同的。这就说明这三种符号系统，虽然版本不一样，他们反映的思想不一样，但是有共同的思想。这些共同思想都是从八卦来的，或者是一开始八卦反映的易的符号系统中蕴含的思想，他们继承下来，后来各自发展不一样，又赋予它新的内容。当然《连山》《归藏》就没有像《周易》那么幸运，有人加以注释，或者有一批学者加以注释，对卦辞爻辞加以论述。它们也没保存下来，保存下来的就是《周易》。现在看来，古代运用这个八卦符号系统进行占卜不是一家，也就是说不是一个软片，有好多版本。就是易占的学派或者派别，里面又分成很多派。《周易》以后的发展在经过后人注释和运用的时候又分出了许多的学派，这个是很自然的事，这是从占卜系统进行理解的。至于撇开占卜，专门从易理角度、哲学角度、世界观角度来讲，那学派就更多，这个问题一直到现在还争论不休。后来有儒家，有道家，甚至还有其他的派别，如阴阳家。那我们在研究它的时候，要看到运用八卦符号系统创造出的一种学说，这种学说以后的发展也发生了变化，也有不断认识，这是不是关于八卦及文王演《周易》的一点认识？实质上就是他们运用八卦符号系统，通过形象的思维或者意象的思维表述他的思想。当然这不是文王的专利，说是其他人也可以。如果现代人要有兴趣的话，也完全可以用这个系统，用这种思维形式来进行思维，有人就运用这种办法进行思维和认识。当然现在讲不是讲文王《周易》里面的具体内容，而是《周易》这本著作的性质，如何演的，怎么运用八卦进行活动的。

其实与文王演《周易》的同时，也就是与易卦的几派进行占卜活动同时，我们古人在运用八卦符号系统进行其他活动实际上已经存在。这一点在《周易大传》里面体现出来。当时的一些思想家，已经很具体地指出来。例如，在今本《周易·系辞下传》的第二章，如果不联系前面看，简直看不出来它是个占卜，而只是简单地说明伏羲氏是怎么制造八卦，他制造八卦的目的以及以后人们如何运用八卦系统进行了各种创造。第一段就是“古者包牺氏之王天下也，仰则观象于天，俯则观法于地，观鸟兽之文与地之宜，近取诸身，远取诸物，于是始作八卦”，这一段说的是伏羲是根据什么制造八卦，制造八卦的目的是什么。“以通神德之明，以类万物之情”，干什么呢，接着就说，“作结绳而为网罟，以佃以渔，盖取诸离”，因为是形象的思维论，用离卦，离卦形象就像网，古人早就有了，把绳结成网来捕鱼，那么是受到这个形象的启发。接着又说，包牺氏死了，神农氏用八卦，他砍削木头制成犁的头，把木棒弯曲制成犁的犁柄，还制造了农具，作为除草的工具。这是用犁的工具，犁是怎么来的，据作者说是从上巽下震之益卦的形象来的。受到它的启发，制造工具，可以运用八卦符号系统的信息。下面说“日中为市，致天下之民，聚天下之货，交易而退，各得其所，故取诸噬嗑”，上面是坎，下面是震，就是说是通过这个卦的想象，聚集当时的人民群众，每天中午规定做买卖时间，大家聚一块进行交易，这是通过形象的思维。后来说神农氏死了，黄帝、尧、舜他们掌权的时候，根据符号系统的变化莫测，受到一些启发，什么启发呢，就是阴阳变化的发展，是教导人民按规律办事，这样就能把天下治理好。据说这是通过乾卦和坤卦的启发，后来人们又受到八卦符号系统里面其他意思启发。如涣卦，上卦是巽，指木头，下卦是坎，指水，木头浮在水上做船，古人没有船，挖空木头做舟过河用，是受到这个卦的启发。又有人用随卦，上卦是兑卦，下卦是震卦，有随从的意思。牵动一个重的东西，就可以把它拖到很远很远的地方。“服牛乘马，引重致远，以利天下”，据说是从随卦得到启发，也是想象的。那么又有人根据豫卦，上面是震下面是坤，形象是设置一层一层的门，门上面用木头顶起，派人巡夜，防止盗贼的入侵，豫卦不是防御的御，也有这个意思，就是防盗的意思。又有人用小过一卦的形象，上面是震，下面是兑，当中两个阳爻，两头两个阴爻，想象是在用石臼，石头上弄个棍子捣在石臼里舂米用，这也是工具。已经种庄稼了，并收到五谷了，然后用它来脱壳用。那么又有人用睽卦的形象，拿木头削成箭，制造弓箭。还有人从大壮卦的形象受到启发来盖房子，古人据说是住山洞的，后来为什么盖房子呢？就是受到大壮卦的启发。他还举了很多例子，例如人死了之后怎么埋葬，有人说是受到八卦符号系统的启发。后人创造了书写，创造了文字，也可以说是受到了八卦符号系统的启发。当然这些说法不一定都很准确，但至少古人们已经发现或者说他们已经是照着这样的意思研究，这个符号系统不仅仅用来占卜，还可以制造各种各样的工具，可以建造房屋，甚至于可以制造铜具铁器，以及发明文字。我们不敢说就是完全这样，也不敢说不是这样，这个问题还需要进一步研究。因为它作为符号系统有自己的信息内容，运用符号系统可以做各方面的用途。八卦符号系统作为一种思维的工具，它可以帮助人们做形象或意象的思维。人们赋予它一些信息，或者利用它原来的信息就可以有各种各样的用途。前面已经举了古人一些例子，后来又运用它来定方位，计算地球围绕太阳转及一年四季变化，有十二小时卦，指十二个月的运行。邵雍他的原图，就是先天八卦图，实际上是记一年四季的变化，阴阳消长，实际上是地球绕着太阳转，直到现在看来也还是很科学的。

那么至于八卦的制造，有的学者主张是从结绳记事得到启发，所以这个符号系统一开始就有算盘的作用，可以计数，他的二进制，十进制，或者结合的计数法。符号系统出现以后，应该把他的理论和他的符号系统运用在认识人的躯体，把人看成是一个太极，把人分成各个部位，用八卦符号来标识，但这里面只是一个标志的作用，并没有什么关系。用乾作开头，指上身，坤指下身。各个肢体他运用一些卦来代表它，同时也从信息里面的阴阳变化来看人的健康和疾病情况，疾病就是阴阳失调。后来古人又发现运用这个符号系统来研究音乐的音符，也是可以的。总之它的用途很多，它是一个工具。现在看来，在古代，这个工具就相当于现在的计算机，我们运用计算机可以研究天文、地理、气象，甚至可以研究各种各样的社会问题。从根本性质上来说，这两者应该说没什么差别，差别只是在先见性、科学性上，计算机比它强。原理是一样的，人们是运用一种工具对客观世界和主观世界进行研究或者表达自己的意念。你也可以表达自己的意见，编程序、写文章都可以用。因此我们对八卦这个系统的认识，可以从这个角度来看，不能把它神秘化，它就是古人创造的一个先进的工具，现在看来也是一个奇妙的工具，是用来认识世界的。因此，我们研究八卦，必须跳出《周易》的软片。前面我们讲了，文王演《周易》，留下这本著作，以及后人解说这本著作，那只是一个软片而已，是个很成功的软片。它以占卜的形式出现，但是我们绝对不能把《周易》里面的话当成经典，认为不可逾越。因为你可以运用这个工具，其他人也可以用这个工具，这是一个思路。

今后在研究八卦的时候，甚至研究《周易》本身的时候，都要跳出《周易》来研究。如果跳不出《周易》，永远在《周易》里面转圈，《周易》就变得神秘了，你就变得神秘不可信了。要想破除神秘，必须从八卦角度来看。那么现代有些学者企图用八卦符号系统进行现代的科学研究，这也是个很重要的尝试。例如，有的科学家以八卦符号系统来研究人的遗传基因甚至遗传密码，这种尝试也未尝不可。这个不是说八卦符号系统里面就已经有了遗传。

（根据 2011 年作者录音资料整理）

# 诗画心得

离休前后有一段时间，我们老两口在家照看孙子，我也时常练练书法。记得孙儿子鉴2岁左右时，兴趣多样，最爱好拿毛笔学画。孙儿涂鸦，我不能不为之铺纸磨墨，做各种“书童”的工作，同时做一些引导和指点，结果引出了我的兴趣。于是，我们祖孙共涂，乐在其中。我还自刻“涂鸦之作”印章一方，施于成品之上。不久，孙儿子鉴进幼儿园，升小学、中学，学习任务日重，涂鸦兴趣渐渐淡去，而我的兴趣却是有增无减。每日涂鸦不止。积十五六年，竟有千余幅之多。

家中墙壁书架之上挂得琳琅满目，亲朋故友乍见，皆惊讶称奇，他们热心地品评挑选，认为可圈可点者有800余幅。这800余幅经多人帮助分类编排，再加上少量书法，遂成集子。

我深知收入集子中的200余幅画作，仍不离涂鸦，若以“画集”称之，则贻笑大方矣。之所以印刷出版，首先是为了不辜负学校的期望，因为这是作为激励老有所为的山东大学硕果基金资助项目之一。其次，也是为了不辜负十几年来家人和许多朋友的热情鼓励和期待。最后，这些作品毕竟是一个古稀老人的耕耘成果，证明晚年并未蹉跎岁月，出版了也可以作为留给子孙和亲朋好友的一个纪念。

画集分成十部分，主要内容是山水。山水的拟古部分，是我想通过临摹、拟仿古人作品，学习他们的画意和方法。拟仿时我虽然认真努力，但由于秉性愚拙，终未得古人之三昧。其他山水部分不是写生就是写意，称为系列者是为了强调其系列性而已。树木花石大都也是写生写意者，也有一些是仿古人的作品。我不善书，之所以设书法部分，实为借以表达我对祖国书法艺术的热爱和崇敬，并表示对先岳东府公书法之缅怀，对韩国当代著名书法家金膺显先生之敬意耳！

（根据2007年大众文艺出版社出版的《浮生微墨——徐经泽书画选》“前言”整理）

# 附　录

# 附录一　共同记忆

## 跟随徐先生工作的日子

吴忠民

时间过得很快，徐经泽先生90岁华诞即至。作为一个晚辈，不由地感慨万千。在跟随徐先生工作的时间里，不仅得到徐先生大量的无私帮助，而且从徐先生那里学到了很多东西，得到了许多人生教益。

1985年9月，我刚刚硕士生毕业，徐先生亲自出面，将我安排到新建不久的山东大学社会学专业工作。从此，开始了自己的教师生涯。在山东大学工作到2000年，总计15年。这15年，正值一个年轻教师人生最为重要的时期，自己从一个助教，晋升为讲师，接着很快又被破格晋升为国内社会学界最年轻的副教授（1988年）和教授（1992年）、学科带头人；从一个不谙世事的典型“愤青”，逐渐开始适应社会、体验社会。这一切，同徐先生的鼓励以及耳提面命的具体帮助直接相关。感谢、感恩徐先生的无私帮助。

在跟随徐先生工作时光当中最切身的感受在于，徐先生是一个宅心仁厚的长者，是一个具有独立人格、独立思想和高度社会责任感的学者，是一个敢于担责、善于开拓的学界领导。

徐先生对年轻教师的帮助和保护，是当时校内众多年轻教师广为称道的事情。徐先生对年轻教师的成长倾注了巨大的心血，从他们的研究方向，到研究成果的推介，甚至是职称晋升，总是尽最大力量予以帮助。年轻教师面对徐先生，能够畅所欲言，能够同徐先生进行激烈的观点争论，有时是面红耳赤，徐先生不仅不在意，而且会十分高兴。每当年轻教师取得重要成果或是得到发展时，徐先生总是发自内心的高兴。我的两次破格晋升职称，都得到了徐先生的全力支持。这一点，对我影响很大。现在，我对本单位的80后教师也能尽力予以帮助，定期与他们深聊，讨论他们的研究方向，确定写作题目，帮助他们发表成果，帮助他们得到应当得到的学术荣誉。这些做法，应当说同徐先生的影响有关。

徐先生对年轻教师政治上的保护，更是弥足珍贵。中国在经历多次政治运动如“文化大革命”之后，有些人的人格已经扭曲，或者说已经失去人格。一到关键时期，人们之间人格上的差距就显现出来。对于年轻教师特别是有一定成就的年轻教师，有的人为了泄私愤，不惜无中生有，编制种种虚拟的情节和故事，挑选在某个关键时刻，毫不客气地下手，从中获得一种畸形的快乐感、成就感。这既是社会的悲哀，也是这些人个人的悲哀。当时的年轻教师以前只是听说过这类事情，这时则是能够亲身经历。好在时代不同了。与前一种人形成鲜明对比，徐先生在关键时期，总是尽最大力量在政治上保护年轻教师，不怕自己面临可能的连带风险。当时的很多年轻教师都记得，在 20 世纪 90 年代初学校的一次青年教师破格晋升职称评审工作中，作为评委的徐先生事前查阅了党的各种相关文件，并带到职称评审会上，带上花镜，一条条地念相关文件当中对年轻知识分子应当予以爱护的条款，对评审会产生了不小的影响。

听徐先生的许多同辈人谈起，在政治运动此起彼伏的时代，徐先生不仅从未整过人，相反，却保护了很多人。为此，徐先生自己却在政治上付出了很大的代价，失去了一些重要的发展机会。但徐先生无怨无悔。这就是一种人格的力量。

敢于并且喜欢开拓新的事业领域，是徐先生行为方式的重要特点。徐先生对新的事情、新的领域充满了兴趣，以建立新的事业、新的领域为己任，并为之付出了巨大心血。新创办某件事情，在别人看来很难的事情，在徐先生那里往往不是事儿。仅我所知，20 世纪 80 年代初，国内的社会学专业刚刚兴起，徐先生当时正在教育部文科司工作。期间，徐先生对一些重点大学社会学专业的设置及发展起了重要的推动作用。回到山东大学工作后，徐先生更是亲自筹建创办了本校的社会学专业，并出任山东大学社会学系第一任系主任。接着，徐先生又筹建创办了山东省社会学学会，筹建创办了学校的图书馆学系。差不多同一时间，徐先生还筹建创办了全国第一家民俗学的杂志《民俗研究》。该杂志现在已经成为中文核心期刊，具有了很大的学术影响力。一个人在短短几年的时间内，能够做成这么多事情，是很不容易的。

徐先生的思想乃至心理具有很强的包容性。一个有意思的现象是，与同辈人甚至同岁数比自己小 10～20 岁的人相比，徐先生的思想要开放得多，始终能够保持一种与时俱进的状态。徐先生与比自己小几十岁的人常常能聊到一起。同时，与同辈人相比，徐先生又是一个保留传统文化较多的人。与徐先生差不多同一时期参加工作的不少人，经常是比较激进，革命压倒一切，革命性斗争性较强，对于传统文化抛弃得比较彻底。与之不同，徐先生对传统文化十分热衷，喜欢写诗作词、写字绘画，与具有深厚国学根基的长者也能聊得很投机。这种包容性，使得徐先生具有一种坦然、踏实的人生态度。

仁者安然，智者愉悦。祝愿徐先生幸福长寿。

（本文作者系中共中央党校一级教授、科社教研部副主任）

## 关注时代发展课题　心系学科研究方向
## ——贺徐先生九十寿辰

林聚任

徐先生作为山东大学社会学系的创始人和一位资深的社会学家，以其敏锐的社会学眼光和强烈的社会责任感，始终关注中国社会发展的重大课题，强调社会学学科研究的应用性，为山东大学社会学的发展奠定了坚实基础，确立了明确的方向。特别是关注农村社会发展研究，成为了山东大学系社会学自成立以来即形成的研究重点和特色。我自1087年来山东大学工作后，一直跟随徐先生从事社会发展研究，重点关注农村社会发展问题，从徐先生身上学到了很多东西。这里仅撷取自己亲身经历的某些片断，以说明徐先生学术上的高瞻远瞩和对我工作的重要影响。这大致可以从如下三个阶段来说：

第一阶段：1987～1995年。我1987年7月毕业参加工作即来到山东大学社会学系，一直在徐先生的关心和支持下工作。耳濡目染，深受徐先生学术观点和思想的影响，也锻炼提高了自己的社会学专业素养。因我研究生读的是自然辩证法专业，只是自己出于喜好，懵懵懂懂地就转入了社会学这个当时在国内来说是完全新兴的学科领域。

工作之前，自己虽然参加了第一届“中国社会学函授大学”，学习了社会学的一些基本知识，但是工作后还有许多东西需结合教学和研究去深入学习。在徐先生的鼓励和首肯下，我为社会学系第一届本科生开设的第一门课程是《发展社会学》。在当时，这既是一门新课程，也是一门非常重要的专业课。因为那时候中国改革开放时间不久，整个社会充满了改革与发展的新气象。“发展”既是中国新时期社会的主导方向，也是社会学等学科所面对的重大课题。可以说，徐先生始终以非常敏锐的社会学眼光和极大的责任感，倡导社会学教学与研究要面向重大的社会发展问题，体现学科的时代意义。

因此，为了上好这门重要课程，我自己一方面努力备课，以掌握更多的相关知识，另一方面经常去找徐先生请教问题。尤其是该课的第一堂课，我请了徐先生去亲自授课。他为同学们系统讲授了社会发展的重要意义及相关问题，我们受益匪浅，这也为我下一步的教学确立了良好开端。

除教学之外，我当时还时常参加徐先生组织的其他学术活动。特别是适应整个社会和学术发展的要求，在徐先生的主持下于1988年10月成立了“山东大学社会经济发展研究中心”。在徐先生和此中心组织下，我们参与开展了多项区域性或国际性的合作研究课题。其中，对后来的研究有持续意义的是关于济南冷水沟村的研究项目。该项目源于1990年韩国首尔(汉城)大学人类学系金光亿(Kwang Ok Kim)教授来山东大学访问交流，他当时跟徐先生谈起来，说其硕士论文是根据日本人20世纪40年代初在山东济南一个叫冷水沟的村庄调查完成的。金教授提出要到这个村子实地看看，于是徐先生答应了他的请求并做了相应安排。正是由于金光亿教授的这个提议，徐先生决定合作开展调查研究。从1990年秋开始，杨善民等老师和同学曾先后多次前去冷水沟村调查，历时一年，最终完成了《现代化：乡村的选择》一书。该书对冷水沟村的社会现代化发展进行了理论阐释，为改革开放后的冷水沟村的新变化留下了丰富而宝贵的资料。后来还带金光亿教授去了淄博桓台县，做了东营村的系统调研，发表了《东营村：走向现代化》等成果。

总之，这一阶段是山东大学社会学系成立后的快速发展时期，也是我学术上得到成长和锻炼的重要时期。这些都是在徐先生及其他同事的无私帮助和大量支持下实现的。

第二阶段：1998～2005年。徐先生1991年离休，我1995～1998年又脱产去南开大学攻读博士学位，在此期间我们直接合作的机会少了。但我1998年夏博士毕业后，徐先生随即找到我，让我参与一个新的国际合作课题的研究，组织开展相关的社会调查。此课题就是由山东大学社会经济发展研究中心与加拿大不列颠哥伦比亚大学中国研究中心合作开展的“山东省乡镇企业改制研究”。这个项目自1998年的下半年开始，到2000年的秋完成。之后合作双方各自运用调查材料，作了进一步分析，后来陆续发表了部分研究成果。

改革开放后，中国广大农村快速兴起的乡镇企业被看作是中国农民的一大创举，乡镇企业经过十几年的发展，到20世纪90年代已成为农村发展的重要力量。但是，到90年代末随着市场经济的发展，乡镇企业的发展遇到了一系列困境和问题。突出表现在：第一，乡镇集体企业规模下降，而个体企业发展较快。第二，乡镇企业吸收劳动力能力下降。第三，乡镇集体企业的资本效益低，亏损面扩大，资金短缺，负担沉重。第四，规模偏小，经营管理水平低，不适应市场竞争的要求。在此背景下，国家实施了“抓大放小”的改革政策，因此乡镇企业的产权制度改革成为了当时改革的热点问题，其经营体制的转变和创新成了那个时期农村改革最重要的方面之一。

在合作开展的这个研究项目中，我们在试点调查的基础上，于1999年7～10

月分别在山东兖州市和蓬莱市，运用问卷法和访谈法相结合的方式，调查27个乡镇企业。涉及股份性、股份合作性、私营个体性等各类乡镇企业。共获得有效调查问卷675份。通过对山东省乡镇企业改制的系统调查，我们分析了乡镇企业改制的原因、过程及影响；从农村社会的可持续发展出发，探讨了由于产权结构的变革所带来的农村社会结构及组织形式的变化；也分析产权制度变化对农村就业结构和现代化发展道路所产生的影响。

这是我当时所参与的最重要的一个国际合作研究项目，从研究方法和实践上都有很大提高。也可以说，正是通过徐先生所主持的这个项目，使我把关于社会发展研究的重心转到了农村问题上，也为后来的有关研究打下了坚实基础。

第三阶段：2006年至今。进入新世纪以来，中国农村发展进入了一个新阶段，也面临着一些新的问题。尤其是"三农"问题成为了当时人们广泛关注的一个焦点。在此背景下，2006年国家出台了《关于推进社会主义新农村建设的若干意见》的一号文件，把农村发展问题提高到了极为重要的位置。2006年，学院安排我做社会学系主任，这样我便考虑结合"新农村建设"，组织本系更多的力量开展关于农村社会的调查研究。此后，我们尤其关注到随着城市化的快速推进，当前日益显著的村庄合并或合村并居等社会变迁现象。而这些研究同样是跟徐先生的关心支持分不开的。

其中，最主要的一个方面是我们对冷水沟村的持续研究。该村隶属于山东省济南市历城区王舍人镇(2010年5月新区划调整为王舍人街道办事处)，位于镇政府北约3公里。该村在海内外有较大的知名度，国内外许多学者曾到此做过实地调查研究，并发表了一些有影响的研究成果。前文已提到，在金光亿教授的提议下，我们山东大学社会学系自20世纪90年代以来一直关注对冷水沟村的研究。2007年之后，我们关于冷水沟村的研究又进入了一个新阶段。一方面，我们又组织研究生前去冷水沟村调查，有些研究生在此基础上撰写了其硕士论文；另一方面，更重要的是，2009年秋我们接到中国社会科学院"中国百村经济社会调查"总课题组和陆学艺先生的邀请，我去黄山休宁参加了在那里举办的"中国农村发展模式研讨会暨百村调查第三次工作会议"，会上商定把山东冷水沟村的研究列入"中国百村调查丛书"，成为其子项目之一。会后，我向徐先生做了具体汇报，并得到了他的极大肯定和支持。他明确指出，学术研究最重要的就是记录当今社会所发生的重要过程，留下最有价值的资料。

因此，我们组织力量重新对冷水沟村作了系统全面的调查和研究。从2009年12月底项目启动，2010年春组织社会学系的部分研究生和本科生开展问卷和访问调查，然后撰写调研成果，到2012年末，经多次修改补充，最终完成了《一个北方村落的百年变迁》一书。本书在已有研究及历史材料和实地调查资料的基础上，通过追踪研究，全面分析了冷水沟村近百年来的社会变迁及其发展趋势。这既是村庄发展历史的一种整体叙述，也是中国近百年农村变迁缩影的展现。该书作为“中国百村调查丛书”之一，具有自己的特色和价值。

三十年，弹指一挥间。山东大学社会学系即将迎来创立三十周年华诞，又适逢徐先生九十大寿，作为晚辈和后学，同时作为社会学系的继任者，我对徐先生充满了无限敬重和感激。他不但有广阔深厚的学识，敏锐的洞察力，强烈的责任感，而且还有长者的气度胸怀，海纳百川，提携后进。他的言传身教，使我受用无穷。

（本文作者系山东大学教授、社会学系主任）

## 回到1987：徐师与高校首届社会学理论研讨会

杨善民

并不是所有的过去都能被忆起。当“第十三届中国社会思想史年会”落下帷幕、送走最后几位教授之时，思绪纷纷芸芸，记忆的闸门被打开，刹那间回到1987年徐师主持的“高校首届社会学理论研讨会”上。

1987年9月21～23日，“高校首届社会学理论研讨会”在山东淄博市桓台县举行。这是山东大学社会学系1986年成立后承办的首次全国性学术会议，时年六十又一的徐师，作为系主任，牵头筹备并主持了高校社会学界的首次大聚会。

大会于1987年9月21上午开幕，徐师致简短开幕词后，首先聆听了全国人大副委员长、中国社会学学会会长费孝通先生专门为本次会议所作的录音讲话；随后宣读了政协全国委员会副主席、中国社会学学会副会长雷洁琼先生写来的贺信；然后由中共山东省委宣传部部长苗枫林同志作主旨发言。

参会人员来自全国12个省市，其中有8所高校的社会学系或专业负责人，这也是当时国内高校仅有的8个社会学系或专业。记忆所及，出席会议的有北京大学袁方、潘乃谷、王思斌先生，南开大学苏驼、杨心恒、吴忠、张向东先生，中山大学学丘士杰先生，复旦大学刘豪兴先生，上海大学庞树奇先生，武汉大学周运清先生，南京大学宋林飞先生等。

除高校的与会者外，还有中国社会科学院陆学艺先生，江苏社科院叶南客、邹农俭先生，四川社科院宋道全先生等60余名社会学研究者。

开幕式后，白天的会议围绕“社会学中国化”问题，分四组进行交流讨论。21日晚，徐师主持召开了高校社会学系（专业）负责人座谈会，就社会学专业设置、课程设置、教材建设等进行了深入讨论。

23日上午，大会举行闭幕式，徐师进行大会总结发言，并宣布了由属于信的内容高校商定的建立“高校社会学系(专业)系主任联席会”机制事宜。联席会以后将每年召开一次，并商定次年的第二届联席会议由中山大学社会学系主办。

会议取得了极大成功。研讨会得到费孝通、雷洁琼先生的亲自祝贺与指导；国内8高校社会学系(专业)负责人悉数到齐，交流了办学经验，达成基本共识；并对“社会学中国化”问题进行了深入探讨，推进了刚刚恢复不久的中国社会学理论研究的进程。回头看，这应该就是中国社会学恢复重建过程中高校社会学学科建设的“遵义会议”。由桓台会议首倡的“系主任联席会议”机制延续至今，对中国高校社会学专业乃至对整个社会学学科发展都做出了巨大贡献。

会议食宿接待等由桓台县政府提供了全力支持。餐饮差不多是当地最高标准；住宿则安排在刚刚落成的桓台宾馆新大楼——十多层高，是当时桓台的最高建筑。印象特别深的是，由于刚刚开业，高层供水时断时续，服务员便不辞辛苦，一趟趟提水上楼，送至每个房间，同时收集参会人员要洗的衣物，带下楼亲自洗熨好送回，使参会人员分外感动。

山东大学会务组由社会学系副主任西敬亭老师带领，办公室主任余曙光以及年青教师李小方、李芹、韩峰、叶涛、杨善民，在读硕士丁元竹等共同协助徐师，圆满完成各项会议议程，在当时交通极为不便的情况下，安排车辆送各位专家从淄博、济南等顺利踏上归程。

时任中国社会科学院社会学研究所副所长的陆学艺先生意犹未尽，回京后把讲话整理成稿后又专门寄予后学。

善民、元竹同志：

寄去《加强社会学的理论研究，建设有中国特色的社会学》一稿。这是我在9月21日桓台会上的发言，我的研究生张其仔同志整理的，我作出了修改增定。

贵校邀请我参加初级阶段理论会的请帖我收到了，谢谢你们的盛意。我20日到陵县，因那里的事太多，没有能去济南，请原谅。请代给有关同志转致歉意。

陵县的调查点已经开始工作了，现在由我研究所派去了四位同志，准备用一两年时间，对全县的社会状况作全面的调查整理(经济方面的问题已调查过了)。

有便来京欢迎来我所谈谈。

稿子收到后，请给我一个回信。

顺致

敬礼！代问徐教授好！

陆学艺

后来徐师邀请陆先生到山东大学，专门就陵县调查工作为社会学系师生作了一个专题报告。再后来，几乎在每年的“中国社会思想史年会”上，都能听到陆先生对中国社会问题的深入剖析。每次见面，陆先生也都会问候徐师。遗憾的是，这样的机会再也不会有了。

桓台会议结束不久，徐师又不辞辛苦，率李树军、韩峰老师及本人等到邹平县，筹备并主持1987年10月13～15日由山东大学社会学系、山东社科院社会学所、山东省邹平县政协联合发起的“乡村建设运动”学术讨论会。本次研讨会是“文革”后举办的首次全国性梁漱溟思想学术研讨会，亦在国内外产生了广泛影响。

回忆自1983年12月在山东大学“社会学讲习班”跟随徐师学习社会学，至20世纪90年代初徐师离休的七八年间，山东大学社会学从无到有，并快速发展，徐师可谓沥尽心血，培养年青教师，主编教材，召开学术会议，开展农村调查研究，风生水起，为山东大学社会学学科发展奠定了坚实基础，也为中国社会学发展做出了可书可载的贡献。

转眼间，徐师已高寿九秩，依然精神矍铄，身体康泰，此真乃后生吾辈之福！

永远的学生杨善民

2015年12月3日识于山东大学学屋

## 我们的“学者”馆长

袁继坤

2015年4月2日，从清晨到午后一直都是春雨绵绵。昨日姹紫嫣红的校园里，有了些“绿肥红瘦”。

因为编撰《山东大学图书馆史》之任务所需，今天下午，我和同事杨震一起，携带着录像设备，到山东大学中心校区家属南院，拜访了学校的“两系之父”徐经泽教授。

敲门，徐老师开门热情地迎接我们。徐老师体态魁伟，入座后，坐在沙发上，像一座巍峨的山。房间里布置得充满书香气，东面墙上，挂着徐老师闲暇时用笔墨勾勒的山水画，山峻壑幽，云烟淡远，颇有“八大山人”的笔意，画境空阔，余味无穷。

我们知道，20世纪七八十年代，“文革”初辍，百废待兴。正是在徐经泽先生的身体力行努力下，经当时的“国家教委”(后改为“教育部”)批准，我校先后创办起了社会学系和图书馆学系。徐经泽先生任两系的第一任主任，同时兼任图书馆馆长的行政职务。所以说徐经泽先生是“两系之父”，毫不为过。

徐经泽先生语出惊人。一说起山东大学，人们习惯于称誉为“文史见长”。徐先生则认为,实际上,这一说法是不确切的,有一定的偏颇。山东大学从一建立就是多学科的。在一定的历史时期内,山东大学站在各高校前列的是理科的一些专业。像动物学、植物学、物理学、化学、海洋学等专业的综合实力都超过文史。其中动物学系的童第周教授,在动物胚胎学研究方面多有创见,是我国屈指可数的生物学家。中国的雷达之父束星北,核物理学家王普、王淦昌,这些声名显赫的泰斗级大师,都是山东大学历史上曾经闪耀的人物。所以,简单地说山东大学"文史见长",是不符合实际情况的。

在谈到抗战时图书馆的情况时,徐老师讲到的一件事很让人惊异。由于日寇的入侵,当时的山东大学自鲁迁川,无力维持,旋即停办。所有的老师都解散了,当时只留下了四个学校给发饷金的人,这四个人是看护图书的人!

当时,共 90 多箱精品图书,是山东大学文脉的载体,寄存于"中央大学图书馆"。

现在,我们偶尔在图书馆的旧书库里,还可看到钤印着"中央大学图书馆"的书籍,就是那段历史的记忆。

今日的山东大学图书馆,是国务院批准的"全国古籍重点保护单位",馆藏古籍特藏 385546 册(件),金石拓片尤为丰富,州府方志颇具特色。其中还有一些 20 世纪二三十年代的外文图书,在世界上也已经是罕见的版本了。

有一次,一位来自西德的外宾,在我校图书馆里看到完好无损地收藏着德文花体字的书籍,惊诧不已。他说,经历过二战,即使在欧洲那些原始出版地的国家里,山东大学图书馆所藏的这些图书,也已经毁于战火,荡然无存了。能把这些图书完好地收存下来,是对于人类文明的重大贡献。

历经一百多年的山东大学,秉承"为天下储人才,为国家图富强"的恢弘大志,经过了一代代人的辛勤努力,才发展到我们今天敢于直面苍茫大地,发出"创建世界一流大学"的心底呐喊。

采访完徐经泽教授,告辞出来,我在路上想,对于物质化的文化遗产,人们往往多加关照,百般呵护了;但是,对于活生生的人所伴以存在的文化遗产,却往往还在掉以轻心。现在,随着历史尘烟的漫氤淡化,熟知那些历史故事的前辈们,大多数人也像"满载一船星辉"的舟儿,"轻轻地来",又悄悄地去,渐行渐远,"不带走一片云彩"。

如何留住"乡愁",如何挽住那段历史的云烟,是每一个关心学校发展历史的人都要考虑到的。

关注那些带着历史故事的老者吧,常去看看他们!

(本文作者系山东大学图书馆原办公室主任)

# 附录二　珍贵资料

## 总结经验，繁荣我国社会学事业

### ——哈尔滨会议材料

国家教委召集这样一个会议，是十分及时的，也具有非常重要的意义。回顾一下社会学在中国恢复重建所走过的十年的不平凡路程，澄清某些模糊认识，总结经验，吸取教训，重新调整和规划社会学的未来发展方向，繁荣我国的社会学事业，以更好地为中国的改革开放、为中国社会的现代化发展，贡献出应有的力量。下面我着重讲四个问题：(一)社会学是什么；(二)社会学能做什么；(三)社会学存在什么问题；(四)社会学应该如何发展。

**一、社会学是什么**

我们今天重提十年前的这个话题是十分必要的。这是因为，现在许多人对社会学的了解还不够，存在许多误解。比如，有人认为社会学没有自己的理论体系，它只不过是人所共知的一些肤浅道理的七拼八凑，根本无需专门的学校来培养专门的社会学人才，与其到学校里来学习社会学，不如到社会上接受实际的锻炼；有人认为社会学没有自己独特的研究对象、研究领域，它可以由其他学科来代替。还有人认为社会学是专门研究社会问题的，专门揭露阴暗面，批评政府；甚至还有人认为，根本不存在马克思主义社会学，等等。类似的不正确认识还有很多。不澄清这些认识，不但对我国社会学的发展，而且对我国的社会主义现代化事业，都是十分有害的。

第一，我们必须认识到，社会学是一种学科门类。在学校里，它由一整套课目组成，最基本的如社会学原理、社会调查方法、社会统计方法、社会研究方法、社会学说史、社会心理学、社会工作与社会管理、社会评估与社会预测，等等。在国家教委颁布的《专业目录》里，社会学类有四个专业，即社会学、人口学、社会心理学、社会工作与管理。实际上，社会学的研究范围，已远远超过了这四个专业所涵盖的内容。

无论是国外还是国内，社会学的发展均已表明，它已经成熟为一个自成系统的学科。

第二，社会学学科是一门实证学科。

作为一门科学，社会学有一套系统的理论，既可以对社会进行宏观研究，也可以进行微观分析，同时还能进行中层（中观）的解剖。这套系统的理论，能够全面完成对某个社区或社会的分析研究工作，同时也能为社会的良性运转以及未来发展作出规划和预测。

作为一门科学，社会学还有一套社会测量和统计技术，一套完整的社会指标体系，来科学地测量、分析、研究社会，不经过专门的训练，人们便无法掌握，从而难以保证社会调查、统计和研究的科学性。社会学调查测量的科学性，来源于它的客观性和准确性，来源于它的宏观上的定性分析与微观上的具体测量的有机结合。通过社会学家所设计的一系列社会指标，通过他们的测量和统计处理，我们便能客观准确地了解社会现状。这套科学的方法既可用来研究一个部门、一个地区、一个团体组织，而且还可以用来分析研究整个社会，建立一套科学的社会发展战略。

在这里，我们必须声明，并不是所有人对社会的调查都能叫作社会调查，也并不是所有人对社会的研究都能称其为社会学的研究。他们的调查研究与社会学的最重要的区别，就是缺乏科学的理论和技术，从而使他们的调查研究成果缺乏科学性，这正如我们从来不把杀猪宰羊的屠夫称为科学家一样。

总之，社会学作为一门科学，它的理论不是来自头脑的思维思辨，而是来源于对社会的实证分析。它的理论直接来源于现实，同时又直接服务于现实。它不是一门纯粹的理论科学，而是一门与社会实践有着不可分割的关系的实证科学。

第三，社会学作为一门科学，是马克思主义科学体系的有机组成部分。

在我们周围，有一个广泛流传的看法，那就是社会学来源于国外，是资产阶级的。如果对社会学上百年的发展历史稍作考察，就会发现，这是一个误解。

中国的社会学，最初的确不是土生土长的，它来源于国外，主要是西方。但是，谁也不能把西方和资产阶级画等号。在西方，既有资产阶级社会学流派，也有马克思主义的社会学传统。历史唯物主义是最科学的马克思主义社会学理论，科学社会主义是最重大的马克思主义社会学的理论成果。在苏联、南斯拉夫等社会主义国家，历史唯物主义是社会学教科书中不可缺少的部分；在西方资产阶级社会学界，几乎已没有哪个人不承认，马克思不是一位伟大的社会学家；在西方许多大学的社会学系，《资本论》都在必读书目之列。

在旧中国的各大学社会学系，占据课堂的无疑是西方资产阶级的社会学理论。

但是,当时也有一批马克思主义的社会学家,在对中国社会进行着科学的分析和研究,如瞿秋白、陈翰笙、冯和法、李达、孙冶方、许德珩、陈达等等。

尤其要特别指出的是,毛泽东同志对中国社会的科学分析,给中国新民主主义革命提供了系统的理论指导,毛泽东同志所总结和实践的社会调查方法、社会的阶级分析方法,已经成为中国社会学的重要组成部分。

1979 年社会学恢复和重建以来,广大社会学工作者,在马克思主义的基本理论指导下,结合中国实际,写出了一批有较高质量的教科书、专著或论文,培养了我们中国自己的社会学人才。许多科研成果给有关部门制定政策提供了科学依据,政府部门、决策机构,对社会学的重要作用,也有越来越清楚的认识。

第四,社会学的重要作用,是任何其他学科所无法替代的。

在某种意义上讲,社会学是一门交叉的科学或者说是综合的科学,但它仍有自己特定的研究领域。更为重要的是,它有着一套分析研究社会的独特理论和方法。这些,都是其他任何科学代替不了的。

在一个半世纪之前的社会学创始人那里,社会学是这样一门学科,它与专门研究自然的科学如化学、生物学、物理学相对应,是专门研究社会的,它的研究范围正与我们今天所讲的“社会科学”相同。一百多年来,社会学的研究范围、研究对象,根据不同的时代特点,发生了一些变化,在不同的社会学家那里,也都有所侧重。

今天,无论社会学界还有多少争论和分歧,社会学家们都同意,社会学主要研究以下内容:

1.社会生活的基本单位:社会、人口,社团和组织,城市社区和农村社区,人群(包括民族和阶级),个人和人格,社会行为和社会关系。

2.基本的社会制度:家庭和亲属制度、经济的制度、政治的和法律的制度、宗教的制度、教育和科学的制度、娱乐的和福利的制度,等等。

3.基本的社会过程:社会变迁,社会整合,社会过失(包括犯罪、自杀等),社会控制,社会评估,社会化和教育,社会联络(包括舆论的形成、表达和变化等),社会冲突(包括革命和战争),社会中的合作、调解、同化,社会分化和分层,等等。

社会学的上述研究领域,有些和其他的学科相交叉,如经济学、政治学等,但是,社会学有着自己独特的研究角度和研究方法。比如,社会学把它的研究对象作为一个整体来把握,充分考察它的社会联系和社会影响,研究分析它所处的自然与社会背景,十分注重实地的社会调查,有一套科学系统的社会测量和统计技术,等等。简言之,如果社会学同其他学科一样,都研究树木,那么,社会学就要通过树木所处的森林来研究它,同时也研究它对整个森林以及整个环境的影响。一般来说,社会学对树木本身的生长发育机制不感兴趣,因为那是其他学科的任务。

第五，社会学与其他诸学科的关系。

社会学与历史唯物主义的关系。历史唯物主义是马克思主义的社会学理论，在前苏联、前南斯拉夫等社会主义国家，历史唯物主义的基本理论都写进了社会学的教科书，是社会学研究的重要领域。如果按照中国的传统，历史唯物主义仍被安排在马克思主义哲学的教科书里，那么，历史唯物主义就是中国马克思主义社会学的根本指导，就是中国社会学研究所必须遵循的最高准则。毋庸置疑，历史唯物主义不是社会学的全部，它更无法代替社会学对社会进行详细的实证研究。

社会学与经济学、政治学、法学，它们之间有着明显的区别。经济学、政治学、法学研究的都是社会的一个具体部分，而社会学研究的则是社会整体。当然，社会学的研究也会涉及政治、经济、法律等领域，但社会学往往把这些领域作为整个社会生活的一部分，从它和其他部分的广泛联系上对它进行综合的研究。比如，经济学研究的仅仅是经济活动的内部规律，如生产、流通、分配和消费等；而社会学如果也注意到了经济领域的话，它则侧重于研究经济活动对社会发展的影响，或者反过来，非经济的社会因素对经济发展的影响。再如风俗习惯对商品价格的影响、家族情谊对经济组织构成的影响、企业家和经理的出身和动机、教育对生产力发展的贡献等，这些都是一般的经济学家极少研究的。

社会学与历史学、人类学、心理学的关系。虽然历史学、人类学、心理学也都以整个社会为研究对象，但它们与社会学的研究角度、研究方法各不相同，对同一研究领域也各有侧重。

历史学所注重的是一系列事件发生的先后顺序，社会学家则更为关注大致在同一时期各个事件之间的关系；历史学家们几乎都局限于研究过去的事情，往往是越古远越好。社会学家则对当代的事或不久前发生的事更感兴趣；历史学家以能精确、具体地描述详情而感到自豪，社会学家们也似乎倾向于对具体的现实进行概括、分类和综合，以发现一般的规律。

人类学与社会学的关系十分密切，但也有一个重要的区别，这就是人类学侧重于研究那些无文字的民族，而社会学则研究比较先进的文明；人类学者按惯例都生活在他们所研究的社区里，进行直接的观察和记录，主要用定性的分析方法，社会学者则更经常地利用统计表和调查表进行调查，他们的分析大多是定量的；人类学家考察的是人数较少的小集团和社区，而社会学家则研究规模较大的、不具人格的组织和过程。随着许多落后的民族向现代世界的迈进，人类学有可能失去它独立存在的价值，而变为社会学的一个分支。

心理学所研究的是人的心理规律，如知觉、认识、学习、感觉、情绪和动机等，它希望通过人的心理解释人的行为；而社会学所研究的人的行为，注重于这种行为所包括的人数，他们的文化、客观处境、社会组织等对行为的影响，以及这种行为对社会的影响。心理学研究人的心理方面，社会学研究人的社会方面。

总之，社会学是一门有着独立存在价值的科学，其重要作用是其他任何学科都无法替代的。

## 二、社会学能做什么

社会学的主要目的，是促进我们对周围这个世界的了解。给我们所面临的一系列社会问题提供解决的方案。这是一个崇高的目标。但是，今天我们最需要了解的是，社会学对于我们中国的社会主义现代化事业，究竟有什么样的实际作用，中国的改革和开放，为什么离不开社会学。

在当今世界上，许多国家，无论是西方发达的资本主义国家还是第三世界，都为发展社会学的教学、科研和应用投入了大量的人力物力财力。美国社会学的地位在社会科学中仅次于经济学，得到的国家拨款甚至超过了经济学。苏联50年代后期恢复社会学以来，发展迅速，社会学工作者占整个社会科学工作者人数的1/10。最近，苏共中央政治局又专门作出决定，加强社会学的研究，倡导各级领导重视社会学在改革进程中的作用，学习社会学。在其他国家，也有类似的情况。

作为一门年轻的学科，社会学能取得如此迅速的发展，根本原因就在于社会发展对社会学的需求日益扩大。进入20世纪后，西方资本主义社会的整个社会结构和生活方式都发生了深刻的变化。同时，各种社会问题也更加频繁地发生和激化。而从第三世界国家看，在五六十年代，许多殖民地国家获得了独立，同时也面临大量复杂的经济和社会问题。所有这一切，都为社会学研究的开展和发挥作用提供了广阔的舞台。

在我国，社会学的教学和研究工作至少可以在以下几个方面对社会主义现代事业做出贡献。

第一，培养专门人才，大力开展应用性研究，为政府提供决策咨询。

中国的社会主义现代化事业，需要大批的社会学专业人才，以对改革开放的进程进行系统科学的研究。

社会学的研究有基础研究和应用研究之分。基础性研究是原理性的，它主要关心的是社会学学科本身的有关知识问题。而应用性研究却注重知识的社会运用，它直接地解决社会中的实际问题，着重于社会决策。

社会学的应用研究，对于中国的现代化建设，是必不可少的，它主要包括以下几个方面：

(1)估价研究。它是对已经颁布实施的政策、计划的效果进行评价。主要回答下列问题：这个计划是否成功？它是否实现了预期的目的？估价研究既可运用于涉及全国的方针政策，也可以仅是对电视台新增设的一个节目进行研究。中国的改革史无前例，许多方针政策都带有探索性，因此这就急需对每项政策进行社会学的估价研究，以总结经验教训，顺利推进我国的现代化进程。

(2)社会实验。这种应用社会学研究是在某项计划或政策实行前要做的。尽管时间有先后，但社会实验的方法和目的往往同估价研究一样。一些较重大的社会政策，在全面推行前，社会实验是必需的。如中国对外开放试验区、教育改革试点学校等。进行社会实验是社会学家的特长，有了社会学家的参与社会实验的目的才能够更好地达到。

(3)政策性社会调查。近年来越来越显示其重要意义的一种应用社会学研究就是大规模的政策性社会调查。这种调查的目的是为政府及有关决策机构提供有关国家所面临的重大政策问题的信息和实验性结论，提高决策的科学性，比如开展国情调查，或者对社会中不同的利益团体进行调查，等等。

(4)社会监测和预测。社会学应用研究的一个重要方面就是对社会现象进行测量和描述，进而作出预测。比如对家庭人口规模、离婚率，或者小城镇的发展状况，我们可以进行科学的测量和描述。如果按照时间顺序排列起来，不同时期的快照式描述就成为社会的一种暗示器，比较好地指示出这个国家的某些社会趋势。这些不同时期由社会监测所取得的资料，也可以用来作为形成和修改政府决策的重要参考。

(5)社会规划。社会学家的应用性研究，不仅仅局限于提供咨询，而且社会学家还可以直接参与决策，特别是社会规划方面。中国现代化建设的特点之一就是计划性，不论城市规划或乡村规划，还是工业计划或农业规划，都必须综合考虑，都应该考虑到社会各方面的整体规划，即社会规划。制定这些规划，有社会学家的参与肯定能避免许多失误。即使对某些建设项目必须伴生的弊端，社会学家也能够寻找办法，使弊端降至最低限度。

第二，培训在职的政府干部、思想政治工作者，建立社会的良性运行机制。

现代社会的特点是分工越来越细，同时各部门的联系也日益密切，相互的依赖性越来越强。这就要求各部门的政府干部，无论决策者还是管理者，要有广阔的社会学视野。在实际工作中充分考虑各部门、部门之间广泛的社会联系和社会背景，是社会效益最大化。这也就是说，现代社会需要的人才不仅要具备专业知识，而且还要有广泛的社会知识。现在，中国政府各部门的管理者，不乏专门人才。所以，对他们进行社会学的专业培训，不仅是有益的，而且还是十分必需的。它有助于打破部门之间决策上矛盾梗阻，建立一个良性的社会运行机制。

再则，现代社会生产上的社会化带来了生活的社会化，对衣食住行、生老病死的关注，已经成为社会的公共事业，需要由社会提供的社会服务和社会保险越来越多，这就是各式各样的社会福利事业，如社会保险、社会救济、儿童福利、公共卫生和文化娱乐设施等。这些事业，就国家而言，很重要的一部分就是社会保障事业。从事这些事业的工作和管理，通常被称为“社会工作和社会管理”。社会保障和社会工作是应用社会学的重要内容。现在有的国家，大学里已经开设了社会工作系或社会工作学院，专门为社会团体、社会福利机构以及政府民政、教育、卫生、劳工等部门培养社会工作专业人员。因此，在我国完全有必要对政府部门的劳动、人事、组织、民政机关的干部以及工会、妇联、共青团等群众团体的有关干部，进行社会学的专业训练，以更好地开展各项社会工作。

另外，在学校、科研机构、企事业单位，还有一支庞大的专职思想政治工作者，党的宣传教育工作者。几十年来，他们兢兢业业，为社会的安定团结，调动人们的生产、工作、学习的积极性，做出了巨大贡献。但是，毋庸讳言，思想政治工作者的素质还要进一步提高，工作成效也有待进一步增强。实际上，思想政治工作者、宣传教育工作者所要解决的问题，比如情绪问题、积极性问题、信任和信仰的问题、参与问答，等等，社会学家们都有专门的深入研究。因此，对思想政治工作者进行社会学的专业培训，无论对于他们自身的工作，还是对于中国社会今后的稳定和发展，都有不可估量的意义。或许，这将成为新时期思想政治工作的一个重大转折和突破。

第三，普及社会学知识，强化国情教育，提高公民素质。

社会学提供的有关社会的基础知识，实际上是每位公民都应该了解的基本常识，这种常识是现代社会中每位公民都应具备的。

现代社会日益复杂，而且千变万化，仅仅依靠个人的经验，依靠从家长或朋友那里得到的知识，已经远远不够了。只有系统地学习有关社会的知识，才能自觉地参与社会生活，适应不断变动着的环境，成为现代社会的一位合格公民。尤其在社会主义的中国，如果不了解我国国情或没有关于我国社会的基本知识，就很容易被西方资产阶级的思想腐蚀，蕴发动乱。因此，在当代比较发达的国家里，无论它们实行哪一种政治制度，都十分重视社会学的教育和科研事业。许多大学甚至中学，都普遍开设了社会学课程；不但许多综合性大学开设了社会学系，而且有的理工学院也开了社会学系；在南斯拉夫，社会学原理是大学里各类学科专业的学生的共同必修课。所以，无论与其他国家相比较，还是从我国社会主义现代化事业的需要出发，我国的社会学教育还都十分薄弱。

第四，研究社会问题，消灭社会病态。

研究社会问题，寻找对策，是社会学研究的重要内容。随着我国改革开放的不断深入，一些社会问题也逐渐在我们面前出现。比如农村剩余劳力的问题、童工问题、“城市病”，等等，都需要社会学工作者的系统研究，以寻找医治的良方。

### 三、社会学存在什么问题

自 1979 年 3 月邓小平同志《坚持四项基本原则》的讲话中，提出社会学“需要赶快补课”以来，至今已有十年时间。十年间，社会学的发展取得了相当的成绩，全国已有 10 所大学开办了社会学系（专业）；许多省市设立了社会学的专门研究机构；出版了一批教材和论著；培养出了自己的学士、硕士、博士，其影响日益扩大。

但是，在社会学的发展过程中，还存在许多问题，有待解决。最主要的就是，社会学的发展状况远远不能满足改革开放的需要，与社会主义现代化建设事业的要求不相适应，具体来讲，表现在以下几个方面：

第一，对中国的社会实际研究不够，不适应现代化建设的需要。1978 年以来中国的改革开放，提出了大量问题，需要社会学工作者研究解决。特别是在如何配套改革，如何使经济、政治、社会改革协调推进方面，参与不够。

第二，对马克思主义的社会学传统，对中国的社会思想渊源，缺乏相应的挖掘研究。在中国社会科学界，长期存在着一个错误的见解，就是认为社会学是西方资产阶级的专利。马克思主义只有历史唯物主义和科学社会主义，中国过去更没有自己的社会学。由于 1979 年以来中国的社会学工作者大都是其他学科出身的，因此这种看法也就带进了社会学界。前面我们已经讲到，马克思主义社会学源远流长；中国古代也有丰富的社会学说；新中国成立前的社会学家们，也对加速社会学的中国化作出了重大贡献。这都需要我们做出进一步的研究。

第三，有关社会学的宣传不够，社会各界对社会学的了解、重视不足。由于新中国成立后很长一段时间，社会学在我国销声匿迹，加之恢复重建也只有短短的十年。因此社会上还有许多人对社会学的重要作用没有足够的认识，不清楚如果有了社会学家的参与，我们在城乡规划、大型工程的建设、人口政策、社会团结等各方面，都会避免许多失误；误以为社会学可有可无，这种对社会学不了解的状况，不但存在于各级政府部门、社会各界，而且在设有社会学系的学校，也有类似的情况。社会学系在各学校的地位，都还不能与它的重要作用以及未来发展相适应。

第四，社会学教材难于出版。由于社会学具有恢复重建性质，国外的社会学教科书不适合我国国情，新中国成立前的教材也远远地脱离了今日中国的实际。因此，社会学面临着大量的教材建设任务。比较令人欣慰的是，经过几年来各专业教师的辛勤努力，各主要课程都编出了自己的教材。但令人遗憾的却是，他们大都遇到了出版上的困难，大部分教材都无法出版。由于现在社会学在校学生少，教材出版无钱可赚，各出版社拒绝接受；同时，由于缺乏统一的协调组织，主要是缺乏资金，不能给出版社足够的财政补贴，这就使得社会学教材的出版难上加难。教材出版的困难严重影响了社会学的教学，妨碍了社会学科研教学成果的交流和提高，也不利于它的对外影响。

第五，人才缺乏，经费严重不足。由于社会学恢复时间短，与改革开放的社会需要相比，社会学人才缺乏的状况显得特别突出。大学的师资，专门的研究人员，都还不能满足需要。许多社会课题没有精力研究涉及，这不但有碍社会学学科本身的发展，而且不利于中国现代化建设。

与人才状况相比，更为严重的是经费的不足，这从根本上制约了社会学的发展。社会学的学科生命来源于实地的社会调查和考察，它不是一门纯粹的理论科学。因此，它比社会科学的其他学科，需要更多的经费开支。但它在许多学校所得到的拨款，却往往比其他科系更少，有的连起码的办公用品都无力购买。由于社会学系成立较晚，师资少，教学任务重，更无力去搞创收，经济上捉襟见肘，十分窘迫。再则，社会学系学生需要相当的实践去做社会调查，了解社会，但他们的人头费是按普通文科下拨的，这也严重影响了社会学人才的培养。

### 四、社会学应该如何发展

社会学面临的问题，都是发展过程中出现的，只要有关各方努力，困难是不难克服的。具体来说，需要以下几方面的工作：

第一，政府的支持。没有各级政府的理解、重视和支持，根本谈不上什么社会学的发展。政府的支持，一方面当然是经费上的支持，必要的经费，是社会学发展的最基本条件；另一方面，政府对社会学的理解，也是支持的一种重要形式，政府的重大决策、规划和建设，如果能积极地听取社会学工作者的意见，或者吸收社会学工作者参加，将会对社会学的发展起到积极的推动作用。

第二，加强对中国社会实际的研究，社会学工作者要深入实际，系统、科学地研究中国社会，把马克思主义的基本原理同中国的实际结合起来，积极地为改革开放出谋划策。社会学的调查研究，是一项十分艰苦的工作，这需要社会学工作者的崇高献身精神。

第三，改革现有教学模式，多层次办学。

现有的以招收应届毕业生为主的四年本科教育制度，与中国现代化建设的需求不相适应，必须加以改革。

社会学是一门实证科学，以研究社会为己任。因此，应届高中毕业生，缺乏社会阅历以及必要的社会实践知识，他们往往不能更好地学习理解社会学。即使较好地掌握了社会学的书本知识，毕业之后也很难独立地开展工作，满足用人单位的需求。

因此，建议改变现在的招生方向，从招收应届高中毕业生为主改为招收有工作经验的工人、农民、干部等社会青年为主，适当招收部分应届高中毕业生，这将大大提高社会学人才的素质，更好地适应社会学学科本身的需要以及现代化建设的需要。

另外，改革单一的四年本科教育的学制，开展中短期的职业培训。中国现有的大量干部，如基层的乡镇干部、街道干部和工会、妇联、共青团的有关干部、党政机关所属的调查研究机构的工作人员，特别是党委的政策研究工作人员、政府统计局

所属的调查研究机构的工作人员，特别是党委的政策研究工作人员、政府统计局所属的城市抽样调查队和农村抽样调查队的工作人员，等等，都应该接受社会学的专业训练，以提高效率，增加科学性。对于这些人的培训，可以是一年或两年，他们既可以是在职，也可以是离职。总之，根据具体情况和社会需要，灵活办学。

这样，从生源到学制的改变，既解决(至少是缓解)了毕业分配面临的就业压力，也为社会学的未来发展开辟了一个广阔的天地。

第四，逐渐在文、理、工、农、医各类学校，开设社会学的有关课程。目前各类学校的学生，都是从校门到校门，缺乏对于中国社会实际的了解。因此，开设社会学的有关课程，增强他们对中国社会的认识能力，增加他们的社会知识，既可以防止西方资产阶级思潮的侵蚀，也有利于他们毕业后更快地适应社会，独立地开展工作。这对于理工科的学生来讲，尤其重要。

总之，中国的改革开放，中国社会主义现代化事业，离不开社会学，社会学的进一步发展，有赖于各方的积极努力。愿我国的社会学工作者，与社会各界携起手来，共同为繁荣我国的社会学事业而奋斗！

## 1990 年社会学系系主任联席会议纪要

“1990 年社会学系系主任联席会议”由武汉大学哲学系社会学专业筹备。在国家教委、武汉大学校领导的大力支持下，于 5 月 27 日至 6 月 1 日在武汉举行。北京大学、中国人民大学、南开大学、中山大学、南京大学、山东大学、复旦大学、华中理工大学、上海大学、武汉大学共十所大学的 20 名代表参加了会议。国家教委高教司文科处的刘凤泰副处长、杨志坚副处长、魏亚田、严志坚同志参加了会议。

根据国家教委的精神，这次会议的主要议题有两个：一是讨论社会学专业教学计划；二是讨论《社会学原理》(后改为《概论》)教学指导纲要的编写。

会议开始时，刘凤泰同志首先讲话，他主要讲了三个问题：第一，近十年来社会学专业教育改革情况。他认为，经过 1985 年以来的教学改革，社会学专业在坚持马克思主义为指导、加强基础课建设、编写教材、增设应用性课程方面都取得了一定成绩，已培养的上千名大学毕业生在社会主义建设中发挥了较好的作用。但是也存在不少问题，有些问题较严重。比如，忽视思想政治教育和品德教育，削弱了马克思主义的基本理论教育，以致在资产阶级自由化思潮冲击面前缺乏应有的抵抗力；对西方社会学理论介绍存在盲目引进、机械照搬、食洋不化的倾向。在总结社会学专业教育基础上，刘凤泰同志提出了改革社会学专业教育的六点意见：(1)端正办学方向，明确培养目标。(2)加强马克思主义教育。(3)切实解决好学生的社会实践问题。(4)拓宽专业口径，培养四化建设需要的合格人才。(5)改革招生方法，多招收有实践经验的在职人员入学；(6)努力提高教师的政治、业务素质。第二，制定社会学专业教学计划的指导思想和原则。他指出，国家教委关于《深化高校文科教育改革的几点意见》(征求意见稿)是这次制定专业教学计划的指导思想和原则。第三，如何编写《教学指导纲要》，他指出，这是一项政治性、理论性、政策性、学术性非常强的工作，直接影响到办学方向和人才培养质量，这项工作要依靠学校、依靠专家教授来做，通过编写"纲要"好好清理一下教学中的问题。提出"纲要"必须强调马克思主义基本观点，增补以马克思主义为指导研究的新成果；批判资产阶级自由化观点；澄清为资产阶级自由化提供理论根据的非马克思主义观点。同时，应对学术研究中的问题持谨慎态度，区分哪些可以向学生讲，哪些不宜向学生讲。

会议的讨论分两个阶段进行：第一阶段由中山大学社会学系主任何肇发教授负责组织"教学计划"的讨论。讨论是以教委委托南开大学社会学系起草的"教学计划"为蓝本。讨论中较为集中的问题是培养目标、核心课程、教学实习。在培养目标上，一部分同志对南开大学的草案给予肯定，但也有一部分人认为它没有超过1987年国家教委颁布的专业目录上对社会学专业的概括，社会学的特点不突出。一些同志认为，培养目标写得合不合适，一定要做到让社会明确，让学校明确，让学生明确社会学专业是干什么的。大家一致认为，目标除了要有文科专业的一般要求，还要有社会学的特殊要求，要突出体现能力的培养。对学生的工作去向，大家认为应体现为基层培养人才的精神，但也不宜太具体化，在表述上要考虑考生的心理。关于专业课程设置，与会者一致认为除了根据各系的专业特长组织课程外，应有一个最基本的、各校统一的核心课程，以保证专业基础知识的一致性和专业培养规格，改变目前课程差距较大的现状。会上提出要搞十门核心课程。对史、论、法这些课程列入核心课程大家分歧不太大，但也有争论。此如，西方社会学理论与西方社会学史是作一门课还是二门课；社会思想史与社会学史课程的地位排列。分歧较大的是在史、论、法以外还应有哪些课列入核心课程，有些同志侧重于社会学多维视角的特点，主张把一些最主要的社会学与其他学科交叉的课程列入，如政治社会学、经济社会学、科学社会学、人口社会学等；也有的同志侧重于社区分析、组织理论这类带有综合性，操作化的理论与方法课程。关于学生参加社会实践，各校都认为非常必要，而且认为，对于社会学专业的学生更有必要。一些学校还介绍了他们的经验，此如，中山大学把学生的社会实践与为地方进行科技服务结合，争取地方在经济上的支持，中国人民大学通过建立社会调查研究中心，为学生争取到广阔的实践场所。不过，大家也认为，这些经验不具有普遍性，当前最突出的问题是经费不足，有的学校每年每个学生实习费仅10元。大家一致希望教委在这方面能有一些切实的办法，以保证社会实践的落实。

经过充分讨论，综合各方意见，由南开大学的同志在会议期间修改了原稿，并拿出“教学计划”第二稿，并决定会后由武汉大学将第二稿印寄各校，交广大教师讨论，6 月底意见反馈南开。在此基础上，南开再次修改，并将修改后的教学计划提交教委，待 10 月份组织审定。

会议的第二阶段是中国人民大学副校长郑杭生教授负责组织“指导纲要”的讨论。会议首先就如何编写“纲要”进行“务虚”。讨论的热点基本上集中在以下几个方面：(1)如何评价现有的《社会学概论》。目前社会上流行的《概论》版本很多，一部分是高校社会学专业的同志搞的，还有相当一部分是师范类大学、业余大学、函授大学或有志于社会的工作者搞的。大家认为，高校社会学专业的《概论》建设其发展方向是好的，都力图体现以马克思主义为指导，各有所长。前一阶段社会学发展的一些问题主要不应由高校社会学专业的同志负责。但是，与会者也认为，虽然主观上愿意用马克思主义作指导，但实际上没有解决好，贯彻得不够，还要做大量的工作。(2)马克思主义社会学问题。社会学的重建不可能从零开始，西方的概念、范畴必然会出现在我们的教学中。有的同志提出，搞马克思主义社会学不是把西方的东西搬来，然后在上面贴上马克思主义的标签，要解决好学科本身的概念、范畴问题。但大多数同志认为，不能说某一概念、范畴不是马克思提出的就不是马克思主义的，就不能用，关键在于用马克思主义改造、吸收它，马克思主义本身就是对人类知识的吸收。(3)是编写《社会学原理》还是《社会学概论》的“纲要”。教委最初的意见是搞一个《原理》的“纲要”，但到会的大多数同志认为，目前搞《原理》条件还不成熟，主张搞《概论》的“纲要”。(4)“纲要”的系统性问题。一部分同志认为，不论是《原理》还是《概论》，都要有一个体系，要有它内在的逻辑关系；但也有一部分同志认为，作为《原理》，体系是需要的，作为《概论》，搞体系是没必要的，也是不可能的。还有一些同志主张，编写“纲要”可以把体系问题暂放在一边，从现有的《概论》内容来考虑编写，关键是内容。(5)政治与学术的关系问题。在讨论中，大家感到困难较大的是如何某个观点是属于自由化，应该批判，还是属于有错误，应该澄清的。虽然对这个问题的讨论还有待深入，但大家基本上在以下几点上取得了一致意见：第一要有坚定的立场，明显的自由化观点该批就批；第二要慎重，对一时在政治与学术上分不清的暂时作学术问题处理；第三是在行文用词上要严谨。在会上，个别同志对教委选择社会学第一个搞“教学指导纲要”有些顾虑，教委同志对此做了解释工作。

在“务虚”讨论的基础上，根据现有《社会学概论》的内容划分了七块：(1)绪论；(2)社会化(包括角色、互动、文化)；(3)群体、组织、分层、阶级；(1)制度、规范、控制；(5)社区；(6)社会变迁、社会现代化；(7)社会问题。然后分成七个小组分别就各块内容中应该坚持什么、批判什么、澄清什么展开具体讨论。经过小组讨论,再大会集中交流、补充。由于时间短,“纲要”的讨论还是初步的,但大家对“纲要”的编写原则明确了,正如郑杭生同志总结的:第一,要实事求是,既要端正方向,又要提高学术水平;第二,要粗细信宜;第三,政治与学术弄不清时先作学术问题处理;第四,虽然有些学术问题是很重要的,但作为本科生的教材,不要把太复杂的问题放入,一些一时说不清的可以回避;第五,从总结经验教训出发,进一步明确坚持马克思主义方向,至少让搞自由化的人无空子可钻,该批的就批,该防止的就防止,但也切记简单化。

会议最后确定七个小组各有一人在会后整理一个更完整的意见寄给郑杭生教授,根据教委意见,“纲要”由郑杭生教授负责编写,编写人员由郑杭生教授与教委在征求意见后共同商定,教委发出邀请,10 月份以前拿出初稿交教委组织审定。

这次会议时间不长,但大家普遍感到开得紧张、扎实,各种意见得到发表和交换。不仅对社会学的方向问题有了更深的理解,在学术上也是一个难得的讨论会。会议结束时,刘凤泰副处长作了总结讲话。

他认为,这次社会学系系主任联席会议开得比较成功,达到了预期的目的,并对下一步工作提出了一些具体意见:(1)将最初拟定的编写《社会学原理》教学指导纲要改为《社会学概论》教学指导纲要。(2)“纲要”的编写关系到社会学专业的办学方向,希望大家进一步消除顾虑,以最饱满的政治热情、最强的责任心圆满完成任务。编写过程中一定要实事求是,做到详略得当,观点正确,材料翔实,语言简明生动。(3)各校要大力支持编写“纲要”工作,帮助参编人员解决思想、生活上的问题;给他们充分的时间;帮助解决参加讨论会所需的差旅费;“纲要”属科研成果,应与学术专著、教材、论文同等对待。最后他指出,社会学专业的教学与科研工作还不能适应四化建设的需要,培养的人才质量需要继续提高,研究领域要向纵深发展,任务非常艰巨,需要同志们团结努力,把社会学专业的教育和研究提高到一个新水平。

会议开始前,武汉大学校长齐民友,副校长陶德麟、李进才前往住地看望了会议代表。会议开始和结束时,李进才副校长和教务处副处长陶梅生同志都到了会。会议期间,还利用休息时间组织代表观看了“中国龙灯展”,并游览了东湖风景区。

经商定,1991 年社会学系系主任联席会议将由南京大学社会学系负责筹备。

武汉大学哲学系社会学专业<br>1990 年 6 月 10 日

# 附录三　各类访谈资料

## 社会学在中国的沉浮起落
### ——访徐经泽教授

**一、传统与现代的碰撞:社会学在中国的沉浮起落**

(一)社会学在中国曲折发展的历史必然性

徐教授认为,社会学在中国的沉浮起落,有其历史必然性和现实条件性,我们必须理性地看待这个问题。首先,从历史上看,任何一种新的学说、新的思想进入中国,都会遇到一些障碍、抵制甚至是打击,社会学也不例外。因为任何一种学说,它总是在一定的政治、经济和社会制度下产生的,反映并服务于这种制度。社会学产生于西方,它所生存的土壤和社会政治经济制度与我们不一样,提倡的理念也与我们的传统思维有一定差距,一旦它进入中国,必然与传统文化相抵触,我们固有的观念和意识对外来文化往往也会有一个本能的反抗。另外,当一种外来异质性文化传入的时候,经过传统文化禁锢的人民群众往往一下子不理解、不容易接受,也会抵制它,特别是当它与统治阶级的思想相抵触的时候,通常会被视为异端邪说而遭到镇压。

徐教授认为,佛教就是一个很好的例子。佛教最初传入中国的确切年代,现在很难考证,历史上一般以(公元 67 年)东汉明帝夜梦金人飞行殿庭,遂即派大臣到天竺(印度)去访求佛法。遇见迦叶摩腾和竺法兰两僧,同回洛阳,汉明帝特建立精舍给他们居住,后称“白马寺”。白马寺的建立成为佛教传入中国的标志。佛教传到中国后,发展并不是一帆风顺的,最初只是在王室宫廷的狭小天地之内信奉,直到西晋才逐渐推至民间。究其原因在于,经过战国时期“百花齐放,百家争鸣”,中国出现了两位杰出的思想家——孔子和老子,他们的思想都非常完备。西汉“罢黜百家,独尊儒术”,使得儒家思想在社会中的统治地位得到了进一步巩固,到东汉时期异质性的佛教文化传入中国时,中国的文明已相当发达,所以佛教一经传入就与中国本土文化产生了抵触,特别是与道家文化发生了很大的冲突,而且互相争论了1000 多年。虽然儒家与佛教的关系比较融洽,但也曾有过一些争论。在这种情况下,佛教的传播是相当缓慢的。

到魏晋南北朝时期,战乱频繁,民不聊生,统治阶级发现佛学讲求因果报应,生死轮回,它认为今世的祸福本是天注定,是上辈子的报应,人民应该逆来顺受,多做善事,以期有个好点的来世。此说非常符合当时统治阶级维护和巩固自身统治的意图,于是大建寺院推崇佛学,加上当时饱受战乱的老百姓自身也需要一个精神寄托。这样佛教在中国就逐渐传播开来了。

在传播过程中,佛教与传统孔夫子的思想还是有抵触的,比如说“孝”,孝在中国传统文化中占据着举足轻重的地位,但佛教是不讲孝的,佛教认为要想修成正果,必须六根清净,不能眷恋尘缘,在这种情况下,佛教就不得不作出一些让步,比如把佛教的修行和儒家的礼教联系起来,宣扬“佛以孝为至道之宗”;为迎合儒家的“人皆可以为尧舜”,提出“一切众生皆有佛性”,等等。就这样,佛教在与中国传统思想接触、击撞、斗争、融合的过程中,导致自身不断改造,不断变化,不断发展,从而在中国扎根,然后再中国化,形成独具中国特色的佛教。当然反过来,佛教文化也影响到中国传统的儒学和道教,以至于后来中国文化的特点之一就是三教融合。他说之所以提到这个事,是因为社会学在中国的发展与佛教有很大的相似之处,我们可以有所借鉴。

(二)社会学在中国被取消的现实条件

特别讲到社会学了,徐教授回忆说:社会学在中国的发展可谓历经曲折,也是一个与中国传统文化不断磨合的过程。19 世纪末 20 世纪初,西方社会学已从创立阶段进入形成阶段,而此时的中国正经历着前所未有的动荡。维新派力图把中西结合的思想运用于社会改革,西学东渐成为不可阻挡的历史潮流,社会学就是在此时被介绍到中国的。关于引入的过程,已有学者讲得比较详细,他这里就不再赘述了。但新中国成立后社会学研究曾一度被中断,这个过程他是亲身经历了的。1952 年徐教授在中国人民大学读研究生,那时国家进行了一次院系调整,把全国原来的各种大学作了调整。这次调整的特点是:第一,认为教会学校是帝国主义的侵略工具,取消教会学校,并将它们的有关专业合并到国立大学,私立学校也被改为国立大学。第二,调整的标准是学习苏联模式,倡导办学院,减少综合性大学。把苏联的一系列做法视为榜样,奉为圭臬,而苏联早在 20 世纪二三十年代,就把社会学视为“资产阶级伪科学”而取消了。我国的院系调整基本上是照搬苏联的模式,所以也就把社会学专业取消了。就这样,在“马克思主义可以代替一切,其他社会学科可被取消”的错误思想指导下,在“学习苏联一边倒”的大背景下,社会学被取消了。

(三)社会学在中国被取消的特殊背景

徐教授说到,社会学在中国的取消有着独特的政治和社会背景。与其他学说相比,它在中国遇到一种更为特殊的情况。当时它几乎是同马克思主义同时传入中国的,同其他一切学说一样,开始只是极小一部分仁人志士、留学生能够接受,大家普遍不理解,人民群众也难以接受,统治阶级为维护固有的利益更是将其视为异端邪说来镇压的。那时候对马克思主义的镇压是相当严厉的,因为它强调阶级斗争,统治阶级很反感。用徐教授的话说,他像我们这么大的时候,在教管区看马克思主义理论时都是偷偷地看,看到就会被抓起来,甚至会掉脑袋。社会学当时还好一点,在一些教会学校开设了相关课程,同学们还可以听,尽管也没受到特别重视,但国民党开始还能接受一些,在中小学里开了社会学课,教授一些礼貌性、礼仪性知识,不过并未接触到社会制度这个层面。中国的社会学调查在随后的移植过程中,逐渐起步,一些学者积极投身于社会调查,完成了一系列有价值的著作,这对后来社会学在中国的发展是个良好的开局。

随着斗争的需要,马克思主义逐渐被接受,成为救国救民的主要思想工具。1949 年我们夺取政权,马克思主义成为我党的主要指导思想,各个学校都开设马克思主义课。后来,社会学被打成"伪科学"。本来社会学与其他社会科学之间的争论是学派斗争,但那个时候,有些人把它变成政治问题了,这样斗争的性质就改变了。1956 年 6 月以后,"反右"运动在全国开展起来,随着"反右"斗争的扩大化,当时掌握了思想战线实权的康生,他在与外地来京的政治课教师的座谈会上骇人听闻地给社会学和社会学学者带了四顶帽子:(1)资产阶级社会学的作用,是散布改良主义,缓和阶级斗争,为帝国主义培养走狗。(2)在中国从事社会学研究的人,大概有两个作用:在国内,他们通过农村调查,了解共产党在农村的活动,防止和阻止农民运动,保护地主阶级;通过工厂调查,了解共产党在城市中的活动,保护资产阶级;通过少数民族调查,宣传国民党大汉族主义,挑拨分裂少数民族,便于统治阶级压迫他们。中国很多的社会学家,都与国民党的社会部有关系,甚至就在社会部工作……(社会部)实际上是个侦查部,专门破坏革命。所以中国的社会学家们改良主义也不多了,他们是要消灭和压迫共产党和革命运动。(3)在国外,中国社会学教授们与帝国主义有千丝万缕的联系,是帝国主义的第五纵队,特别是清华一伙,他们留英留美,回国后做调查就是为帝国主义服务的。(4)"解放以后,取消反动派的社会学是完全对的,这是一个很大的成绩,也是他们所不满意的","(费孝通)为恢复社会学的企图,提出一个总的纲领","他和他们这伙人过去是搞社会学的,实际上是借这块牌子贩卖私货。究竟该叫什么学?他们也说不清楚,我说,那些叫作‘帝国主义侦探学’”。[①]

不仅如此，康生还将一些研究人员牵强附会地说成是特务，当时国民党有个社会部，社会部下设各社会科，社会科就是研究各种社会组织、群众组织，国民党确实派了一些特务在里头，但这只是个别的。据此他得出这样的结论：社会科，就是特务科，搞社会学研究就是帝国主义派来搞特务的。帽子越扣越大，各类大学的社会学专业被取消，科研机构的社会学研究也被迫停止，同社会学关系密切的社会心理学、社会(或称“文化”)人类学、社会工作等也都被相继取消，原有学生都转为其他专业，老师也都转行了，年轻点的改学马克思主义学了，年纪大点的，像费孝通先生差不多都被打成右派。自此，中国社会学研究成为“禁区”，这对社会学发展是致命性的摧毁，给国家建设、社会发展和理论研究都带来了极大的损失，也导致社会学恢复时人才断裂，举步维艰。

(四)反思：切忌将政治斗争引入学术研究

在我们今天看来，当时对社会学的打压是极其错误的。社会科学研究的目的是观察社会现象，并深入探讨其中的内在规律。在观察社会现象的过程中，由于所用方法不同，特别是实验方法和思想方法的不同，有时会得出不同的结果；由于所掌握的材料不同，进行总结以探讨其中的内在规律时，产生各种不同意见，乃至得出不同结论，这是不可避免的。每一门社会学科在观察社会现象时所运用的方法都有其局限性，所观察到的常常是事物的一个侧面，因此在总结规律性结论时，有时发生某些偏差也是不足为奇的。学术研究应该秉持这样一种态度：学术问题就是学术问题，应该百花齐放，百家争鸣，不能上升为政治问题，任何利用行政力量强制推行一种学派、禁止另一种学派的做法都是不应该的，只能造成万马齐喑的可悲局面，只能起到阻碍科学进步的作用。社会科学研究中的是非问题，应当通过社会学界的自由讨论去解决，而不应当采取简单粗暴的方法去解决对待。历史上汉武帝采纳了董仲舒“独尊儒术，罢黜百家”的建议，给中国学术文化的发展造成了极为不利的影响，得到了深刻的教训。这次取消社会学也是个教训，有人把“百家”归结为无产阶级与资产阶级“两家”的同时，将政治斗争的哲学引入学术研究的机制中，提出“兴无灭资”，在学术领域开展阶级斗争大批判，结果造成了学术理论界的“一家独鸣”。历史再一次证明了学术的发展需要不同学派的共同存在，排斥任何别的学说，最终都是行不通的。

---

① 参见李剑华：《社会学随笔》，上海社会科学院社会学研究所编：《世纪同龄人：李剑华先生纪念集(1900～1993)》，1995年，第91～93页。

## 二、新的曙光和希望：学科建设的速成、补课和队伍建立

（一）百废待兴：社会学科重新筹建的严重困难

据徐教授讲述，1980 年他被借调在教育部高教一司文科处工作，当时正值“四人帮”倒台，各行各业都在进行拨乱反正。在高教一司文科处拨乱反正的重点工作是恢复重建被错误取消的各科专业设置和被破坏的各科教材。根据中央领导同志在 1979 年关于恢复社会学等学科教学与研究的指示，教育部高教一司文科处在着手筹建高等学校社会学专业工作过程中，在思想认识、教师培训、教材建设等问题上遇到严重困难。一门学科可以挥之即去，但却不能招之即来。据文科处工作人员了解，在高校中绝大部分人不知道社会学，因为原本学过社会学的人就不多，差不多全都转行了，少数知道的都年岁已高，且分散各地；还有一些人一提社会学就害怕，因为他们曾被打成右派，刚摘了帽子不久，仍然心有余悸，社会学被摧残到这个地步，当时恢复是相当困难的。

于是一司领导决定请费孝通先生出面指导、主持这方面工作。当时费先生思维很清晰，他提出在大学建社会学专业进行教学和研究，必须做好三件事：首先，我们要有几个种子，没有种子是不行的，种子哪里来呢，必须先办一个种子班，请美国、德国等国家和香港等地区的学者来讲授社会学基础专题，由各个高校的老师自愿报名参加这个研究班，当时一共去了十几个同志，都是其他专业愿意转到社会学的中青年教师。其次，以受培训人员为主，成立编写社会学专业教材的团队，编写一本社会学专业的教材。最后，在有了基本教材的条件下，再办一个从各大学七七届中挑选出的学生组织的社会学培训班，为将来在各大学筹建社会学专业，招收本科生做准备。

当时教育部很重视，拨了 4 万块钱来办这个班，在那个时候已经是很多了。那么这个班在哪里办呢？得征求学校的意见，教育部首先想到的是中国人民大学，因为它是搞马克思主义研究的，能分清楚科学与伪科学，对办社会学的分寸把握得也能好一点。可是当通知人民大学的有关同志时，他们说：“社会学已经取消了，怎么又恢复？”接着找北大，北大当时有个政治系，那个系主任也以“社会学已取消多年，一些过去搞过社会学的老人都七八十岁了，没条件再办”为由拒绝了。这两所大学在当时还是思想很解放的，校领导都不敢率先建立社会学系。可见恢复社会学的思想阻力有多大！

（二）初现端倪：各大院校社会学的筹建

后来徐教授等人向教育部一司领导建议，哪个学校愿意就由哪个学校来办，不一定在北京办，当时南开大学哲学系的总支书记苏驼同志认为可以办，还有一位教师叫杨心恒，他曾在种子班参加过培训学习，向教育部表示南开大学愿意办。于是就决定在南开大学办培训班，时间为一年。费先生很慎重，认为参加这个班的学生

少学了一年原专业，要求教育部签署文件承认他们社会学的学历，同时承认他们原专业的学士学位，这样培养出来的人既可以从事社会学的教学研究工作，也可以从事原专业的教学研究工作。当时徐教授代表教育部同费先生签字，这个文件还保存在南开大学，教育部也有一份。这个班办了一年，成绩非常好，同学们学习积极性很高，主动投身社会调查，毕业之后，他们自觉查找资料，翻译了一批外文书籍，编写了一大批《社会学概论》《社会学史》等，这些资料都成为我们后来办学的基本材料。

就这样，南开大学成为教育部批准的第一个开办社会学专业的大学，之前上海大学(原来是复旦大学分校)已经办了一个社会学专业，可它不是部属大学，而是上海市的地方大学。地方大学办系可以自己决定，不用通过教育部。因为上海市需要这种人才，中共上海市委就可自行决定办社会学系。

差不多在南开大学办社会学专业的同时，教育部通知北京大学办社会学专业。北京大学必须要办，因为它的影响大。有条件得办，没有条件创造条件也得办。教育部承诺北京大学可以从全国挑选人才，要谁就可以调谁，所以他们不能不办。费先生首先被调去了，后来雷洁琼先生也去了，农业部的一个叫韩明谟的老师也调去了。因为没有系主任，费先生就把他的学生袁方调去了。做筹备工作的是潘光旦的大女儿潘乃穆，当时任北京大学人事处处长。她说自己什么也不懂，我们就劝她“女承父业”，系筹备起来她就走了。北京大学社会学系的建立就是这样一个过程，建成之后，它就成为中国高校中社会学最先进的一所院校。后来就有了这个原则：哪所学校积极就在哪所学校办社会学系。

中山大学也比较积极，因为它与香港联系比较密切，思想比较开放，他们当时来教育部提出要办社会学，尤其是何肇发先生很积极，所以教育部就允许中山大学1981年成立社会学系。

山东大学是第四个成立社会学专业的部属大学，这一方面是因为徐教授自身在大学期间学习了一些社会学知识，当时苏联专家给他们讲马克思主义理论时，经常把社会学一些老祖宗的观点作为批判对象，年轻人有个特点，你越批判我就越好奇，越要探个究竟。当时人民大学此类材料较少，徐教授就跑到北京市图书馆、北大去查阅，就他自己感受，虽然社会学与马克思主义不一样，但其对社会的分析有一定的道理，它以社会为研究对象，比如妇女问题等，都分析得很实际，很有用处，虽然在批判，但实际上已经受了影响。另一方面是因为徐教授在教育部工作时经办了有关社会学专业筹建的工作，参与了费孝通先生主持的各项恢复工作，从中进一步学习了社会学知识和费先生以及当时社会学界同仁们在高校建社会学专业，在研究单位建社会学研究所，在全国建社会学学会的经验。这对于他后来在山东大学和山东省进行恢复重建社会学教学和研究工作起到了极其重要的作用。

自此以后，社会学才慢慢被重视，各个学校才主动来申请开办社会学专业。当时教育部有这么一个想法，办学不能一哄而上，否则难以保证质量，要循序渐进，条件成熟的先办。在当时的情况下,这是非常有必要的。

(三)反思:学术研究无国界

社会学尽管曾经遭受过打压,但仍然重新成长起来了,可见人类社会形态、社会结构虽各有差别,但也存在共同点:无论是中国还是西方,基本点都是一样的,无非是政治经济社会制度,而这种制度都要求不断前进和发展,一旦故步自封,社会发展就停滞了。先进的社会思想、社会学说,它总是反映着先进的社会制度,并推动其发展,任何阻止打击只能暂时起作用,只要社会向前发展,加再大的罪名也不要紧,它终究会被接受的,终究会发挥其功效的。社会学也是一样的道理,它作为科学认识社会、改造社会的一种学说,自然是无国界的。只要是有益于我们社会发展的,我们都可以拿来借鉴,改造并加以应用。尽管马克思主义与其他社会学科在对社会某些问题的认识上存在差异,但它总是要求社会稳定,只有这样社会才能发展。我们不能否认,社会作为一个有机体,在发展过程中也会生病;得了病该如何治,需要科学研究;小到个人婚姻家庭,大到社会结构,都需要科学的社会管理。所以,科学认识、科学管理可以相互借鉴,这是无国界的。

## 三、学者风范与勇气:山东大学社会学系的筹备

1983 年春,在教育部成都会议上,高教一司负责人宣布正式批准山东大学办社会学专业。随后山东大学负责人宣布成立由徐教授任组长的社会学系筹备组,全面负责筹备工作。筹备组暂时设在哲学系,由于当时的系主任臧乐源教授和系党总支的大力支持,一些教师积极参与筹备,哲学系及其他系的学生也踊跃报名参加学习班。当时也是采用了费先生的那三个步骤:要有种子、教材、学生。不同的是徐教授同时招了研究生,经过两年多的辛勤努力,山东大学社会学系于 1986 年正式成立。在筹建过程中,接收培训生 20 名(徐教授还特别提到,杨善民老师是当时的第一批种子,年轻,有想法,对山东大学社会学系的发展有很大贡献)、硕士研究生 6 名,建系当年就招收本科生,以后陆续开始招收研究生,主要任务是培养社会学教师和工作者。到 1989 年,全系共有教师 30 人,其中教授 1 人、副教授 4 人、讲师 6 人、助教 19 人,开设的主要课程有:社会学原理、社会心理学、社会调查方法、经济社会学、社会管理学、行政管理学、中国社会史、西方社会史、外国社会学理论、中国社会思想史、农村社会学、城市社会学、历史社会学、发展社会学、人口社会学、家庭社会学、计算机算法语言等。

据徐教授回忆,当时他在筹建过程中也是困难重重,需要场地,需要人员,还需要经费,加上当时人们思想还没有完全解放。有人劝他说你这么大年纪了,写点文章出点名就行了,还折腾个啥!徐教授说,名气对他来说不值一提,只不过是别人给带的高帽子。但筹建一个系、开设一个专业就不一样了,一方面能为社会学在中国的发展贡献一份微薄之力;另一方面对山东大学、对后辈有点贡献,通过专业人

才的培养，让他们有机会接触更丰富的知识，为将来社会发展、现代化建设过程中出现的问题建言献策。在这种信念支撑之下，社会学系、社会学研究所、社会学学会都办起来了，社会学研究就在全省互动起来了，社会学也日渐显现其对社会发展的重要意义。后来回想这个事情，徐教授说他有个体会：人在任何时候，都不能只考虑个人得失，尤其是一名学者，做人做学问都要凭良心，凭真理，你自己要有一个是非感，不能怕惹是生非。虽然他并不是什么领导，但能为社会发展发挥一些作用，还是很欣慰的。

**四、险遭取消：一些鲜为人知的细节**

（一）社会学发展几近停滞的局面

对于社会学发展一度停滞的情况，徐教授说，同一切新生事物一样，社会学在恢复重建之初，也经历了起伏和波折，并不是一帆风顺的。从 1979 年到 1985 年，社会学重建后的头几年，开局很好，很快就打开了局面，出现了蓬勃发展的好势头，只五六年工夫，全国就在 11 所高校建起了社会学系和社会学专业；但 1986～1991 年，高校建立社会学系的工作几乎停滞了，有些院校自发建起了，也迟迟得不到批准而不能正式招生。1990 年还因为一个教育部门的负责人批评社会学是“敏感学科”，迫令全国社会学专业停招一年学生，后来被社会学界顶住了。那几年，社会学对外合作交流也受到限制。

（二）出现新的转机：社会学重见曙光

谈到社会学出现新的转机时，徐教授的神情也变得明朗起来。他说，1990 年春末夏初，教育部高教一司司长夏自强和副司长到山大来看望他，随即大家开起玩笑来，他说：“这么大领导怎么想起来看我了。”夏司长说：“来看看你一点都没变，这很好。”晚上徐教授到两位司长下榻的地方去看望他们，夏司长当时有事出去了，随同他的副司长告知徐教授，这次来有个重要的任务，教育部准备在哈尔滨召开一次会议，要求高校社会学系主任参加，说是研讨会，实际上是准备取消社会学专业，并停止招生。希望徐教授能准备材料，以一个学者的身份在会上尽力说明社会学不是“伪科学”，不是“资产阶级学说”，而是一门科学，对社会发展有着极其重要的作用，有其存在的重要性和必要性。

徐教授当即找到杨善民同志，要求他作为自己的助理，共同研究准备哈尔滨会议上的发言材料。用了不到两天的时间将材料就准备好了。材料重点阐述了四个问题：(1)社会学是什么；(2)社会学能做什么；(3)社会学存在什么问题；(4)社会学应该如何发展。材料明确指出，从某种意义上讲，社会学是一门交叉科学或者说综合性科学，但它仍有自己特定的研究领域，更为重要的是，它有着一套分析研究社会的独特理论和方法，以基本的社会生活单位、社会制度、社会过程等为研究内容，是一门实证社会科学，这些都是其他科学代替不了的。它对于我国专业人才的培养、社会问题研究、社会监测和预测以及现代化建设发挥着不可估量的重要作用。当然，我国的社会学还处于起步阶段，人们思想认识不够，教材、人才和经费的短缺以及本土化程度不足等都制约着其发展，要想进一步发展需要政府的大力支持，教学模式的改革，并与本国实践相结合。徐教授补充说，由于这份材料是为了力争保留社会学专业而准备的，对他来说是十分珍贵的，所以直到现在他仍然精心保留着。

后来，突然接到通知说哈尔滨会议取消了，改为到广州开会，当时徐教授一头雾水。没过两天，又来了一个通知，说先到武汉开一个会议，当时是杨善民同志随同徐教授一起去的。主持会议的就是文科处的处长刘凤泰，会后徐教授问及哈尔滨会议怎么取消了，刘凤泰处长说，之前教育部某负责人说当初恢复社会学就是个错误，中国根本不需要社会学，决定要召开哈尔滨会议商量取消社会学。后来他找到邓小平关于恢复社会学等学科教学与研究的指示，拿给该负责人看，遂有转圜，当即决定哈尔滨会议不开了，改到广州开，研究怎么加强社会学，并且在广州会议之前先在武汉开一次会，研究如何编写一个统一的教学指导纲要，将来各个大学开社会学就按这个大纲来讲。

武汉会议主要是研究如何编写一个统一的教学指导纲要。这次会议时间不长，但与会者普遍感到开得紧张、扎实，各种意见得到发表和交换，不仅对社会学的方向问题有了更深的理解，而且在学术上也是一个难得的讨论会。

到1992年深圳会议的时候，形势就大好了，当时在会上讨论各校要不要使用统一的教材，之后得出结论：由郑杭生编写的《社会学概论》仅供参考，各学校可依据实际情况选择适合自己的教材。

### 五、经验与教训：社会学在中国发展的反思

访谈最后，徐教授说："回顾中国社会学在自己百年历史中走过的曲折，颇有感慨，在这里我说四点，当然只是个人观点，大家可以见仁见智。"

第一，需要决定发展。从客观上说，中国社会学最初是中国社会从传统向现代被动转型的产物，但之所以历经波折，仍能在中国生根发芽，茁壮成长，主要是因为社会和国家发展的需要。新中国成立初期，社会比较简单，人们的思想也比较简单，有人片面地认为社会学主要是探讨研究社会问题的，而社会问题则被视为是资本主义的阴暗东西。新中国成立后，社会主义新社会里就不再存在那些问题了，也就不需要这门学科了。即使有些社会问题，靠社会主义自身就可以解决，我们不需要专人来研究种种社会问题，社会管理就是党来管理，党和国家将一切都包了。然而事实证明，资本主义社会有各种各样的社会问题，社会主义社会同样存在不少社会问题，想靠国家包揽一切是不可能的，势必要求有科学人员和团队来研究它，没

有科学的社会研究和社会管理是断然不行的。社会学就是这样一门研究社会良性运行和协调发展的学科，适应了社会发展的需要，所以取消了也要恢复，恢复了虽然有阻力，但很快就重建起来了，当中又遇到打击，纯粹是一些人的个人偏见，历史的车轮终究都是向前行进的。在今天，中国社会学正以独特的社会学视角和方法，反映、描述和分析着中国社会正在发生的巨大变化，回顾、总结着与此有关的过去发生的变化，并且预测着即将发生的变化，为我们国家的发展贡献力量。

第二，马克思主义是讲人性的。新中国成立初期，我们有一个糊涂观点，片面地认为马克思主义之所以是科学，是因为其强调阶级斗争，用阶级分析法才是科学，讲“自由、民主”，讲“人性”就是伪科学，是资产阶级胡诌的。事实上，人性作为人类特有的区别于其他一切动物的基本属性，是人类实践活动的产物，是具体的、历史的，人类的历史就是人性发展的历史。我这一辈子研究马克思主义，深有体会，说马克思主义只讲阶级性不讲人性，是对马克思主义的一种误解。马克思主义将阶级分析法作为争取人类解放和人类自由的手段，这在当时是必要的，但我们不能将手段误当成是目的。马克思主义强调全世界无产阶级和全人类的彻底解放，而无产阶级的解放必须从“人性的高度”、从人的解放的意义上来理解。在马克思看来，剥削阶级的存在反映着人性的丧失，只有无产阶级解放成为人，才有人类的普遍解放。因此，作为无产阶级解放的学说，马克思主义是关于人的解放的科学理论，或者说是关于人性解放的学说。马克思所主张的共产主义，正是一种深刻、彻底的人道主义，是“完成了的人道主义”。在这个意义上，马克思主义其实是最讲自由、民主、人性的，将人性、自由说成是资产阶级伪科学是对马克思主义的一种曲解。

第三，马克思主义具有普世价值观。近几年来，学术界和社会上一些人对“普世价值观”的争论异常激烈。有的学者认为，宣扬“普世价值”的舆论比较集中在民主、自由、人权和私有化等问题上，这已不仅仅是一个纯学术问题，而是在经济全球化进程中，西方资产阶级意识形态对我国“西化”、“分化”图谋的又一拙劣行径，因而是意识形态领域斗争的一个前沿问题。我们必须运用马克思主义的基本立场、观点、方法对其进行深入剖析，认识“普世价值”的实质与危害，有效抵制这种错误思潮。事实上，普世性价值是个抽象概念，它是人类在长期的生活实践和交往中，在不同文化的交流碰撞中，逐渐形成的共同价值取向，最后以规范化的形式表述出来。它来源于人类的共性，形成于诸多民族的共同参与之中，只是不同民族、国家对普世价值形成参与的早晚、贡献的大小不同而已。我们不能把普世价值标签化，更不能把西方的价值观等同于普世价值，西方文化和其他文化一样，是世界上众多文化资源当中的一种。西方文化对普世性文化的贡献只是构成普世性文化的一个组成部分，不能替代普世性文化的全部。非西方文明也为普世价值做出了巨大的贡献，如佛教文化所提倡的“众生平等”主张、儒家文化中“三军可夺帅也，匹夫不可夺志也”(思想自由)、“和为贵”“己所不欲,勿施于人”等思想主张,都包含有许多普世性的价值观念,它们都为普世性价值的形成做出了积极的贡献。温家宝总理在《关于社会主义初级阶段的历史任务和我国对外政策的几个问题》中说道:“科学、民主、法制、自由、人权,并非资本主义所独有,而是人类在漫长的历史进程中共同追求的价值观和共同创造的文明成果。”就中国而言,我们应该而且也能够为丰富人类的共同价值做出自己的贡献。在当今世界,“自由、民主、人权”这些价值观已显然不足以应付人类面临的诸多挑战。儒家文化倡导的“和为贵”“己所不欲,勿施于人”等,都是历经几千年变迁和社会实践而被证明有利于人类生存发展及社会进步的精神财富,完全可以成为具有共同性的价值观念。作为我国指导思想的马克思主义也是人类文化积淀的宝贵财富,它所强调的人性、自由也可以作为普世价值的一部分。中国化之后的马克思主义更是为普世价值做出了巨大的贡献,它强调“和平”“和谐”“共同富裕”,这也正是现代社会或所谓“后现代社会”的人们永远需要的基本价值观与人生哲学。

第四,马克思主义社会学不能定于一尊。实践证明,无论是工业社会还是后工业社会都需要依靠科学理性引导行动,需要不同学科作为理论支撑。马克思主义在社会学发展史上的地位是毋庸置疑的,它系统阐述研究社会生活、社会现象、社会发展的基本理论、观点和方法,为我们认识社会提供了思想武器;他从阶级分析着手,强调个人、阶级的作用,强调斗争,强调革命,为新中国的成立做出巨大贡献。但是又必须承认,在科学发展过程中,马克思主义绝不是空前绝后的唯一真理,它是在吸收前人科学成果的基础上产生和发展起来的,同时,它没有结束真理,任何真理都是有一定的时空相对性的,仍需要具有很强的兼容性和开放性,需要在汲取各学说、学派的新知识、新营养,丰富发展自己。并且,马克思主义本身有既定的内涵和外延,尽管它能为各学科的研究提供科学的方法论,但又不是万能的,它不可能代替其他学说学派的具体研究。社会学是工业化、城市化、现代化过程中的产物,它有着独特的研究视角和研究对象,历史唯物主义的研究对象不等于整个社会科学的对象,也不等于社会学的研究对象。研究历史唯物主义同研究社会学,是不能画等号的,社会现代化事业的发展,需要社会学理论和方法的支持。因此在中国现代化过程中,马克思主义虽然处于主导地位,起指导作用,但不能定于一尊,其他学说学派也应有一席之地,他们在社会发展中的合法地位应该受到保护。这才是科学的态度,也是社会主义现代化的题中之意。在十一届三中全会以前相当长的一段时间时里,由于“左”倾思想的干扰与泛滥,在学术研究中,一切非马克思主义的学说学派都被当作反马克思主义的牛鬼蛇神而遭到“全面专政”,失去了独立存在和发展的权利,导致了学术理论界万马齐喑的局面。这些都给我国社会主义科学研究造成了严重的损失,教训极其深刻。

**结语:前人栽树,后人乘凉**

正如徐经泽教授所说的那样,同所有异质性外来文化一样,社会学在中国的发展过程中必然与传统文化产生碰撞、抵触,甚至会遭到一些人为的破坏和抵制,但这都只是暂时的,只要社会需要,只要有一批敢为人先的领导和学者,社会学终究会成长壮大的。

徐教授以他的实际行动诠释了学者的睿智和将者的勇气。社会学恢复重建,他在教育部积极与各个院校联系;在山大他克服重重困难筹建社会学系;北大社会学系主任在给徐教授80大寿的贺信中写到,在社会学恢复这一过程中,徐老是扛着旗帜在前面冲的,为后面的人创造了条件。这一说法形象地体现了徐经泽教授作为一位学者的品格以及为社会学在中国恢复发展所做出的巨大贡献。今天的我们,要倍加珍惜老一辈学者为我们争取的来之不易的机会,正确把握科学性与价值性、经验性与理论性、建设性与批判性、传统性与现代性、本土性与国际性之间的辩证关系,推进中国社会学不断从幼稚走向成熟,从成熟走向完善。

(根据2012年对徐经泽教授访谈录音资料整理)

## 让社会学发挥更大的社会效用
### ——访徐经泽教授

刘瑞琳

社会学作为一门新学科,自1979年在我国恢复重建以来,在社会各界的大力支持下,经过社会学工作者的辛勤努力,学科体系已现雏形,一些研究成果引起了社会的重视,社会学已经迈出了可喜的第一步。但是它还存在着许多亟待解决的问题。为了总结经验,探索尽快繁荣我国社会学事业,使其更好地为社会主义经济建设和社会发展服务的途径,我们专门采访了山东省社会学学会会长、山东大学社会学系主任徐经泽教授。

几年来,徐教授全身心地扑在社会学事业上,组织了多项社会学教学和调查工作,扶持、培养了一批青年社会学工作者。自1984年以来,他先后招收了6届硕士研究生,其中大多数已走上教学、科研岗位,为壮大社会学力量,为社会学的发展做了有益的工作。

徐教授热情地接待了我们,并就我们的提问谈了自己的看法。

**一、关于社会学及其功能的问题**

徐经泽教授指出,要想加速社会学的发展,一方面要靠社会学工作者的不懈努力，另一方面还要靠政府乃至全社会的重视和大力支持。这首先就要让大家都了解社会学是什么。为此，徐教授首先回顾了社会学在我国的发展情况并介绍了社会学及其功能。

1952年，社会学被认为是资产阶级学说而被逐出社会科学殿堂，这给27年后恢复和重建社会学带来了极大的困难。由于对社会学缺乏了解，一些人认为社会学没有自己独特的研究对象，它的内容为历史唯物主义及一般社会科学理论所涵盖，不必建立独立学科；还有一些人认为，社会学没有自己的理论体系，不过是人所共知的一些肤浅道理的拼凑，无须培养专门的社会学工作者来研究。当然有这些模糊认识的人已日渐减少。今天，虽然对于社会学的对象等重大问题尚无统一的认识，还在争论、探索之中，但是，它作为一门学科已被确立起来，而且它的重要性和不可替代性也正在被逐渐认识。

一般来说，社会学是从总体角度系统地综合地研究社会现象及其相互关系、揭示社会变迁规律的一门社会科学。其内容主要包括：社会生活的基本单位如社会、人口、社团组织、人群、社会行为和社会关系，等等；基本的社会制度如家庭制度，经济的、政治的、法律的制度以及教育制度、福利制度，等等；基本的社会过程如社会变迁、社会控制、社会管理、社会评估、社会冲突及社会分化，等等。当然这些内容单从形式上看有不少是与其他学科交叉的，但是，社会学有着自己独特的研究方法和研究角度，这是它成为一门不可忽视的独立学科的支点，同时也是它赖以发挥社会效用的基础。

在19世纪与20世纪之交，维新启蒙思想家引进西方社会学时便抱着“经世致用”的目的，以图中国之富强。我国最早翻译的西方社会学书籍是严复译的《群学肄言》（法国斯宾塞著，原名为《社会学原理》），严复曾将其译社会学为“群学”的缘由说得非常明白：“号其学曰‘群学’，犹荀卿言人之贵于禽兽者，以其能群也，故曰群学。”并强调指出：“学问之事，以群学为要归。唯群学明，而后知治乱盛衰之故，而能有修齐治平之功。”（《原强》）这种对实证、实用精神的倡导，对克服中国士大夫玄虚缥缈的陈腐学风起到了革新作用，在中国近现代社会学发展史上影响深远。由此也可知，社会学在我国从它诞生起，就是以对社会发生影响、产生效用作为其追求的主要目的。在变幻莫测、飞速发展的当代社会，社会学的一些基本功能，如认识社会、社会实验、政策性社会调查、社会监测和预测以及社会规划等等已引起人们越来越广泛的重视。社会学要从社会总体的角度，综合地观察、研究社会机体中的各种现象，采取科学的定量与定性相结合的分析方法，进行广泛深入的调查，了解社会动态，为政府决策和社会各界处理社会矛盾、调整社会结构、改革社会体制、促进社会发展提供富有实际意义和理论价值的依据。1982年12月10日，第三届全国人民代表大会第五次会议通过了我国国民经济和社会发展第六个五年计划。这一标题与以往相比，加了“社会”两个字，这在我国历史上是第一次。这意味着社会学作为我国社会科学发展的一个重要方面，受到党和国家的高度重视，也意味着我国社会主义现代化需要社会学。“六五”期间，列入国家社会科学规划的三项社会学专业重点课题圆满完成，受到了社会的欢迎和好评，如由费孝通先生主持的小城镇研究，受到中央领导同志的称赞，在实践中起到了很好的作用。从1986年始，有13项社会学专业的研究课题被列入“七五”国家社会科学规划，有的已取得初步成果。这仅仅是社会学在我国的起步。如今，改革、发展的大潮又为社会学提供了迅速发展的契机。改革需要社会学，发展需要社会学，社会的需要是社会学发展的原动力。社会学不仅应研究每一项改革措施所引起的社会效应，全面探讨改革与发展中的各种社会问题，而且要提出解决这些社会问题的方针和对策，提出社会发展的预测和目标，为改革发展的宏观决策及对这种决策的修正、调整提供科学依据。同时，社会的变革和发展，也会为社会学的研究开拓新的领域，从而有可能在理论上与实践上产生重大突破。

随着经济的发展，社会学寻求社会良性运行的优化条件和内在机制的效用引起了人们重视。我国社会总体发展战略的指导思想应是：以生产力发展为基础，以人的发展为核心，社会、经济、政治、科技、文化、教育相互协调地发展。生产力的发展是社会整体发展的基础，而不是全部。而由于我们过去一时的失误，造成一些地区单纯以生产力的发展水平作为衡量社会发展的标准，使经济发展在带来物质产品富裕的同时，也带来了日益严重的社会问题。事实证明，仅靠经济指标并不足以量度、评估和预测社会的发展和人民的生活状况，这就要靠社会学家根据本国的实际情况，制定出能够定期全面量度和评估社会各主要生活层面的情况、国民生活的素质以及政府施政之成效等等的社会指标。通过它了解社会的运行状况、潜在的问题和变迁的趋势。这是社会学所应发挥效用的一个重要方面。

## 二、关于如何加强社会学的学科建设问题

徐经泽教授认为，要使社会学发挥更大的社会效用，首先必须加强社会学自身的理论建设。每门学科，要跻身于表征人类思维发展程度的学科之林，都必须首先具有理论价值和学术思想特征。十年来，虽然已出版了一批社会学教材、专著，也有了一支初具规模的社会学研究队伍，但是这些还远远不能满足社会发展对社会学的需求。目前，我国社会学研究表现出明显的理论不足的倾向，还没有一套完整的、系统的适合中国国情的社会学理论。

在这种情况下，一些学者搬运了西方社会学的理论和方法，吸收国外的成果是必要的，但是必须与中国的实际结合起来。我们中华民族有自己独特的社会背景、文化背景、历史背景和经济基础，有特定的行为规范、价值观念、思维方式，国外的

理论是反映不了的，简单地照搬外国理论是无法解决中国实际问题的，我们必须建立在马克思主义指导下的具有中国特色的社会学理论。

中国社会学理论难产的重要原因之一，是近几年社会学研究中存在的非学科化倾向和庸俗化倾向。前一时期，在社会学应用研究名目下的课题和社会调查比比皆是，但是，由于没有明确的学术目的和理论指导，没有贯穿一定的理论假设，由于在研究方法上片面重定量轻定性研究，使许多社会调查的丰富材料都停留在具体经验的层次上，与一般行政部门或群众团体机构组织的课题和调查难以区别，难于用作高层次研究和理论提炼的材料，出现了滞后研究多、同步或超前研究少的问题，从而无法充分发挥社会学的效用。要深化社会学建立起一套能够促进我国社会学快速发展的理论体系，就必须把社会学的微观研究与宏观研究、应用研究与理论研究、基础理论建设与方法研究、定性研究与定量研究结合起来。同时也要把对现实社会的研究与未来社会的研究结合起来，作出现时代社会的整体规划和趋势预测，这样才不至于使学术研究落后于现实生活。当然，也要防止泛泛的抽象的综合研究，社会学更需要的是具体的扎实的专门化研究，唯有如此，才能更好地服务于社会。

### 三、关于社会学的发展前景及如何发挥社会效用的问题

徐经泽教授认为，在马克思主义指导下的有中国特色的社会学在我国正在形成过程中，发展、繁荣社会学，需要全社会都来关心它、重视它。作为社会学工作者，既要努力加强社会学自身的理论建设，也要致力于在社会上普及社会学知识，尤其是要逐渐在各类学校开设社会学的有关课程，增强学生们对中国社会的认识能力，增加他们的社会知识，使他们毕业后能更快地适应社会，独立地开展工作。

谈到社会学发展前景时，徐经泽教授指出：社会需要是社会学发展的动力，日新月异的社会变化是社会学研究的极重要的对象，为社会学提供了无尽的源泉。人们从现实的改革实践中感悟出，社会生活领域的改革远比经济领域的改革更为艰巨，现阶段改革所引起的一系列社会现象，如经济发展与社会各方面发展的协调，商品经济发展引起的人际关系的变动和调整，由于改革浪潮的猛烈冲击而引起的人们的各种社会心态及种种社会心理失衡现象，等等，都迫切需要社会学工作者作一番新的思索。这表明，当前的改革不仅需要社会学的指导，而且还为社会学的发展揭示了广阔的前景，也为社会学发挥更大的社会效用提供了可能性。而要实现这种可能性，则必须建立起一套完整的反馈系统，使社会学家提供的信息与领导层的决策挂钩，真正建立起社会学家与管理机构的对话。

实践告诉我们，如果社会学者与领导层缺乏联系的渠道，缺乏相互的依赖和妥善的对话，那么对双方都是不利的。一方面，过去社会学的一些研究虽然是以实际问题为对象，但在研究目的、研究方法上却往往是脱离实践的，缺乏真正解决社会

问题的能力。这样不但使研究道路越走越窄，甚至走入死胡同，而且社会学的信誉在广大群众及领导干部的心中也会越来越低。另一方面，如果领导者不能采纳、吸取社会学提供的服务，仍旧沿袭没有科学依据的旧的决策方法，就会导致领导决策盲目，管理没有社会根据。要避免这种状况，必须同时从两方面着手，一是社会学者自身努力提高社会学的信誉，二是领导者正确看待社会学。

研究现实问题，协调社会发展机制，促进社会制度完善，是社会学工作者责无旁贷的使命。为此，社会学工作者必须竭力提高所提供建议的科学性、可靠性，在加强社会学的学科化的同时，还必须提高社会学的科学化。这就要求我们社会学工作者要具有严肃认真的科学态度，一切从实际出发。徐经泽教授强调，密切联系社会实际是社会学的生命力之所在。社会学不可能脱离时代精神和一定历史时期的综合社会背景而发展，必须使它植根于中国的经济、政治、文化特征及民族性之上，从中国历史和现在的实际出发。在过去几年的社会学调查和研究中，我们已经取得一些紧密联系中国实际的成果。费孝通先生提出的中国农村发展小城镇的观点就是从中国实际情况出发的。山东大学社会学系接受国家教委下达的科研项目"农村综合发展研究"，已取得了一些初步成果，他们在实际工作中的经验就是，切实从中国农村的实际出发，真正为广大农民着想，才是农村社会学发展的必由之路。

要充分发挥社会学的社会效用，领导者就必须正确看待社会学，真正重视社会学。领导者对社会学的支持，一是要注意主动吸取、采纳社会学工作者的建议（当然学者的建议要有一定的科学性、实用性）。政府的重大决策、规划和建设，一是应积极地听取社会学工作者的意见，或者吸收社会学工作者参加，以使决策进一步实现科学化、民主化。二是领导者对社会学要有精神上的支持和理解，真正发扬面向真理的态度，做到能够容忍社会学者提出的不成熟的建议及各种不同意见。三是要有物质的支持，这是需要政府支持的很重要的一个方面。必要的经费是社会学发展的最基本条件。作为一门新兴学科，我国社会学的底子相当薄弱，研究力量更是远远不能适应社会发展的需要；同时，社会学与其他社会科学相比，是一门实证性很强的学科，要进行大量的实地调查，在一些发达国家，有些社会学研究工作已使用了很先进的现代科学技术手段。所以，要发展社会学，必须给它以特殊的厚爱。

（原载《山东社会科学》1990 年第 1 期）

# 中国社会学的恢复与重建
## ——访徐经泽教授

高鉴国　孙淑霞　整理

**编者按:**社会学是在中国改革开放后恢复和重建的重要学科之一。自20世纪70年代末中国社会学恢复以来,不论是在科研教学、人才培养,还是在学科建设等方面,都取得了从无到有、从小到大、令人瞩目的成就。20世纪80年代初,中国社会学学会顾问、山东大学社会学系第一任系主任徐经泽教授在教育部高教一司文科处工作,曾参与了高校社会学专业的恢复和由费孝通先生主编的第一本《社会学概论》的编写组织工作,并主编撰写了《社会学中国化》《社会学概论》《社会保障概论》《社会调查理论与方法》等著作,为社会学的学科恢复和重建做出了重要贡献。其中《社会保障概论》一书为国内最早出版的社会保障教科书。在纪念改革开放30周年之际,《山东大学学报》(哲学社会科学版)编辑部组织有关学者对徐经泽教授进行了专题采访。徐经泽教授回忆起社会学恢复与重建的历史过程,讲述了一些隐没时尘的历史细节和故事,提出了对社会学发展和社会学学科建设的思考和看法,具有珍贵的史料价值。在忠实于采访记录的基础上,经高鉴国、孙淑霞对口述资料进行了专题分类,整理成文。

社会学之所以能引入中国并能在中国生根发芽,是因为我们终于认识到社会学是一门科学,能解决问题。社会学是一门科学,主要解决社会怎样发展的问题,发展要讲科学,不能违背科学搞发展。我们现在提出的科学发展观,实际上就是属于社会学的内容。

### 一、社会学的引入、中断与恢复

要谈社会学作为一门学科在中国的恢复,首先就得谈社会学是怎样被取消的,而要谈社会学是怎样在新中国建立后被取消的,就不能不提一下社会学在新中国之前是怎样在中国发展的,尤其是在怎样的背景下被引入中国的。

鸦片战争后,中国的国门被强行打开,中国进入了半殖民地半封建社会,积贫积弱,有志之士想尽各种办法要救国,要富强,却碰到一个问题:中国的社会到底是怎么回事?为什么这样穷?鸦片战争前的中国夜郎自大,以为自己是中央帝国,别的都是蛮夷之地。被帝国主义打开大门之后,却发现原来蛮夷之地是这么强大。有志之士都在想,仅凭原来的儒家思想是不能解决这个问题的,儒家思想在历史上也有过重要贡献,但仅仅依靠它不能解决现代问题。所以鸦片战争以后,知识分子们就对儒家思想产生了怀疑,直到"五四"运动提出"打倒孔家店"。

要去除就要引进，有志之士引进了自然科学和社会科学。自然科学主要有进化论等，它们在推进中国社会走向现代化过程中起了作用，而要解决社会问题就要诉诸社会科学。如孙中山先生出国学习了西方制度，回来提出了三民主义，其他很多学者去了英、美、日等国，认为社会学有用，能解决社会问题，就先后引进了各家社会学。

社会学有很多派别，人们简单地将之分为马克思主义社会学和资产阶级社会学。俄国十月革命爆发后，国民党的很多元老都学过马克思主义社会学，不过马克思主义却被我党的创始人李大钊、陈独秀等人坚持下来了。

新中国成立前，大学主要集中于北京和上海，其他省份很少。这些大学可以分为两类：国立大学和私立大学，后者有一类是教会学校，教会学校一般都有社会学课程。当时社会学讲授的课程五花八门，各种学派都有。当时教授马克思历史唯物主义的就有曾任我党宣传部长的李达，瞿秋白、孙冶方都教授过社会学，华岗（原山东大学校长）在云南大学也教授过社会学。

1952 年我在人民大学读研究生，那时国家进行了一次院系调整，把全国原来的各种大学作了调整。这次调整的特点是：第一，认为教会学校是帝国主义的侵略工具，取消教会学校，并将它们的有关专业合并到国立大学，私立学校也被改为国立大学。第二，调整的标准是学习苏联模式，倡导办学院，减少综合性大学。这次调整的缺陷是取消了一些学科，如社会学、政治学、管理学等，认为这些学科是资产阶级性质的，没有用，因为苏联也是这样做的。对于社会学，认为马克思主义才是科学，其他的都是伪科学，讲马克思主义就要对社会学进行批判。我当时因为好奇，就到北大图书馆借了有关社会学原理的书来看，之后觉得非常有道理，由于当时的背景，当然只能是在心里感觉而已。在“马克思主义可以代替一切，其他社会学科可被取消”的错误思想指导下、在“学习苏联一边倒”的大背景下，社会学就这样被取消了。

违背了客观发展规律，实践检验证明是不行的。比如按照社会历史发展规律，从农业社会进入现代工业化社会，农村人口应该减少，城市人口应该增加，城市要发展。而那时却倡导城市人要到农村的广阔天地去，并美其名曰“锻炼”，实际上是“倒行逆施”，不符合发展规律。其实这些问题西方社会学家早已解决了，只要是学社会学的人都知道。再举个例子，原来认为社会学没用，讲五年经济发展而没有社会发展，好像经济发展了一切就都发展了。实际上不是这样，经济发展到社会发展是一项工程，像社会保障，没有社会保障社会就会混乱。就是在这一背景下，邓小平提出必须恢复社会学。

社会学从取消到恢复的期间将近 30 年，我认为不是邓小平的心血来潮，而是近 30 年的实践证明取消这些学科是错误的。社会学的恢复是邓小平在 1979 年 3

月 30 日的一次重要讲话中提出后正式开始的。中央当时就请费孝通先生出山，主持恢复社会学研究事宜，因为他是搞人类学的，而当时社会学、人类学是不大分的。在一次“社会学座谈会”上，胡乔木代表党中央正式宣布为社会学平反。社会学恢复重建的过程中有两个单位发挥了主要作用，即教育部和中国社会科学院。1980 年在中国社会科学院成立社会学研究所，费孝通教授担任所长，王康同志担任副所长，原来从事社会学研究的或者其他学科（哲学、经济等各种学科，其中哲学较多）中愿意从事社会学研究的一批人，集中在中国社会科学院做社会学研究。

## 二、高校社会学专业的重建

以上讲的是社会学研究的恢复，而作为社会学教学的恢复，是在邓小平讲话后，胡乔木拿着指示找到当时的教育部长蒋南翔，问他：“大学能不能马上开设社会学等几门课程？”部长随即把这个指示交给了高教一司的副司长季啸风同志，季啸风同志即吩咐文科处工作人员了解高校能不能马上恢复社会学教学的状况。了解的结果是，在高校中绝大部分人不知道社会学，因为原本学过社会学的人就不多，而当时全部已经转行了，少数知道的已经六七十岁了，最年轻也已 50 多岁，在这种状况下当时是没办法开这门课的。

所以，大学马上恢复社会学专业是不可能的。按照费孝通先生的意见，在大学恢复和重建社会学专业教学应该循序做三项工作：一是培训出少数骨干老师，二是组织他们编出一本教材，三是从 1977 级学生中招一批人进行系统的学习，将来成为各高校开设社会学专业和教学的骨干。在这些工作的基础上，有步骤有选择地在全国有关大学成立社会学专业。

费孝通先生认为可以先办学习班。于是在这次会议上就决定办一个讲习班，费先生请了美国、德国等国家和香港等地区的学者来讲授社会学基础专题。当这些学者听说中国要恢复社会学时热情都很高，都愿意自费来讲课。由各个高校的老师自愿报名参加这个研究班，承担教学辅助工作。一共去了十几个同志，都是其他专业的愿意转到社会学的中青年教师（后来知道大部分是哲学专业出身）。北京大学去了一位夏老师，是工农兵学员，武汉大学去了周运清，复旦大学去了刘豪兴，上海大学去了两个同志，中山大学去了丘士杰，南开大学去了杨心恒，还有新疆社会科学院的一位上海籍同志。这是第一个班，是专门培养师资的。

在大学开设社会学课没有教材是不行的。所以，第二步就是将培训班的全部教学辅助老师留下编教材——《社会学概论》。我到教育部文科处的第一个任务就是参加高校的文科教材审查，正好费先生主编第一本《社会学概论》，我知道一点社会学，就让我跟随魏亚田同志代表文科处和费先生联系，为他服务，我就是这样介入了社会学。由费先生领导，在北京大学的招待所把这十几位同志集中在一起住。

从大纲一直到具体章节内容的制定、讨论，我都参加了，每次讨论都是费先生亲自主持。费先生很实际，他反复说我们现在实际上没有能力编教材，但不编又不行。他说通过编教材也能学习提高，不知道社会学可以马上学。于是费先生叫大家分头看一些外国材料，这里面有的人外语较好，就把外国社会学的东西直接拿进来，也有人把我们中国原来老的社会学著作拿出来看，然后每人负责一章，先由一个人起草，起草后大家再讨论。

当时讨论具体章节时，要求凡是取自外国教材的地方应注意结合中国情况，要有中国特色。我记得第一稿全是马克思主义的内容，因为这是当时的主流思想，所以得小心翼翼，认为与马克思主义不一致的地方就不大敢放进去。有位同志起草社会阶层这一节时，就全部写的是马克思主义阶级分析的内容。还有比如现代化是个很先进的概念，但大家对只讲现代化不讲共产主义就产生了疑虑。费先生说这是个科学概念，不能随便去掉，这才把现代化作为一章写进教材，于是就确定了当时的指导思想：决定引进西方社会学的先进研究成果。可是教材编出来以后，费先生仍然很不满意，认为思想不解放，还是拘束得很，而且参与者的知识面也不广，外语水平不行，能读懂外文书的人很少，在这样一种思想状况下不可能编得很深。但是后人对这本教材评价很高，因为它毕竟是一个历史大突破。第一本书出来后，教育部就允许各个高校自己放手去编，只要打个报告，教育部认为行就可以成为教材。后来山东大学自己也出了一本教材。

有了教师也有了教材，费先生认为现在招生还是不太可能。因为这本教材还只是个概论，而社会学学科体系中的东西还有很多很多。在这一点上我很佩服费先生。费先生建议再办一个培训班（当时定为40～50人），号召快毕业的1977级愿意从事社会学的各专业学生转来学习社会学。教育部领导批准并要求各个部属大学（也有少数地方大学）办理报名事宜。

那么这个班在哪里办呢？教育部首先想到的是中国人民大学，因为它是搞马克思主义研究的，能分清楚科学与伪科学，对办社会学的分寸把握得也能好一点。可是当通知人民大学的有关同志时，他们说："社会学已经取消了，怎么又恢复？"于是我们再找北京大学，可是北京大学也没有接受。找南开大学时，当时该校哲学系的总支书记苏驼同志认为可以办，还有一位杨心恒老师也非常积极，到教育部表示愿意办。当时我们向领导提议谁愿意办就让谁办，教育部拿钱。于是就决定在南开大学办培训班，时间为一年。费先生很慎重，认为参加这个班的学生们少学了一年原专业，请求教育部签署文件承认他们社会学的学历同时承认他们原专业的学士学位，这样培养出来的这些人既可以从事社会学的教学研究工作，也可以从事原专业的教学研究工作。当时教育部高教一司司长让我作为代表签的字，后来各个学校的社会学教学中坚都是这里面的学生，现在都五六十岁了，像宋林飞、王思斌等。

系和专业还是有区别的，教育部只是批准建立专业，至于设立系还是院就是学校自己的事情了。教育部批准办的第一个社会学专业是在南开大学，之前上海大学(原来是复旦大学分校)已经办了一个社会学专业，可它不是部属大学而是上海市的地方大学。地方大学办系可以自己决定，不用通过教育部。因为上海市需要这种人才，中共上海市委就可自行决定办社会学系。这表明哪里发展快，社会学系就容易在哪里办。我去看时它已经招生了，袁缉辉是第一任系主任。

在南开大学办社会学专业的同时，教育部通知北京大学办社会学专业。北京大学必须要办，因为它的影响大。有条件得办，没有条件也得办。教育部承诺北京大学可以从全国挑选人才，要谁就可以调谁，所以他们不能不办。费先生首先被调去了，后来雷洁琼先生也去了，农业部的一个叫韩明谟的老师也调去了。因为没有系主任，费先生就把他的学生袁方调去了。做筹备工作的是潘光旦的大女儿潘乃穆，当时任北京大学人事处处长。她说自己什么也不懂，我们就劝她“女承父业”，系筹备起来她就走了。北京大学社会学系的建立就是这样一个过程，建成之后它就成为中国高校中社会学最先进的一所院校。社会学系建立后不久就要招研究生，学位办开会的时候大家推选费先生为中国社会学界的第一个博导。费先生很谦虚，说自己的能力不能当博导只能带硕士，可是如果费先生不带就没人敢带了。所以北京大学首先有了博士点，有经验的老师都可以带，袁方同志也都成了博士生导师。

所以北京大学是继南开大学之后教育部批准建立社会学系的部属大学。后来就有了个原则：哪所学校积极就在哪所学校办社会学系。中山大学也比较积极，因为它与香港联系比较密切，尤其是何肇发先生。所以，教育部就允许中山大学1981年成立社会学系，北京大学是1982年，这三所院校(南开大学、北京大学和中山大学)是第一批建立社会学专业的高校。

第四个是山东大学，这主要是因为近水楼台，因为我在教育部工作时经办了有关社会学专业筹建的工作。1983年在成都开会，开会前我对季司长说我不能继续在教育部工作了，因为当时调我来教育部工作山东大学不放，调工作很麻烦，而且两个孩子上学，妻子一人在家照顾不过来。记得是去华东师范大学出差时，他(季司长)让我答应两个条件就可以回山大：一是回到山东大学把社会学专业办起来；二是兼任教育部的工作，随时可以回教育部。当时我表态这两条都可以接受。1983年成都会议上就宣布山东大学要成立社会学专业而且当年招生，所以山东大学是第四个成立社会学专业的部属大学。

这四所部属大学加上上海大学，1987年在中山大学召开了社会学专业恢复后的第一次系主任会议。会议请费先生参加，他那时已75岁。这次会主要讨论社会学怎么办，怎么研究社会学。

我现在依然记得当时的两个细节：第一，费先生谈社会学恢复很不容易。他说："我今年75岁了，还可以干5年，到80岁。回想一下，社会学在中国的建立确实不容易。"他从清华大学毕业，讲到去英国留学，抗日战争时回来，到云南搞调查。回忆到刚刚结婚不久，夫妇两人到瑶族搞调查因迷路掉到当地人为捕捉野兽挖的陷阱里，新婚夫人因此去世，他也受了重伤。讲到此处，费老唏嘘不已，泪盈满眶，我们也都很感动。他说后来伤好了，命捡回来了，还坚持调查，他就是特别强调调查。第二，就是社会学在中国建立并恢复起来以后，他指着当时身边一个女研究生(20多岁)说："到她老的时候，社会学才会正式形成气候。"

### 三、社会学的中国化

1987年几个成立了社会学专业的学校的系主任开过一次会，地点就在中山大学的何肇发先生家。会上提出一个想法：这几个系应该每年聚会一次，交流交流办系的经验。因为社会学系刚成立不久，实际上就是讨论社会学如何中国化。我们虽然已经请人讲课了，讲了许多外国的事，美国的、日本的、德国的，还有香港地区的，但就是没讲大陆的事。就是讲大陆的事也讲不出个所以然来，因为他们不了解中国情况，所以我们中国的学者就要研究如何把社会学中国化。那么第一次会应该在哪里开呢？因为承办会议需要花很多钱，而当时这些系经费都很紧张，参加会议的其他学校都不敢承担这个会。我就自告奋勇，说山东大学来主持这次会。因为当时我在桓台县建立了一个调查基地，这个地方的领导人我都很熟悉，先前就跟我表态："你要到我们这里来开重要会议，会费由我们来负担。"开会时请了这五个学校社会学专业的负责人、专家，还有其他单位的专家，像中国社会科学院社会学研究所的陆学艺同志，另外我们也请了费孝通先生和雷洁琼先生，虽然当时他们太忙没能来，但认为这次会太重要了，都派了代表来。

究竟社会学怎么中国化，谁也谈不出一个很清楚的意见，所以会上就确定了一个方针：个人谈个人的。谈了以后就出了一本书，这本书就是《社会学中国化》。多年以后还有外国学者来要这本书，想从中了解中国人到底是怎么看待社会学中国化的。

我认为这是社会学恢复以后发展的一个很重要的历史阶段，因为前一阶段都是人家讲，我们听。我记得当时南开大学请了美国社会学家亚历山大·英克尔斯，讲了以后就把他的讲稿印出来，出了一本小书叫《社会学是什么》，现在这本书在图书馆仍然可以查到。当时大家都传着看，认为是经典，因为都不知道什么是社会学。我们才刚刚把大门打开，对外面情况都不知道，对于国内社会学怎么发展更不知道。国家不能这么样穷下去，要发展，但是怎么发展呢，是城市人到农村去，还是经过现代化的农村人口到城市里来？我们不知道，理论上也说不清楚。这次会并没有很肯定地解决社会学中国化这个问题，但是指出了方向：就是大家去研究。

社会学在重建初期就对社会发展产生了积极的推动作用，表现在：

第一，重视和倡导社会调查。社会学是一门实证的科学，强调社会调查对社会学后来的发展起着很重要的作用。不管是农村调查还是城市调查，都强调社会调查。这与费孝通先生对我们的帮助有很大关系。他说："社会学不搞调查就没有发言权……我们一定要搞调查，调查以后再讲，根据自己调查的、自己看到的再讲，讲的不一定对，但这是有根据的。"所以《社会学中国化》那本书的精神就是强调搞调查，在调查的基础上进行研究，慢慢地把社会学这门学科用来研究和解决中国社会发展问题。我比较强调搞农村调查，我认为中国的问题主要是农村问题，农村不现代化，中国就不能说现代化。所以我当时确定以农村调查为主。当时韩国汉城大学有个人类学副教授，叫金光亿，他的硕士论文是根据日本人在山东济南一个叫冷水沟的村庄调查完成的。金光亿看到了日本人的这个调查材料，就要研究中国农村问题，写了一篇论文并获得了硕士学位。后来他到英国，写博士论文的时候还写这个问题。20世纪80年代末，我们国家才刚刚打开国门，与韩国还没有建交。金光亿在福州开会，碰到我们山东大学的一位教授，就试探着问能不能到山东来搞点调查，我们就答应了。金光亿对我说："我硕士学位拿到了，博士学位拿到了，就是没到这个村子实地看看，我是根据材料写的。我想去看一眼。"金光亿去冷水沟看了之后说你们现在的变化这么大，为什么不对外宣传呢？日本人写的社会调查资料很细致，金光亿就是根据那些材料分析中国农村状况的。金光亿会说一些汉语，去看的时候对每家都很熟悉，这家叫张三，那家叫李四，把那村里的人都吓坏了，怎么能这么清楚呢？但是都变化了，小草房变成了大瓦房。特别是城市旁边的那些农村，变化很大。过去这个村的婚姻不超过十里路，都是靠父母之命、媒妁之言，现在他调查的这家，一个孩子在北京，还有一个孩子准备出国，情况都变化了！所以他建议说："你们应该把这些变化搞个调查，对外进行宣传，这样人家（国外）才会知道你们变化了，否则还是根据日本人的调查材料来看中国。"我们开始做联合调查。搞社会学的人，光用人家的材料是不行的，必须亲自调查。后来我就叫他去桓台，找了一个东营村，两个村同时进行调查，金光亿自己把调查材料拿回去出书了；我也将调查结果出了两本书，这是我们两人商定的。我之所以要讲这一段，是说这次桓台会议以后，提倡了社会学中国化。各个学校都在选择自己的调查重点，山东大学也做了很多努力，因为社会学不搞调查就谈不上研究。

第二，发现规律，强调按照客观规律发展。社会学的眼光就是批判的眼光，找问题并不是坏事，是为了更好地前进，目的是解决问题。用科学的方法解决问题，要靠科学发展观，当时不叫科学发展观，我们写了一篇谈合理发展论的文章。合理发展就是科学发展，就是按规律发展，所以科学发展观就是按客观规律发展，它要求人们先进行科学研究发现规律，然后再按照这个规律来制定发展的规划和实现的行动。这就是我理解的科学发展观，通过实践发现问题，发现规律，把规律总结出来就是理论。

理论也得再接受实践的检验。比如人民公社时期，搞绝对平均主义，以为这就是社会主义，无论是成年人还是刚出生的孩子，无论是男是女都发一样的粮食。结果导致人们都没有积极性，下地都不干活，一亩地里那么多人都拿着工具在那里玩。所以这种制度是不可行的，生产不可能发展，因为它不符合规律。当年安徽小岗村的群众，冒着坐牢的风险搞了包产到户，战战兢兢地按了手印，社会关系解放了，农民解放了，可以自己使用土地，积极性就上去了。

改革开放，农村进行土地改革，城市也在改革。1985 年我到北京开会，到食堂吃饭就不用粮票了，后来家庭买粮食也不用粮票，可以自由买卖。这就符合了发展规律，社会就会发展。所以光靠威信、靠教条是不行的，必须靠实证，与时俱进社会才能发展。我们不是信一个人的话，而是信事实的发展规律。我们是搞科学的，科学发展观就是根据客观规律说话办事，这就是科学发展观的实质，也是我们社会学的精神实质所在。

社会学研究对实际工作也起了很大作用。从大的方面来说，给国家提的一些建议都被接受了，如过去叫“五年经济发展计划”；现在改为“五年经济与社会发展计划”。光有经济增长是不行的，在经济发展过程中社会有好多问题，像犯罪、失业、社会保障等等，需要社会学来解决。

第三，社会保障：社会学家的呼声。社会保障是社会学的一个重要领域，也是社会能够持续发展的重要保证。改革开放后，中国实行市场经济，中国社会的结构就要发生变化，很多问题就出现了，如残疾人问题、乞讨人员问题，但最大的问题是失业问题。这就需要有预见，这个重担就落在了社会学家的身上。当然并不是社会学家一家来搞，这需要多个学科的共同努力，但我记得社会学家是最早参与倡导社会保障的群体。当时关于社会保障的概念都不知道，有问题就找单位和单位领导。父亲在什么地方就业，子女就要到这个单位就业，生老病死都靠这个单位。但是社会一开放，一市场化，单位就不行了，也无法再像以前那样解决那么多问题了。

在民政部的一次会议上，民政部成立了一个研究所，请了我、袁方还有全国一些比较老的社会学家做兼职研究员，研究社会保障问题。关于社会保障，因为中国过去没有这个概念，所以大家都不知道，只有少数学者知道一点(包括我们)。我们认为中国将来要进入现代化、要实现市场经济，社会必须要有这样一个组织，专门搞社会保障，包括社会保险。1987 年夏，民政部在呼和浩特办了一个班，约我去讲“社会保障理论与实践”，后来就在这基础上主编了第一本《社会保障概论》。

这就表示社会学在中国恢复以后，没有白吃饭，至少是先提出了这个问题。后来中央逐渐重视起来了，就学习国外的一些经验并结合中国情况，成立了社会保障部门，即现在的劳动与社会保障部，这样中国社会才能持续发展。这个当然不是我们的功劳，但至少我们起了呐喊的作用，这就是我们社会学家的作用，不在于我们多高明，而在于我们能介绍新思想。有一年系主任会议在南开大学召开，请我作了一个报告，讲国家社会转型，即从计划经济向市场经济转型。我讲的是我们学社会学的人要主动地研究这种转型，研究社会发生的变化，要有预见性，不要等问题出现以后再解决。

## 四、中国社会学恢复的特点

我总结了一下 1979～1989 年这十年中国社会学恢复发展的特点：

第一，领导号召，学界响应。领导主要指邓小平同志。当时一些领导包括教育部的某些领导，对社会学恢复都是一片茫然，甚至还反对，但当时中国的学界是热烈地响应。下面的各级领导包括学校的少数负责人，思想有些落后，跟不上，没有领会邓小平指示的精神，但是教师的反响都是很热烈的。来自教育部的推动和帮助也进一步促进了社会学在中国的恢复与发展。所以只要是我们市场经济发展的需要，什么都阻止不了。

第二，这次恢复是以我（中国学者）为主，全面引进（指学科体系而言，不光是一本《社会学概论》，而是社会学学科一系列的课程）。过去是外国学者到中国来传播，这次是我们中国学者主动要求，有意识地引进。怎么恢复、请什么人讲、讲哪些课，都是我们决定的，具体来说是由费孝通先生提议，由教育部决定。因此这个学科一恢复就把世界最先进的东西引进来了，不是一般的引进，而是把最先进的引进来。

第三，一开始就以马克思主义为指导。费先生一开始就强调，不管是出书还是讲课，这些引进的理论在中国的运用要以马克思主义为指导。但是另一方面，马克思主义也不能代替社会学研究，这是在当时情况下必需的选择，也是当时的真实情况。因为社会学恢复与重建之初面临着许多思想观念的障碍，还有很多人认为社会学是资产阶级的伪科学。

第四，这次恢复一开始就强调中国化，即不是简单地把人家的学说搬进来，而是一开始就强调中国化。按我的领会，中国化就是引进来的理论要与中国实际情况相结合，与中国的特点结合起来，否则这个学说到中国就没法立足。应该讲，这十年中我们社会学的教学研究在中国化的问题上做了很多工作，也取得了很多成绩，如我们的教材就适合中国情况。

第五，学科体系的理论恢复发展得比较快，从组织体系、研究队伍的成长来说都很迅速。比如这三个系统——学会、研究机构、专业，都发展得很快。就学会而言，中央成立了中国社会学学会，地方二十几个省、市也都成立了自己的学会，而且相差时间不多。在十年之内大部分省、市也都在各自的社会科学院里成立了社会学研究所。大学里的社会学专业发展得也很快，第一批是五所大学，后来中国人民大学、南京大学、复旦大学、武汉大学也都陆续地成立了社会学专业。一些工科大学也成立了社会学专业，如华中科技大学。

但我们也应该清醒地认识到，社会学中国化的指标之一是要形成中国的特色，而到目前为止还未达到这个要求。外国都有很多学派，每个学派都有自己的特点，而中国社会学作为一个学派还没有出现，没有中国特色的社会学理论。但是我们也不应过于着急，因为中国还没有发展到那种程度，我们现在还处在初步的现代化阶段，社会发展还没到足够先进的程度。确实，我们国民经济以非常快的速度在前进，但社会的发展速度还是很迟缓的。光有经济发展产生不出先进的社会学学说，只有社会进步了，社会问题出现了，社会学家出来分析、解决了以后，社会学学说才能出现。

这十年的成就当然应该留给后面的学者来评价，但就我们自己认为而言，应该说成就还是很大的。不管工作做得多少、有无失误，但大方向是对的，都在努力做，这就是很大的成就。

[原载《山东大学学报》(哲学社会科学版)2008 年第 4 期]

## 解答读者关于有关社会发展问题的回复

济南市和平路新村 47 号一位叫马斌的同志，1990 年 2 月 2 号给我写了一封大约 2500 字的长信，信的开头是这样写的：

徐老师您好，有个社会学方面的问题，一直在我的心里憋了好几年，我一直力求把它搞透，却总也不得其解，所以我想就这个问题同您谈谈，请您参谋一下，这个问题本身没有价值。在讲我的问题之前，我想先向您提几个问题。

1. 作为一个社会学家，应如何表称一个社会在每一个发展阶段的状态，如果把现实社会形态中的任何两个社会拿出来做个对比，那么您将如何权衡这两个社会。各个国家的生产力水平的高低，标志着这个国家所达到的实力，那么它是否也代表着诸如这个国家所代表的、所要达到的那个水平呢？

2. 现在有这样两个社会，形态甲和形态乙，无论是从社会的物质方面还是意识形态方面，甲都比乙发展得快，那么乙将在什么样的社会条件下，需要多长时间追上甲呢？

3. 现在社会上存在着各种各样的社会形态，他们自然是由阶级、历史、民族等诸多因素共同造成的，那么请问一下，什么样的社会形态是最好的呢？

这就是他向我提出的几个问题，我想我对他的这些问题再作一番解答。

人类社会及其发展的万事万物都是处在发展变化之中的，或者说是永远处在发展变化中的，社会的变化是由种种因素在一定条件下，相互作用下进行发展的。因此，这些因素的不同结合方式就造成了事物发展的不同阶段，或者说形成不同的表象和形态。

上面所提到的第一个问题：一个社会如何表称？这里所指的我想不是一个特定的社会，可能是如何看待社会变化的不同阶段，用怎样的一个标准来阐述它。这个问题可以从两个方面来看：一是从其发展的原因来看，社会变化以它的诸因素中的某一个或几个因素为标准，这些因素的变化决定社会的变化；二是可以从社会的表现形态、表现形式来看。在我看来，社会的发展可以从以下几个方面来分析：

1. 如果以生产力因素的发展变化为标准，把社会分成几个阶段，并根据其生产力的形态分别命名。这就是我们通常所讲的采集经济，在这个基础上建立的农业社会（采集经济进一步发展，使用犁等工具进行农业生产）继续发展，工具再更进一步就进入了工业社会。目前，工业社会还不断发展，我们又称之为"后工业社会"，又叫"信息社会"。这都是以生产力的不同水平来划分发展的情况。当前，具体划分所用的术语也不统一。有的将工业社会之前的社会形态统称为"传统社会"，或者叫"自给自足的农业社会"。工业化之后出现了城市，就命名为"城市的工业社会"。有的专家还称当前城乡融合的社会形态为"后工业社会"。以生产力为标准区分社会形态还有一种目前流行的类型，即现代化理论。强调用现代的先进的科学技术来武装生产力，在此基础上建立起来的社会称之为"现代化社会"。

2. 以社会形态也就是生产关系的不同为标准，马克思曾把人类社会分为以下几个大的阶段：原始共产社会、奴隶社会、封建社会、资本主义社会、社会主义社会。从总体上说，人类社会要经历从低级到高级的这几个发展阶段。

3. 从社会生产运行的方式来看，产品生产的生产者是指组织者或者具体生产者，生产的目的是为了自给自足，为了自己消费。虽然消费的办法各不相同，但生产的目的都是为了自己消费，不是拿出去卖的。当然，偶尔的交换是产品的交换。从产品生产发展到商品生产，生产者生产的产品不是为了自己的消费，而是为了拿到市场上去卖，这叫商品生产，进而消费者受益。社会发展到了比较发达的阶段，建立了社会主义制度之后，计划经济也是一种产品生产，是高度的有计划地进行生产，社会由中央统一地进行计划生产。这是一种高技术的产品生产形式，相对的是商品生产形式。这是生产形式的不同。产品生产是商品生产，或者计划经济，或者市场经济，或者说分配作为运行的一种形式、一种方式。第二种不同是生产关系，将某种不同的社会形态。

第二个问题，如果把现实中的任何两个社会形态拿出来做个对比，那么将如何权衡这两个社会？比如说把现实中的资本主义形态和社会主义形态，或其他一种社会形态拿出来对比权衡,权衡是看看谁好谁坏?

这个问题不能抽象地看。第一,一种社会形态或者社会制度对一个国家或一个地区是好是坏,必须看这个制度能不能促进当时的国家的经济社会全面发展。如果能推动国家的经济、政治、社会全面发展,那么对这个国家来说就是好制度;如果不适合这个国家发展,即使这个制度是处在一个高级阶段的,比如社会主义制度,也不一定是一个好制度。这必须要根据当时当地的条件来说。第二,到底计划经济好还是市场经济好?那就要看市场经济是否能推动这个国家的发展。根据当时的条件看,阻碍就不好,推动就好。这个时候能推动就好,过了这个时期阻碍了就不好。所以运行方式随时发展,好坏标准就看能不能推动发展。这就是不断地提高劳动人民的物质生活水平,用来提高综合国力,这是必要的。任何一个社会制度与社会形态好不好,不能抽象地看,必须结合这个国家当时当地的条件、特点来看,经济、政治和社会的连续发展,这是一个很难的标准。

第三个问题,一个国家的生产力的高低标志着这个国家所达到的实力,那么它是否也代表着诸如这个国家所代表的社会所要达到的那个水平呢?

这个问题不是很明确,可以分两段:第一段,如果说一个国家的生产力水平标志着这个国家的水平,一般来说是可以的。生产力水平越高,这个国家就越强。一般还可以自比,即自己和自己比较。第二段,生产力水平越高,代表着诸如这个国家所代表的社会所要达到的那个水平,那么这个国家代表的社会是什么呢?这个问题不明确,需要达到的水平也就更不能说了。

如果这个问题是这样问的话:生产力水平越高,那么作为一个国家的社会形态是不是也就越高?那回答是不一定。生产力水平比较高的国家,可能还处在社会发展进步较低的序列,可能还在资本主义社会。一个国家生产力水平比较低,但这个国家的社会制度可能是社会主义制度。因为,社会主义制度和资本主义制度作为一种社会制度在特定的历史条件下是可以选择的。最终是生产力决定生产关系,生产力水平发展越高,社会发展的社会形态也就越高,这是在社会总的发展进步历程中。在特定历史条件下,在个别的国家也是不一定的。较低的社会形态,生产力可能较高。因为道路是可以选择的,方向是可以选择的。生产力的最后发展是现代化,现代化是目标。要实现现代化,在资本主义条件下也可以实现,现代发达的国家已经实现了。在另外一些国家,实现现代化可以不走资本主义道路,可以选择社会主义道路。作为现代化程度来说,资本主义条件不一定比社会主义高。

下面接着说,“现在有这样两个社会,形态甲和形态乙,无论是从社会的物质方面还是意识形态方面,甲都比乙发展得快,那么乙将在什么样的社会条件下,需要多长时间追上甲呢?”

这个问题不可以抽象地看,发展的快慢是相对来说的,如果说两种社会制度,一种发展比较高，甲比乙高，甲发展的速度始终比乙快，那乙永远也赶不上甲。要是乙发展的速度比较快，那么乙在一定的时间内超过甲是有可能的了。

现在社会上存在着各种各样的社会形态，它们是阶级、历史等因素共同作用的结果。什么样的社会形态是最好的呢？目前在世界上，各个国家、各个民族发展的进度是不一样的。无论是生产力水平还是社会形态都不一样。不一样的原因是很复杂的。现在要横向地比较，不能这么比。这就要看它所在的社会形态是不是能促进本国持续不断地发展，是不是能不断提高本国物质文化的发展，是不是能提高这个国家的综合国力。恐怕这是衡量的标准。这个标准不只是在社会主义国家，也是衡量一切国家社会制度好不好的标准。从本身来说好不好的问题，横向的比较意义不大，不能作比较。我们说社会主义制度好，但是社会主义制度拿到某一个国家去可能就不好，会阻碍生产力发展，那么就不如采取其他的社会制度，比如资本主义制度。你说计划经济好，但是计划经济在某些国家就不如市场经济。

以上是对你直接提出的问题作出的原则性的回答。

（根据1990年作者录音资料整理）

# 附录四　发表论文情况

[1]徐经泽:《我国家庭结构论的特点及其发展趋势初探》,《文史哲》1985 年第 1 期。

[2]徐经泽、胡宗煊、李小方:《社会学和系统论》,《文史哲》1985 年第 4 期。

[3]徐经泽、李小方、李迎生:《改革和生活方式》,《理论学刊》1985 年第 2 期。

[4]徐经泽:《重视民俗研究　发扬民族文化——代发刊词》,《民俗研究》1985 年第 1 期。

[5]徐经泽、吴忠民:《文化的效用性和再生性》,《文史哲》1986 年第 6 期。

[6]徐经泽、吴忠民:《关于文化理论的几个问题》,《齐鲁学刊》1986 年第 6 期。

[7]徐经泽、简涛:《试论民俗发展的战略原则》,《民俗研究》1986 年第 1 期。

[8]徐经泽、韩锋:《家庭纠纷调解探析》,《法学论坛》1986 年第 3 期。

[9]徐经泽、吴忠民:《论社会学的研究对象》,《天津社会科学》1987 年第 2 期。

[10]徐经泽、吴忠民:《关于社会学中国化的初步研究》,《社会学研究》1987 年第 4 期。

[11]徐经泽、韩锋:《家庭纠纷调解探析》,《妇女学苑》1988 年第 2 期。

[12]徐经泽、韩锋:《调解学刍议》,《山东大学学报》(哲学社会科学版)1988 年第 2 期。

[13]丁元竹、徐经泽:《区域・发展・选择——烟台临沂区域不平等和不平衡问题比较研究报告》,《农村经济与社会》1988 年第 4 期。

[14]杜江先、徐经泽:《现阶段桓台县农村家庭结构和职能的调查报告》,《农村经济与社会》1988 年第 5 期。

[15]徐经泽:《开展合理发展论的研究》,《山东大学学报》(哲学社会科学版)1989 年第 1 期。

[16]徐经泽、简涛、叶涛:《民俗学与民俗社会学》,《民俗研究》1989 年第 1 期。

[17]徐经泽、姜文华:《中国民俗现代化道路的思考》,《民俗研究》1989 年第 2 期。

[18]徐经泽、吴忠民、刘建柱:《“合理发展论”论纲》,《文史哲》1989 年第 2 期。

[19]徐经泽、姜文华:《风俗志初探》,《民俗研究》1989 年第 4 期。

[20]徐经泽、李绍光、张华筠:《村级社区组织的现状与趋势——关于中国北方一个典型村级社区组织的考察与分析》,《文史哲》1996 年第 4 期。

[21]徐经泽、叶春雷:《村庄兼并现象浅析》,《小城镇建设》1997 年第 8 期。

[22]徐经泽、韩锋:《中国农村社会保障发展趋势及对策研究》,《山东社会科学》1991 年第 6 期。

[23]徐经泽、庄平:《我国住房制度改革断想》,《东岳论丛》1992 年第 1 期。

[24]徐经泽、李芹:《费孝通关于乡村建设研究的新贡献》,《发展论坛》1994 年第 1 期。

[25]徐经泽:《决策咨询研究的一部力作——〈电子政务与决策咨询创新〉评介》,《理论前沿》2008 年第 7 期。

[26]徐经泽、张克荣:《实现小康的有利条件、制约因素与突破口》,《石油大学学报》(社会科学版)1993 年第 1 期。

[27]徐经泽:《论认识论中的主体和客体的含义——兼与吴建国、崔绪治二同志商榷》,《东岳论丛》1981 年第 3 期。

[28]徐经泽:《也谈“社会主义就是宣布不断革命”——与辛仲勤、薛汉伟二同志商榷》,《文史哲》1981 年第 1 期。

[29]张季平、徐经泽:《社会学发展历史概况和重建问题》,《东岳论丛》1984 年第 1 期。

[30]徐经泽:《为促进新世纪山东社会协调发展服务——首本〈山东省社会蓝皮书〉评介》,《发展论坛》2001 年第 6 期。

# 后　记

斗转星移，笔者虽离休多年，赋闲在家，但过去几十年工作所经历的点点滴滴仍难以忘却，诸事历历在目。早年学习哲学和政治学，工作后历经多个工作岗位，在山东大学先后创办政治学、社会学和图书馆学等专业，从事政治学、哲学、社会学等多个专业的教学研究。尽管在不同时期关注的研究问题有异，但一直坚持问题研究导向，对真理孜孜以求。本书大致按时间前后呈现了笔者几十年来的学术历程和研究心得，旨在提供亲历者的一些发表过、更多是未曾发表的东西，供广大读者参阅。

在本书的整理和编撰过程中，得到了多位同事、学生和友人的帮助。吴忠民、林聚任、杨善民和袁继坤从各自不同的工作角度撰文，回顾了以往共事的难忘经历。张营、王存利、韩敏等研究生帮助整理了部分文稿。在此一并致谢。同时感谢山东大学出版社米克荣和刘森文两位编辑所做的大量辛苦工作。

徐经泽

2016 年春